2022年度入試用 首都圏

公立中高一貫校ガイド

CONTENTS

森上 展安（森上教育研究所所長）

※新型コロナウイルス感染症の影響により、各校既存の行事やプログラムなどは中止されたものも含まれます。

公立中高一貫校と併願して

お得な私立中学校

「公立中高一貫校が実施する適性検査」に似た「適性検査型入試」を行う私立中学校が年々増加しています。このページでは、「公立中高一貫校と併願してお得な私立中学校」と題して、私立中学校でそうした入試が増える理由、また、私立の適性検査型入試の「お得」なポイントについて、森上展安氏にお話しいただきました。

森上 展安
森上教育研究所所長

森上教育研究所所長。1953年、岡山県生まれ。早稲田大学卒業。進学塾経営などを経て、1987年に「森上教育研究所」を設立。「受験」をキーワードに幅広く教養問題をあつかう。近著に『入りやすくてお得な学校』『中学受験図鑑』などがある。

適性検査型入試の受験生はなぜ多いのか

まずは私立中学受験のうち、適性検査型入試がどんな状況になっているのかをお伝えしたいと思います。

中学受験の天王山、2月1日の入試のなかでも最難関に位置する開成や麻布、あるいは女子学院などの有名かつ難関進学校の名前を思い浮かべられることと思います。実際に2月1日の入試を受験者数の多い順に並べていくと、そのような男女別学校の難関進学校が上位にきます。また、早慶の附属校もほぼ同じ位置につけます。

受験者数順に少し列挙してみましょう。上位校は開成、麻布、早稲田、女子学院、駒場東邦、鷗友学園女子、武蔵、慶應義塾普通部、桜蔭、吉祥女子ときて、つぎは早稲田実業。

じつは1校ぬかしています。それは、女子学院と駒場東邦との間の5位に入るべき学校。もう1校は早稲田実業のつぎにくる12位の学校に注目していただきたいのです。

この2校は、難関進学校ではまったくありません。にもかかわらず、5位と12位という高順位になぜ校名があがるのか、といえばそれが適性検査型入試をしているから、です。

5位の学校名は安田学園、12位の学校名は宝仙学園理数インターです。さらにいえば17位に佼成学園、21位に開智日本橋学園がランクインしていますが、これも適性検査型入試によるものです。

このように適性検査型入試を実施すると、あたかも有名難関進学校と同じようにたくさんの受験生が集まります。さて、どうしてでしょう。

それはこれらの適性検査型入試が都立の中高一貫校の適性検査の出題に似せてつくられているからです。

たとえば安田学園はお隣の両国に似せた適性検査型入試を行います(それ以外に白鷗なども)。また、聖徳学園は、近くの三鷹や都立武蔵に似せた入試をやります。宝仙学園理数インターは、最も近い富士、ついで近い三鷹の傾向をふまえた入試を行っているわけです。

都立一貫校で受験生がいちばん多いのは桜修館で、ついで三鷹、そのつぎが両国です。その両国に安田学園が、三鷹には聖徳学園と宝仙学園理数インターが、出題傾向を寄せた出題をしています。桜修館にはトキワ松学園がその傾向をふまえて出題し、品川翔英などもそのようです。

つまりなにがいいたいか、というと、最も受験生の多い都立一貫校にほど近いところで適性検査型入試を実施していることで、その都立の併願者が多く受験することが見こめ、実際に安田学園、宝仙学園理数インター、佼成学園、開智日本橋学園などは顕著にみとめられます。

都立富士と宝仙を比べてみたら

そのなかでも宝仙学園理数インターでは今年の合格者の手続き率がこれまでの1・5倍というめずらしい現象が起きました。これはほかの学校では起きなかったことなので、なぜ宝仙学園理数インターだけそうなったのか筆者は疑問に思っていました。

そこでわかったのが、併願先の都立一貫校の大学合格実績と、宝仙学園理数インターの実績はほぼ変わらず、むしろよかった、という事実でした。

宝仙学園理数インターで最も併願者が多い都立中は富士ですが、富士に比べ宝仙学園理数インターの大学合格実績がほぼ変わりません。たとえば卒業生対比でみると早慶上理合格者数では、富士は37・5。対して宝仙学園理数インターは36・9で、ほとんど変わりません。

G―MARCHでは富士が81・8%、対する宝仙学園理数インターは92・5%と勝ります。

この入試で富士は高校募集をやめ、中学募集定員を増やしました。このため富士の入試倍率は、男子倍率で5→2・8、女子倍率5・17→3・36と下がりましたが、宝仙学園理数インターの適性検査型入試の倍率は男子1・2→1・2、女子1・1→1・1と変わりませんでした。

富士は倍率が緩和したといっても、私立中と比べれば、まだワンランク上の難度と倍率があります。

しかし、大学合格実績は富士といっしょだとなれば、富士不合格でも宝仙学園理数インターを選ぶ動機づけにはじゅうぶんといえます。1・5倍の手続き数の理由は、ここにあったと筆者はみたわけです。

他校ではそこまでの実例がありませんから、表面的にはみえてきませんが、ここを考えると受験生の併願先としてはまことに理にかなっている状況だといえます。

さて、この春、開智日本橋学園も中高一貫生で初の大学合格実績がでましたが、そこでのパフォーマンスは、宝仙学園理数インターに近づきました。早慶上理に36・9%、G―MARCHに57・3%でした。G―MARCHはまだ見劣りしますが、早慶上理は立派です。

地理的に近い存在なのは白鷗と両国です。ここの早慶上理実績は白鷗で45%、両国で52・3%。G―MARCHになれば白鷗が99・6%、両国で１０９・７%と、開智日本橋学園とは早慶上理実績では約10～15%差と、まだ少し開きがあります。これは宝仙学園理数インターにおける武蔵や三鷹との差と同じです。

このように私立校の適性検査型入試は、都立など公立一貫校との併願が主なのですが、宝仙学園理数インターや開智日本橋学園のように都立に実績面で見劣りしない学校がでてきているのが新しい情勢といえます。

さらにいえば宝仙学園理数インターと都立一貫校は、倍率面での受かりやすさという点でメリットが大きいのに対して、安田学園や開智日本橋学園はそれぞれ高倍率ですので、その面でのメリットは少なくなります。

適性検査型入試の都県別の入試状況は

では、都県別にみていきましょう。

●茨城

関東圏で最も早く入試がある茨城ですが、今年は県立トップ高2校に併設中学が新設され、県立水戸第一が男子4・75倍、女子4・28倍、県立土浦第一が男子3・15倍、女子4・28倍と他県のトップ校に比べれば緩やかな倍率とはいえ、やはりトップ校が中学を募集した効果は大きく、私立の適性検査型入試の受験者数も伸びました。ただこの適性検査型での実倍率は、昨年同様、低倍率でしたから受験生にとっては挑戦しやすいものでした。最大の受験者数は江戸川学園取手です。適性検査型のみの受験者数はわかりませんが、全体の受験者数は増でした。

ついで茗溪学園、土浦日大などがつづきます。

●埼玉

こちらは川口市立が新設です。男・女3倍程度の倍率で、埼玉公立一貫校としては最も高い倍率でした。市立浦和がついで高く、女子2・5倍、男子2・0倍、受験者数が最大の（といっても大きな差はありません）、さいたま市立大宮国際は受験生がやや減少し、倍率も少し緩和しました。女子が1・8、男子が1・3ですからとても受けやすい倍率です。

私立は10日に武南、11日と19日に浦和実業学園、11日に聖望学園などの適性検査型入試があり多くの受験生が集います。17日の西武学園文理も３００人規模の受験生。いずれも倍率は1倍台で受けやすい状況です。

●千葉

千葉の公立一貫校ですが、市立稲毛が7倍台、県立千葉は男子2・0、女子1・7が一次で、二次は男女とも3・8倍となっています。県立東葛飾は一次が男女とも2倍台、二次が男女とも3・7倍です。

私立の適性検査型は、千葉明徳が1月20日に２００人台、昭和学院が22日に１５０人強などが大規模で、ただし、いずれも1倍台で受けやすい状況です。

●神奈川

神奈川の公立一貫校は総じて受験者数も倍率も高止まりしていて、最も受験生が多い県立相模原で6・7倍、ついで横浜市立南と県立平塚が８００人台、倍率では県立平塚が5倍台、横浜市立南が男子4・8倍、女子6・3倍と、男女差が大きくなっています。つづいて横浜市立横浜サイエンスフロンティアが５００人台で6～7倍、川崎市立川崎が４００人台で4倍弱という状況です。

公立中高一貫校と併願して
お得な私立中学校

これに対して私立の適性検査型は少人数が多く、男女40人以上のところは日大中、相模女子大、自修館、横浜隼人（男女合わせて106）、鶴見大附属になります。このうち日大中はさすがに高倍率で男子2・5倍、女子2・4倍ですが、ほかの4校は1倍台で受けやすい状況です。

●東京

さて、最後に東京ですが、冒頭に記したような受験者数が多い学校を順次紹介していきましょう。

まず2月1日ですが、最大の受験者数は安田学園で460人、すでに記したとおり、両国、白鷗の併願が多いです。倍率がしっかりあり、男子2・7、女子2・3。ついで宝仙学園理数インター434人、倍率1倍台、そしてつぎは聖徳学園で415人、倍率は1倍台、そのつぎは八王子学園八王子で318人、倍率1倍台、ほぼ同じ人数で344人の駒込はやはり1倍台ですが1・7倍（男子）、1・9倍（女子）としっかりとした倍率があります。

つづいて上野学園が男女あわせて196人を集め1倍台、佼成学園女子は女子だけで149人で1倍台、ついで女子のトキワ松学園131人の1倍台、加えて郁文館が174人でやはり1倍台、前述の開智日本橋学園が144人で男子8・3倍、女子3・9倍と高い倍率です。そして最近増加しているのが日本工大駒場で121人の1倍台。

以上が2月1日実施で、男女で100人を超える受験者数の多い適性検査型入試です。

私立女子校にめだつ適性検査型のメリット

このなかで注目すべきは女子校の適性検査型入試で、佼成学園女子149人、トキワ松学園131人と女子だけで多くの受験生を集めていることです。佼成学園女子は①三鷹、②南多摩、③富士の併願が多くなります。

なぜ多いのかですが、佼成学園女子では、三鷹型・立川国際・南多摩型、そして共同作成型の3タイプも入試が用意されているからです。

トキワ松学園も同様に手厚く、こちらは①桜修館、②川崎、③白鷗の併願が多く、それぞれのタイプの試験がある（ただし③の白鷗は都立共同作成対応）ことによります。

来春入試の変化では武蔵野が都立3校のⅠ・Ⅱ型に加え、Ⅲ型にも対応すると聞いています。

また、東京女子学園が新たに適性検査型（データサイエンス）とする入試を2月1日午後に新設するとのこと。桜修館に対応した問題になるようでトキワ松学園などと重なりますが、同校はデータサイエンスを学校の目玉にしており、桜修館の問題によくでるデータの読み取りなど出題での共通点がでてきそうです。

女子校の適性検査型で注目したいのは、男子に比べ倍率が高い公立一貫校が多いことと、公立ではかなり高得点が要求されている実態があり、これに比べ私立女子校の適性検査型は倍率も低く、また、問題もこなれており、対応しやすくなっています。

私立の一般入試と比べても、難度を要求されない点が、とくに昨年、今年のようなコロナ禍では受けやすい入試である点もメリットです。

加えて女子校上位の学校はいずれも一般入試での偏差値に比べ、出口の大学合格実績がワンランク（偏差値にして5くらい）上の私立中高一貫校と同じ実績をだしており、入りやすくてお得な学校だといえます。

これに対して共学校や男子校はそこまでのお得感はないかもしれませんが、基本的にはやはり一般入試の偏差値に比べ、出口実績が相対的によい学校でも適性検査型入試では、低倍率で合格し入学できるということが大きな魅力だといえます。

最後に大事なポイントですが、一般入試の場合、どうしても偏差値で学校の価値を決めてしまいがちで、入学しても自己肯定感や自己効力感に乏しい生徒を見受けます。

これに対して適性検査型入試で入学してくる生徒は、かなり元気なお子さまが多い印象があると学校の先生は一様にその健やかさを美点としてあげられます。

もちろん、一般入試も受け、適性検査型も受けという受験生が少なくないのですが、適性検査型入試を併願のなかに組みこんで合格校を得ることから考えても「達成感」という点から大事な選択だといえます。

また、適性検査型の出題傾向は記述式です。答えはいくつかある（オープンエンドといいます）、答え方もいくつかある（オープンプロセスといいます）というのが基本で、新しい学習指導要領に沿った出題です。

こうした答え方に入試をつうじて慣れることは、このあとの大学入試、そのあとにある社会人としての答え方を育んでいけることも適性検査型のメリットといえるでしょう。

駒込(こまごめ)中学校

コロナ禍に負けない！今年度も本気の教育改革！

コースを「国際先進コース」に一本化。幅広い分野をバランスよく学びながら希望や適性を見つけ、専門性を高めていきます。また2月2日午後に「特待SS入試」として3カ年授業料無償の入試を新設します。

中高6年間通った卒業生は駒込中学校（以下、駒込）についてつぎのように語ります。「もし君が将来のことを決めかねているのなら、駒込に来るといい。ここには自由がある。東京大学をめざす者から、芸術の道に進む者、スポーツに青春を捧げる者まで、なににもしばられることなく自由に活動している。君の夢を支える人と環境がここにはある。多様性を認めあうこの学校には君の夢を笑う者はいない」と。この生徒は、高校進学後、硬式野球部で部活動をまっとうし、この春に見事、筑波大学医学群医学科に合格しています。

河合孝允校長は、「本校は『悪事を己にむかえ好事を他に与え、己を忘れて他を利するは慈悲の極みなり』という天台宗の教えを建学の精神とする学校です。悪事とは『悪いこと』ではありません。人の嫌がることや手間のかかること、という意味です。『未来からの来訪者』であるみなさんの利他心を育み、『なりたい自分になってもらいたい』との思いで、教育を行っています」と話されます。

駒込は1682年に了翁禅師(りょうおうぜんじ)によって創立された「勧学講院」に端を発する伝統校です。仏教の教えのもと、自由で伸びやかな校風の学校として政財界、スポーツ界、芸能界など多彩な分野に卒業生を送りだしてきました。そうした伝統校でありながら、予測不能で変化のめまぐるしい未来を生徒が自律的に生きていけるようにするため、多様な教育改革を進めています。

その一例として、このコロナ禍でさまざまな制約があるなか、1年間で30回以上行っている理科実験や個性豊かな学校行事についても、試行錯誤して工夫を重ねながら実施しています。コースは「国際先進コース」の1本で、中学の3年間は基礎学力の定着をはかりつつバランスよく学びます。理数系、国際系、芸術系など多様な進路を想定し、それを実現できるコースとなっています。

人気の適性検査型入試と手厚い特待制度

駒込の適性検査型入試は、今年度より少し変更となります。2月1日午前に、都立最難関中高一貫校を想定した「適性Ⅰ・Ⅱ・Ⅲ」を、また同時に、区立中高一貫校型の「適性1・2・3」も実施します。

またコロナ禍であっても私学の豊かな教育を多くのかたに受けてもらいたいとの願いから、第3回の2月2日午後は「特待SS入試」として合格者には3カ年授業料を無償化します。適性検査型入試を経て入学してくる生徒も多く、受験生や保護者にとって、たんなる併願校で終わらない魅力的な教育内容が評価されている駒込です。

森上's eye!

多種多様な生徒が集い 高めあえる環境が魅力

多種多様な生徒が伸びのびと学生生活を謳歌(おうか)しているところに大きな魅力があります。進学先についても、東大をはじめとする最難関大学合格者がいる一方で、東京芸大に進む生徒もいるなど、生徒それぞれが自分の将来をしっかりと考え、お互いに刺激を受けながら希望の進路に向けて邁進(まいしん)できる環境が整っています。

駒込中学校〈共学校〉 SCHOOL DATA

所在地 東京都文京区千駄木5-6-25
URL https://www.komagome.ed.jp/
TEL 03-3828-4141
アクセス 地下鉄南北線「本駒込」徒歩5分、地下鉄千代田線「千駄木」・都営三田線「白山」徒歩7分

学校説明会	夜の説明会
8月21日(土)①9:30～12:00 ②13:30～16:00	10月1日(金)
8月22日(日)①9:30～12:00 ②13:30～16:00	10月14日(木)
9月11日(土)①13:15～14:15 ②15:15～16:15	11月2日(火)
10月9日(土)14:00～15:30	11月10日(水)
11月20日(土)14:00～15:30	11月17日(水)
12月12日(日)①10:00～11:30 ②14:00～15:30	12月17日(金)
1月9日(日)10:00～11:30	すべて18:00～19:00

佼成学園女子中学校

世界基準の女子リーダーを育成

「国際社会で平和構築に貢献できる人材の育成」を設立理念とする佼成学園女子中学校。宗教の枠を越えて、子どもたちが手を取りあって協働していくことのできる世界を念頭におき、教育活動を行っています。

「英語の佼成」の実力 英検1級取得も夢じゃない！

自ら学び、考え、行動する力を育成する21世紀型教育を強く推進する佼成学園女子中学校（以下、佼成女子）。その教育活動の原動力になっているのが「英語の佼成」といわれる高い英語力です。

佼成女子では、学校全校で楽しく英語検定に取り組むために、6月と10月の年2回、「英検まつり」を実施しています。この取り組みでは、毎朝30分の「英単チャレンジ」、放課後には「受験級別対策講座」を開講、二次試験（面接）対策としてネイティブ教員とのマンツーマンレッスンを行うなど、持続性・協調性といった女子校ならではの特性をいかした学習方法で、英語検定にチャレンジしています。

その結果、2020年度は、中1から高3まで、英検1級合格4名（うち1名は中3生）、準1級合格37名（うち5名が中学生）となっており、中学卒業時の英検準2級以上取得率は64％です。2017年度には、英語検定協会から全国の私立学校1校のみに贈られる「ブリティッシュカウンシル賞」を受賞するなど、全国でもトップクラスの英語実力校として注目されています。その英語力をアドバンテージとして、大学合格実績も向上しており、2021年度大学入試はコロナ禍の影響でやや伸び悩みましたが、昨年度（2020年度）大学入試では、国公立大学23名、早慶上智ICU32名という過去最高の合格者をだしています。

《英検取得者数の推移》

	2005年	2018年	2019年	2020年
1級	0名	4名	4名	**4名**
準1級	0名	38名	31名	**37名**
2級	41名	155名	145名	**117名**
準2級	106名	216名	177名	**206名**
3級	145名	160名	157名	**183名**

この難関大学合格者増の背景にあるのが、佼成学園（男子校）と共同で実施しているトップレベル講習です。難関国公立大学をめざす男女それぞれ15名を選抜し、チーム一丸となってお互いを励まし合いながら受験にのぞみます。これまでに東京外国語大学、お茶の水女子大学、大阪大学などに合格・進学しており、毎年、東京大学をめざす生徒も少なからずいるようです。

さらに、夜8時30分まで利用できる講習室では、大手予備校の講師が行う大学受験講座を受講できるので、校内予備校として多くの生徒が利用しています。講習室には難関大学へ進学したあこがれの先輩たちがチューターとして毎日常駐して受験指導にあたってくれるので、生徒は高いモチベーションを保ったまま受験に挑むことができます。

特色ある英語教育

佼成女子では、ひとつの教科ができるようになると他の教科に波及し、すべての学力の伸びにつながっていく、「Transfer of learning（学習の移転）」の考えをもとに、英語を基軸教科と位置づけ、学校をあげて英語力の向上に取り組んでいます。前述の「英検まつり」もそのひとつです。日々の授業を見てみると、中1では、帰国生の取り出し授業などはせず、英語経験者（英検3級以上取得者）1クラスと未経験者2クラスに分かれて、それぞれに英検取得目標級を設定したレベル別授業を行っています。総合的な学習の時間に行われる英会話の授業は、ネイティブ教員を中心とした授業ですが、日本人教員も加わり、理解できないままの生徒をつくらないように工夫されています。

また、20年以上続くイマージョン教育も佼成女子の魅力のひとつです。美術と音楽をネイティブ教員による英語イマージョンで行うこと

ネイティブ教員の授業

で、佼成女子がめざすＳＴＥＡＭ教育の根幹が形成されていきます。そして、昨年はコロナ禍の影響で中止になりましたが、例年、中３の１月に、これまで学んだ英語の集大成としてニュージーランド修学旅行（６泊７日）を実施しています。希望者はそのままニュージーランドに滞在し、２か月間の中期留学に参加することもできるプログラムです。

高校からは3つのコースから選択が可能

高校課程は次の3コースから選択することができます。

【国際コース】

「留学クラス」と「スーパーグローバルクラス」の2クラスがあります。

『留学クラス』…ニュージーランドの高校に全員が1年間留学するクラス。留学準備プログラムも万全で留学中は現地駐在スタッフが生徒の日々のサポートをします。親元を離れてのホームステイで、圧倒的な英語力と人間力が養われます。

中3・ニュージーランド修学旅行

『スーパーグローバルクラス』…課題研究を通じて主体的な研究力・課題解決力を養います。カリキュラムは特進コースと一緒で国公立大学受験にも対応しています。2年次のタイフィールドワーク、3年次の英国ロンドン研修を柱に、世界で生き抜くための「国際感覚」を養います。

【特進コース】

ハイレベルな授業で難関私立大学・国公立大学への合格をめざすコースです。放課後講習（校内予備校）を有効に活用し、理系志望者は1年次から数学と理科の特設授業を受講することができます。

【進学コース】

勉強だけでなく部活動にも全力で取り組みたい生徒のためのコースです。豊富な指定校推薦と総合型選抜で、毎年多くの生徒が希望の大学へ進学しています。ハンドボール部・バスケットボール部・吹奏楽部が強化部活動に指定されています。

新しい大学入試に対応するための教育改革を推進

佼成女子では、2020年度よりいくつかの教育改革に取り組んでいます。学内改革としては、昨年から中間試験を廃止し、「探究型学習」を推進させ、主体的な学びの時間を確保しています。また、中学ではチーム担任制を導入し、複数の教員で全クラスの生徒を見守っています。

高大連携も進んでいます。宗教の枠を越えた上智大学との提携は、表面的なものではなく、入学前の単位認定や研究の継続など、真の高大連携をめざすものです。ロケーションを活かした成城大学との提携では、図書館など施設の共同利用や学生・生徒同士の学びの共有などを展開していく予定です。そして2021年度より、新たに東京都市大学との提携交渉も進行中です。

「これから新学習指導要領に基づいた新しい大学入試が始まります。本校では、生徒たちが多面的に評価され、生徒たちのアドバンテージとなるような新しい大学入試に対応した仕組づくりを進めてまいります。そして今後も教育内容をさらに充実させ、一人ひとりの生徒の学びにしっかりと寄り添っていきます」（宍戸崇哲校長）

ロンドン大学での研修

森上's eye!

新しい大学入試を見据えた21世紀型教育を推進

今年度より「SGHネットワーク校」として文部科学省から再指定を受け、先端的な英語教育・グローバル教育を進めています。

上智大学をはじめとした複数の大学とのさまざまな高大連携も進んでおり、「英語の佼成」としての新たな挑戦が始まっています。

佼成学園女子中学校〈女子校〉

SCHOOL DATA

所在地 東京都世田谷区給田2-1-1
TEL 03-3300-2351
URL https://www.girls.kosei.ac.jp/
アクセス 京王線「千歳烏山」徒歩5分、小田急線「千歳船橋」バス15分、「成城学園前」バスにて「千歳烏山駅」まで20分

夏休み学校見学会
8月21日(土)　8月22日(日)

オープンスクール
8月28日(土)

学校説明会
9月18日(土)　11月6日(土)
12月4日(土)　1月15日(土)

乙女際（文化祭）
10月23日(土)　10月24日(日)

適性検査型入試問題説明会&プレテスト
11月6日(土)　12月4日(土)
1月15日(土)

夜の入試個別相談会
11月10日(水)　11月17日(水)
11月24日(水)

修徳（しゅうとく）中学校

君はもっとできるはずだ！

創立以来、建学の精神をベースに徳育・知育・体育のバランスのとれた三位一体教育を実践する修徳中学校。独自のプログレス学習システムで自ら学び、考え、行動する力を養います。

充実した施設のなかで勉強とスポーツに親しむ

JR常磐線・東京メトロ千代田線「亀有駅」から徒歩12分。亀有さくら並木通り沿いの静かな住宅街の一角に修徳中学校（以下、修徳）はあります。

校舎は2011年に建てられた5階建ての近代的建築で、2階中央部には採光性にすぐれた中庭があり、校舎全体が開放的なつくりとなっています。ホームルーム教室は教壇の段差がないフラット仕様で、最新の実験機器を完備した物理・生物・化学の3つの専門ラボが並ぶサイエンス・ストリートや生徒ひとり1台のPCルーム、機能的な図書室など充実した学習環境が整っています。

スポーツがさかんな修徳ならではの施設も充実しています。校舎と隣接する2階建ての体育館には、都内の私立中学校でも屈指の広さと設備を誇るアリーナ、柔道場、剣道場が設けられており、メイングラウンドは表面温度の上昇を抑えるクール人工芝を使用した本格的サッカーグラウンドで、周辺にミストシャワーを設置するなど熱中症対策も万全です。

自ら学ぶ姿勢を習慣づけるプログレス学習

修徳のプログレス学習とは、21世紀型教育に必要とされる「自ら学ぶ姿勢」を習慣づけるための独自の学習システムのことです。

Team Teaching

たとえば、毎朝ホームルーム前に行う朝プログレスは、15分間の「NHKラジオ基礎英語」と5分間の英単語テストで構成されており、土曜日は、月曜日から金曜日の総まとめ英単語テストを実施します。毎朝繰り返し学習することで生徒のリスニング力を高め、英語学習の向上に必須の語彙力向上をめざします。

朝プログレスの英単語テストで7割以上の点数が取れない生徒には放課後に再テストがあるので、毎朝みんな真剣に取り組みます。また放課後には全生徒を対象とした60分以上の自主・自律学習が校舎隣接の「プログレス学習センター」で義務づけられています。これを放課後プログレスと呼んでいますが、部活動前はもちろん、部活動後にも多くの生徒がプログレス学習センターで自習する姿がみられます。

プログレス学習センター

この取り組み以外にも、中学入学前に修徳独自のテキストで国語・数学・英語を学ぶスタートプログレスや家庭学習教材として全生徒に配布されるサマー／ウィンター／スプリングプログレスなど、自立した学習習慣を確立するためにさまざまな取り組みがプログレス学習として行われています。

大学受験専用棟「プログレス学習センター」

修徳が誇る学習施設が、校舎に隣接する3階建てのプログレス学習センターです。2014年に大学受験専用学習棟として建設され、中1から高3まで自学自習の拠点として幅広く活用されています。

プログレス学習センターの1階には、80席の独立した自習空間があるプログレスホールやインターネット上で講義を視聴できるVOD学習のためのコンピュータールーム、生徒の学習相談や進路指導を行うカンファレンスルームなどがあります。

2階は仲間とともに学びあうスペースで、壁面の色が集中力を高めるブルー、理解力を高めるイエロー、リフレッシュ効果のあるグリーンの3つの講習室があり、中学の放課後プログレスや高校生向けのハイレベル講習が行われています。

3階は第1志望を勝ち取るための

個別学習ゾーンです。大手予備校講師とチューターを配置し、1対1の完全個別指導を受けることができます。また、グループ学習のためのコモンルームや気分転換ができるカフェラウンジもあり、生徒それぞれの目的に合わせて利用することができます。

「1階から3階の施設全体で約350席の自習席があります。ふだんは毎日200人ぐらいが利用していますが、定期試験前になるとすぐに満席になります。IDカードで全生徒の入退室を管理していますので、大学受験を控えた高3生には優先的に席が割り振られます。土曜日も夜9時まで利用可能で、学習をサポートするチューターが常駐していますので、気軽に質問や相談をすることができます」（小笠原健晴教頭）

English Camp

英検に親しみ、英語を楽しむ イングリッシュレビューJr

修徳では、今後、グローバル社会で活躍するために必要とされる英語力の向上にも力を入れています。毎日の朝プログレスと放課後プログレスをベースに、体験型の英語学習プログラムも取り入れています。そのひとつが、「English Camp」です。新入生のオリエンテーションを兼ねた、ネイティブとともに過ごす2泊3日の宿泊研修で、初めて聴く生きた英語にとまどいながらも仲間と協力することで楽しく英語とふれあうことができます。

「東京グローバルゲートウェイ（TGG）」の利用も始まっています。中学は学年ごとに年1回、高校は年2回の利用を予定しています。昨年利用した高1生の場合、英語力が同レベルの生徒9人のグループにひとりのネイティブスタッフが帯同し、そのグループに合わせたさまざまなアクティビティーに取り組みます。施設内はオールイングリッシュでスタッフは全員ネイティブなので、緊張感のある学習ができたようです。

また、「英検まつり」と呼ばれる英検対策講座を実施するなど、以前から学校全体で英検に力を入れており、中学・高校とも年3回の英検受験を必修化しています。さらにネイティブ教員と日本人教員によるTeam Teachingを行うなど、英語力の向上に取り組んでいます。

2022年度入試概要

2022年度入試は、2月1日（火）午前・午後、2日（水）午前・午後、3日（木）午後、4日（金）午後、6日（日）午後の入試予定です。試験科目は各入試で異なりますが、算・国2科目型、算・国・英から1科目選択型、公立中高一貫入試対応型の3種類を用意しています。

「英語は英検5級程度を目安として出題します。公立中高一貫校入試対応型では、指定した題材について作文を書いてもらいます。作文の文字数や採点基準については入試説明会でご説明する予定ですので、ぜひご参加ください」（小笠原教頭）

生徒の熱意を真剣に受け止め、大学受験も部活動も全力でサポートする修徳。生徒の未来をともに創造していく学校です。

東京グローバルゲートウェイ

森上's eye!

イングリッシュレビューJrと英検まつりで基礎を固める

中1から徹底した英語基礎力の定着をはかるイングリッシュレビューJrは、大変効果的な学習方法です。英検まつりや体験型プログラムなど、英語学習のモチベーションを高める取り組みは少しずつ効果が表れるはずです。生徒の未来を真剣に考えた教育改革を進める修徳中学校に期待したいと思います。

修徳中学校〈共学校〉

SCHOOL DATA

所在地 東京都葛飾区青戸8-10-1　アクセス 地下鉄千代田線・JR常磐線「亀有」徒歩12分、京成線「青砥」徒歩17分

TEL 03-3601-0116

URL http://shutoku.ac.jp/

学校説明会（予約不要）

10月23日(土)14:00～
11月20日(土)14:00～
12月4日(土)14:00～
12月11日(土)14:00～
2022 1月8日(土)14:00～
2022 1月15日(土)14:00～

入試個別相談会（要電話予約）

8月4日(水)～8月9日(月)
8月12日(木)～8月15日(日)
8月18日(水)～8月22日(日)
10:00～16:00

ネイチャープログラム体験（要Web予約）

8月14日(土)14:00～
8月26日(木)14:00～
9月25日(土)14:00～

藤村（ふじむら）女子（じょし）中学校

創立90周年を機に教育改革を実施

藤村女子中学校は時代の変化にともない、2022年に大きく変革します。中学では特色ある3つのオリジナル授業を、高校では魅力あふれる3つのコースを用意し、予測困難な時代においても自ら道を切り拓いていける力を養っていきます。

未来で生きるための力を育むオリジナル授業を実施

リアル脱出ゲームを企画・運営する株式会社SCRAPと連携した「ナゾ解き入試」を今春実施し、多くの注目を集めた藤村女子中学校（以下、藤村女子）。2022年に創立90周年を迎えることから、中高とも教育内容を一新、さらに魅力的な学校へと変わります。

活気ある吉祥寺の街で明るく過ごす藤村女子生

「ロボットやAI（人工知能）が台頭するこれからの時代を生き抜くためには、これまで以上に多様な要素が必要になります。それを本校では、学力、個性、思考力ととらえ、一人ひとりの学力と個性を伸ばしつつ、自ら考え、表現し、行動できる力を養っていくことが大切だと考えました。

そこで中学では、『未来に必要な授業』として、新たに3つの本校オリジナル授業を導入します。毎週土曜日に、『自己表現』、『自己探求』、『自己研鑽』の授業をそれぞれ1時間ずつ実施していきます」と入試広報部長の芦澤歩夢先生は説明されます。

ではいったいどのような授業が展開されるのか、それぞれの内容をみていきましょう。

自己を表現、探求、研鑽していく

「自己表現」の授業で培うのは、おもにプレゼンテーションの力です。「自分の思いを的確に伝える」ことを意識した資料のつくり方や発表の仕方、さらに聞き手としての心がまえなど、プレゼンテーションにまつわるさまざまなことを学び、実践していきます。ゆくゆくは英語での発表や、外部コンクール出場も予定されているといい、多様な手法で生徒の力を伸ばしていく授業となります。

芦澤先生が担当する「自己探求」は、「エンターテインメント論」を学ぶユニークな授業です。

「いくらロボットやAIが発達しても相手の感情を揺さぶることについては、人間の方が長けている部分だと思います。世の中の多彩なエンターテインメントを学問の視点から学んだうえで、実践の場として自分たちで脱出ゲームをつくり、人を喜ばせる楽しさを知ってほしい。そして自分はどんな仕事に就き、人びとの感情をどう動かしていきたいのか、将来について考えるきっかけにつながれば、という思いでこの授業をしています」（芦澤先生）

「自己研鑽」は、検定試験合格をめざして学習に励む時間です。ただし、たんに一人ひとりが自習する時間ではありません。少人数のグループをつくり、グループメンバー同士で教えあい、学びあいをしていく時間なのです。「この時間は教員は先頭を走るのではなく、最後尾から生徒を見守りながらあと押ししていくようなイメージです」と芦澤先生。英検・漢検ともに上位級取得をめざします。

ふだんからグループワークやプレゼンテーションを積極的に取り入れています

個性が際立つ高校の新コース

高校の大きな変化は、新たに3コース制を導入すること。コースごとに探究学習の内容が大きく異なるのが特徴で、どれも魅力的なものばかりです。また、その学習が将来進むべき道を探る手助けにもなると藤村女子では考えられています。

まず「アカデミッククエストコース」は、「学問」を軸とした探究学習を行います。高1の前期は、自分の身の回りにあるものに対する興味を出発点として、それを「学問」として学ぶならどんな分野になるのか、調べ学習をします。後期は文学、歴史学、統計学など、藤村女子の校舎がある吉祥寺の街を多様な観点から学問的に研究し、高2になるとゼミ形式で自分の研究テーマについて深く調査・考察、そして発表を行います。

つづいて紹介する「キャリアデザインコース」でポイントとなるのは「職業」です。「将来どんな職業に就くにしても、ビジネスマナーを身につけたうえで、周囲の人びとと円滑にコミュニケーションをするのは大切なことです。まずは高1でそうしたマナーに加え、マーケティングやマネジメントといった『ビジネス教養』を学びます。

そして高2では、高1で学んだことをいかして、『フジムラインターンシッププログラム』(FIP)に取り組みます。大学や企業と連携して行うFIPは、たんなる職場体験にとどまらず、その業界が抱える課題を見つけ、その課題の解決法を探るなど、多くの学びを得ることができるプログラムです」(廣瀬真奈美副校長先生)

そして、3つ目の「スポーツウェルネスコース」は、①医療②コーチング③生涯スポーツ④マネジメント⑤ヘルスの5分野に関する15の実習を行います。そして、実習で得た知識や感じたことを考察したうえで、よりよい実習とするためにはどうすればいいか、各自が工夫できる点を考えていきます。

独自の「ふじ活」や「ナゾ解き入試」も魅力

さらに、以前から行われてきた多彩なフィールドワークを「ふじ活」というひとつのプログラムとして集約、いままで以上に充実した活動を展開していきます。

中1〜中3が学年の枠を越えて組んだグループで、「GLOBAL STUDIES　〜吉祥寺から世界へ〜」「藤村ディスカバリー」「乳幼児との交流」「地域探究活動」「舞台表現・制作」「井の頭公園の四季と動植物」という6つのフィールドワークに取り組んでいきます。

このように、教育内容を大きく変更し、新たな風が吹く藤村女子では、公立中高一貫校受験者におすすめの適性検査入試に加え、来春も「ナゾ解き入試」を継続します。

「受験には大変なイメージがつきものですが、『ナゾ解き入試』は受験生に楽しみながら取り組んでほしいという思いのもと始めたものです。グループで謎解きに挑戦し、そこでの発想力や行動力をはかるため、初対面で会った者同士が協力してなにかを成し遂げるなかできずなが芽生え、入学後もとても仲よく過ごしています」と話される廣瀬副校長先生。

藤村女子は今後もさまざまな場面で生徒の知的好奇心を刺激する学びを提供していくことでしょう。

さまざまなものを活用して行うフィールドワーク

森上's eye!

新しく導入する特色ある授業やコース

2022年から始まる中学のオリジナル授業や、高校の新コース制は、これからの時代で必要とされるさまざまな力を養える魅力的な内容です。こうした新しい取り組みに加え、吉祥寺を舞台にしたフィールドワークや、他校で類を見ない「ナゾ解き入試」など、生徒の「ワクワクする」気持ちを喚起することを重視している学校です。

藤村女子中学校〈女子校〉

SCHOOL DATA

所在地　東京都武蔵野市吉祥寺本町2-16-3
TEL　0422-22-1266
URL　https://www.fujimura.ac.jp/
アクセス　JR中央線・京王井の頭線・地下鉄東西線「吉祥寺」徒歩5分

オープンキャンパス(体験授業+クラブ活動)
10月16日(土)14:00〜
3月12日(土)14:00〜(4・5年生対象)

入試体験会
11月27日(土)14:00〜
12月11日(土)14:00〜
1月23日(日)10:00〜

個別相談会
1月8日(土)14:00〜

文化祭
9月18日(土)・19日(日)

※イベントはすべて要予約
※情勢によっては、内容変更や中止の可能性があります。最新の情報はHPでかならず確認してください。

安田学園中学校（やすだがくえん）

最先端の、さらにその先をめざす

安田学園中学校・高等学校は、「自学創造」を教育目標に掲げ、自ら考える授業と探究プログラムを核として、21世紀のグローバル社会に貢献する人材の育成に取り組んでいます。

3ステージ制プログラムと学校完結型の学習環境

安田学園中学校・高等学校（以下、安田学園）は、「先進コース」と「総合コース」を設置し、6年一貫で学びます。両コースとも1・2年生を「ステージⅠ」、3・4年生を「ステージⅡ」、5・6年生を「ステージⅢ」の3ステージに分けた学習プログラムで、それぞれの成長段階に合わせてステップアップしていきます。そしてグローバルな探究力を育て、東京大学などの最難関大学をめざします。

安田学園の最大の特徴は、自ら考え学ぶ授業です。「本校では、どの教科でも『根拠を追究』し、『なぜ？』を考える時間を大事にしています」と広報部長の藤村高史先生が話されるように、教員から教わる時間よりも自分で「考える」時間を多くすることで、思考力・表現力を養っていきます。そして1年生から5年生2学期までは、自ら学ぶ授業を核とした「学び力伸長システム」を実施することで、学ぶ楽しさをつかみ、自分に合った学習法を確立していきます。この「学び力伸長システム」には、年5回の定期試験前の「独習ウィーク」や年3回学期末の「独習デー」、放課後補習や中学集大成テストなど、生徒の生活習慣や学習習慣を確立するためのさまざまなプログラムが用意されています。

5年生3学期から6年生は「進学力伸長システム」で最難関大学入試に対応できる学力をつけていきます。放課後進学講座、進学合宿、夏期・冬期講習、大学共通テスト模試演習講座などがあり、2月の国立大学2次試験の直前まで講座はつづきます。これらの取り組みを学校完結型の学習環境と表現し、生徒一人ひとりをきめ細かくサポートしていきます。

また、安田学園の特徴のもうひとつが、探究プログラムです。中学は週1時間、高校では週2時間の探究の授業として行われています。「疑問・課題⇒仮説の設定⇒検証（調査・観察・実験）⇒新しい仮説や疑問⇒…」という活動を繰り返し、根拠を持って探究することで、論理的・批判的な思考力を育成しています。

【グローバル教育①】4技能を鍛える英語学習

安田学園は、大学入試のために英語力を高めることも重要と考えていますが、他者とコミュニケーションをとるためのツールとして英語が使えるように、実践的な力を養うことを目標としています。世界にはいろいろな価値観を持った人がいると知ることが多様性の学びにつながり、さらにそれが「日本」を学ぶ、「自分」を深く考えることにも結びついていきます。世界とかかわることで自分の将来も見つめていく、それが安田学園のめざすグローバル教育です。

英語の授業は、日本人教員とネイティブ教員が連携しながら授業を行っていて、最初の5分間は毎回英語を聞く「リスニング」の時間として活用しています。そして中1の段階から、自分の考えを英語で書く「ライティング」、コロナ禍でも対策を万全にして行っているペアワークやオンライン英会話に週1回全員が取り組む「スピーキング」、さらに図書館に収蔵された6500冊の洋書をいかした多読学習を行う「リーディング」と、4技能を授業のなかでバランスよく習得していきます。

授業以外の場でも4技能を伸ばす工夫がされていて、毎年行われている「スピーチコンテスト」では、全員が原稿づくりに取り組むこともライティング力を鍛えるためには有効です。また、年5回実施される「英単語コンテスト」は、あらかじめ出題範囲を発表したうえで実施し、成績優秀者には表彰状や記念品が授与されるなど、生徒がモチベーションを保てるような工夫もしています。

これらの成果は英語検定にも表れていて、先進コース3年生終了時点の英検準2級以上取得率は92％で、6年生終了時までに、先進・総合両コースとも、準1級以上をめざします。

【グローバル教育②】オンライン国際交流プログラム

安田学園では例年、イギリスまたはニュージーランドへのグローバル探究をはじめとした、さまざまな語学研修や留学を実施してきました。しかし、コロナ禍で海外渡航が困難な状況となったいま、生徒のためにできる新しいプログラムはないかと模索した結果、今夏から「オンライン国際交流プログラム」を導入することにしました。

このプログラムでは、自分の分身となるアバターを作成し、海外を想定したバーチャル空間で英語を使って会話する「VR英会話」や現地の大学生らとさまざまなテーマで語りあい、最終的にプレゼンテーションをする「オンラインスタディツアー」、NASAをはじめ、海外で活躍する日本人から話を聞く「グローバルセミナー」など、全5日間の日程で「交流」をテーマにさまざまなプログラムが実施されます。

語学研修の代案として導入されるプログラムですが、オンラインだからこそできる取り組みもあるため、語学研修が再開されても2本立てで実施していく予定です。

難関大学の合格実績 一貫生の実績に注目！

安田学園では、1～3年生は「なりたい自分」を見つけよう、4～6年生は「なれる自分」に高めようをテーマに、芙蓉グループ関連企業や地元企業などの協力を得ながらアイデンティティの確立をめざしたキャリアデザイン教育を行っています。

その結果、2021年度大学入試では、高入生も含めて、国公立大学52名、早慶上理ICU63名と昨年を上回る合格者をだしています。一貫生の合格実績をみてみると、120名（先進クラス23名、総合クラス97名）の卒業生が、京都大学、東京工業大学、一橋大学、大阪大学などの最難関国公立大学に合格しており、その学力の高さがうかがえます。

今年度の6年生は先進クラスが2クラス（42名）になり、今年度入学した1年生では、先進クラスが4クラス（149名）まで増えているので、最難関国公立大学や難関私立大学への合格者が順調に増加することが容易に予想されます。

成長段階に合わせた3ステージ制のプログラムや学校完結型の学習環境など、生徒のことを第一に考えた教育を実践する安田学園。生徒一人ひとりの力を確実に伸ばしてくれる学校です。

	2017	2018	2019	2020	2021
国公立大学	22名	30名	49名	46名	52名
早慶上理ICU	30名	22名	34名	59名	63名
計	計52名	計52名	計83名	計105名	計115名

〈現役卒業生の大学合格実績〉

森上's eye!

コロナ禍で試される学校の本当の実力

昨年、今年と海外研修がつぎつぎと中止になるなか、いち早く5日間のオンライン国際交流プログラムを立ち上げた安田学園の企画力と行動力は、生徒にもいい影響を与えているのではないでしょうか。

今年度から先進コースの卒業生が増えていくので、難関大学合格実績の伸長が予想されます。

SCHOOL DATA

安田学園中学校〈共学校〉

所在地 東京都墨田区横網2-2-25
TEL 0120-501-528（入試広報室直通）
URL https://www.yasuda.ed.jp/
アクセス JR総武線「両国」徒歩6分、都営大江戸線「両国」徒歩3分、都営浅草線「蔵前」徒歩10分

学校説明会

9月11日(土)
・9：00～、10：00～学校説明会
・14：30～学校説明会・授業体験(英語)

10月23日(土)
・9：00～、10：00～学校説明会
・14：30～学校説明会・クラブ見学

11月14日(日)
・9：30～入試体験(小6対象)

12月4日(土)
・14：30～、15：50～入試傾向と対策

1月8日(土)
・14：30～、15：50～入試傾向と対策

品川翔英中学校

（しながわしょうえい）

品川から世界へ、未来へ、英知が飛翔する

2020年4月、男女共学の中高一貫校として新たなスタートを切った品川翔英中学校。世界を舞台に活躍できる人材を育成するための斬新な教育活動が始まっています。

生徒に多様な選択肢を与える教育を実践

2020年4月、男女共学の中高一貫校として新しいスタートを切った品川翔英中学校（以下、品川翔英）。「品川翔英」という校名には、「品川から世界へ、未来へ、英知が飛翔する」という意味が込められています。

校訓「自主・創造・貢献」のもとに、これまでいくつもの学校で教育改革を手がけてきた柴田哲彦校長先生が先頭に立ち、「学び続けるLEARNERS（学習者）を育てる」ことを教育目標に掲げています。

柴田哲彦校長

LEARNERSとは「あらゆることを自分ごととして捉え、自分を律しながら、そして愉しみながら行動できる人で、同時に、他人の意見に耳を傾け、他人と協働しながら、批判的な思考力を持って新たな価値を創り出し、社会に貢献するよう尽力できる人」のことだと品川翔英は定義しています。

そのLEARNERSを育てるために、卒業時に身につけてほしい力として「品川DP7」（愉しむ力、主体性、自律性、協働性、批判的思考力、創造力、貢献力）を設定。

「LEARNER'S TIME」やICTを活用した個別最適化学習、学年担任制・メンター制などの品川翔英独自の取り組みでこうした力を育てていきます。

「LEARNER'S TIME」は、水曜日の5・6時間目と土曜日の週6時間を使って、PBL（問題解決型学習）型の探究学習などを中心に、体験型・探究型の学びの時間として、社会にでてからも主体的に学び続けられる力を身につけていくプログラムです。

「現在はSDGsをテーマとした探究学習がメインになっています。中1から課題設定に取り組み、それができてきているという段階です」（柴田校長先生）

「品川翔英ゼミ」で生徒個々に最適化した学びを

2022年度から導入予定で、また1つ、品川翔英の大きな特徴になりそうなのが、新しいカリキュラムです。

「生徒が自由に進路を選択できるようにする」（柴田校長先生）ことを目的に、高1から卒業必修単位（74単位）を優先的に学ぶことで、高2、高3次に自由に選択できる授業を多く設けます。これが「品川翔英ゼミ」です。生徒が希望する大学進学に必要な講座だったり、興味・関心を持つ分野の講座だったりと内容は多彩。

「こうしたカリキュラム設定により、生徒が本当に学びたいことを学ぶことができます。そうすれば、おのずと学力も伸びていくことでしょう」と柴田校長先生は「品川翔英ゼミ」の狙いを説明されます。

「本校では、生徒たちがいつの間にか思い込んでいるさまざまな面での心理的限界点を解除して、6年間のなかでいろいろな成功体験を味わうことができるように環境を整えて、みなさんをお待ちしています。私たちといっしょに、大きく羽ばたいてみませんか」（柴田校長先生）

森上's eye!

校名変更と男女共学化 本気の学校改革を期待

校訓、教育目標、授業、行事等すべてを一新。既存のイメージを払拭し、新しい学校をつくるという強い意気込みが感じられます。

数々の私立中高で学校改革を進められた柴田校長が、品川翔英をどのような学校にしていくのか、開校2年目にして、期待は高まるばかりです。

品川翔英中学校〈共学校〉

SCHOOL DATA

所在地 東京都品川区西大井1-6-13
TEL 03-3774-1151
URL http://shinagawa-shouei.ac.jp/juniorhighschool/
アクセス JR横須賀線・湘南新宿ライン・相鉄線「西大井」徒歩6分、JR京浜東北線・東急大井町線・りんかい線「大井町」徒歩12分

学校説明会	
8月28日(土)10:00～	12月1日(水)19:00～(Web)
9月8日(水)10:00～	12月3日(金)19:00～(Web)
9月18日(土)10:00～	12月4日(土)10:00～
9月22日(水)19:00～(Web)	12月7日(火)19:00～(Web)
10月16日(土)10:00～	12月18日(土)14:00～
11月11日(木)10:00～	1月4日(火)10:00～
11月23日(火祝)10:00～	1月9日(日)10:00～

ラーナーズ体験入試体験講座	
8月28日(土)13:30～	11月13日(土)14:00～
12月19日(日)14:00～	1月9日(日)14:00～

教科型 適性検査型入試体験講座
12月12日(日) 8:30～

文化祭
10月2日(土) 9:00～
10月3日(日) 9:00～

2021年度の結果から 2022年度入試を予測する

コロナ禍で不況が予想されたなか、公立中高一貫校志望者が増えるとみられた2021年度入試は、多くの公立中高一貫校が応募者を減らしました。2022年度入試は、その傾向がつづくのでしょうか、それとも一転して増えるのでしょうか。現時点ではまだ判断がつきませんが、いろいろ変化があるだけに、それらをふまえて考えてみましょう。

安田教育研究所代表
安田 理

東京都生まれ。早稲田大学卒。大手出版社で受験情報誌、教育書籍の編集長を務めたあと独立し、安田教育研究所を設立。講演、執筆、情報発信、セミナー主催、コンサルティングなど幅広く活躍中。

2021年度公立中高一貫校 応募者増は6校のみ

年々増えて、現在首都圏には23校もの公立中高一貫校があり、中学受験において大きなシェアを占めるようになっています。このほか茨城で公立中高一貫校が急増しているので、首都圏の話のあとで触れてみます。最初に23校の都県別内訳をみていきます。

東京が11校、神奈川が5校、千葉が3校、埼玉が4校です。また、公立中高一貫校には中等教育学校（高校募集がなく6年間同じメンバーで学ぶ）と、高校募集がある併設型と呼ばれる学校があります（〇〇中学校や〇〇高等学校附属という校名になっています）。このほか連携型といわれるものがありますが、これは入試をともなわないので、ここでは前2校について取り上げます。

公立中高一貫校の入試は、開校初年度は、小学校の学習範囲からしか出題されない「適性検査」（教科別の問題ではなく融合問題）ということで、ダメ元で大勢が受けるため（開校初年度は地元の小学校では全員が受けたなどというケースも）大変な倍率になることがよくあります。それが、きちんと準備しなければ受からないということがわかり、年々倍率が低下するのが一般的です。

東京都内の応募者は 11校中9校が減

2010年に都内の公立一貫校11校がでそろってから今年で12年が経ちました。

2018年、応募者数の合計が初めて9000人を割りこみましたが、2019年には多摩地域の学校への女子の応募者が増え、総計9019人（都立一般枠＋九段の男女計）と9000人台を回復していました。

それが2020年は8476人、2021年は富士と都立武蔵で募集人数が増えたにもかかわらず、8215人と減少に歯止めがかかりませんでした。

学校別でみると、増加は男女とも増が桜修館のみで、男子だけの増が大泉、小石川、都立武蔵、両国の4校でした。なお、女子だけが増加したところはありませんでした。

神奈川、千葉、埼玉の 応募者は11校中8校が減

3県では、神奈川が2019年

【表１】東京都内の公立中高一貫校入試結果

学校名	募集人員	応募者数		応募倍率
		2021	2020	
桜修館中等教育学校	男80	**413**	**389**	5.2
	女80	**572**	568	7.2
大泉高校附属	男60	**336**	306	5.6
	女60	377	**405**	6.3
小石川中等教育学校	男80	390	434	4.9
	女80	402	448	5.0
立川国際中等教育学校	男65	**270**	252	4.2
	女65	330	**403**	5.1
白鷗高校附属	男68	323	382	4.8
	女68	460	514	6.8
富士高校附属	男80	239	**310**	3.0
	女80	280	**318**	3.5
三鷹中等教育学校	男80	444	456	5.6
	女80	457	486	5.7
南多摩中等教育学校	男80	374	400	4.7
	女80	436	463	5.5
武蔵高校附属	男80	**293**	240	3.7
	女80	220	272	2.8
両国高校附属	男60	**407**	398	6.8
	女60	438	**453**	7.3
千代田区立九段中等教育学校　区分B	男40	190	**232**	4.8
	女40	267	309	6.7

＊小石川中等教育学校、立川国際中等教育学校、白鷗高校附属の数字は一般枠のもの。千代田区立九段中等教育学校は区分B（区分Aは千代田区内）のもの。
＊富士高校附属、武蔵高校附属の募集人数はともに前年は男女各６０名。
＊太字は前年より増加を示す。

【表２】神奈川・千葉・埼玉の公立中高一貫校入試結果

学校名	募集人員	応募者数		応募倍率
		2021	2020	
神奈川県立 相模原中等教育学校	男80	546	550	6.8
	女80	576	595	7.2
神奈川県立 平塚中等教育学校	男60	**433**	**409**	7.2
	女60	**477**	**441**	8.0
川崎市立 川崎高校附属	男女120	481	492	4.0
横浜市立 南高校附属	男80	**392**	328	4.9
	女80	**529**	**499**	6.6
横浜市立　横浜サイエンスフロンティア高校附属	男40	**293**	276	7.3
	女40	**245**	209	6.1
千葉県立 千葉	男40	326	364	8.2
	女40	279	**358**	7.0
千葉県立 東葛飾	男40	438	449	11.0
	女40	388	416	9.7
千葉市立 稲毛高校附属	男40	**299**	280	7.5
	女40	308	**371**	7.7
埼玉県立 伊奈学園	男女80	**160**	148	5.0
		242	**262**	
さいたま市立 浦和	男40	248	289	6.2
	女40	313	329	7.8
さいたま市立 大宮国際中等教育学校	男80	262	302	3.3
	女80	366	400	4.6
川口市立 高校附属	男女40	287	―	7.3
		294	―	

＊千葉県立千葉、千葉県立東葛飾、埼玉県立伊奈学園、さいたま市立浦和、さいたま市立大宮国際中等教育学校、川口市立高校附属は一次検査時の数字。
＊募集人数が男女計でも男女同数を基本としている。募集人数が男女計の場合は、応募倍率も男女合わせた数字で出している。
＊千葉市立稲毛高校附属は、2022年度より千葉市立稲毛国際中等教育学校に校名変更
＊太字は前年より増加を示す。

３９６６人↓２０２０年３７９９人↓２０２１年３９７２人と増減を繰り返していますが、昨年度3県のなかで唯一増加しました。

千葉は、２０１９年２２０７人↓２０２０年２２３８人↓２０２１年２０３８人へと大きく減少しています。

埼玉は、２０１９年２０７７人↓２０２０年１７３０人↓２０２１年２１７２人と大きく増えていますが、これは川口市立の開校があったためです。これをのぞくと１５９１人と、減少しつづけています。

以上のように、都県別で増は神奈川のみです。学校別では、県立平塚、横浜市立南、横浜市立サイエンスフロンティアの3校のみが増加。この3校は男女ともに増ですが、ほかはことごとく減少となりました。都内も増は3校だったので、22校（今年度開校の川口市立をのぞく）中、増えたのは6校だけでした。

コロナ禍によるこれからの経済不況予測で、公立中高一貫校の志願者は増えるとの予測もありましたが、実際はむしろかなり減少しました。公立中高一貫校志願者に多い、小6になってから塾に通う層が減ったとみられます。

【表３】茨城県南部の公立中高一貫校入試結果

学校名	募集人員	応募者数		応募倍率
		2021	2020	
県立古河中等教育学校	男６０	110	**134**	1.8
	女６０	142	**152**	2.4
県立並木中等教育学校	男８０	**320**	290	4.0
	女８０	301	326	3.8
県立竜ケ崎第一高校附属	男２０	80	91	4.0
	女２０	106	107	5.3
県立土浦第一高校附属	男４０	127	―	3.2
	女４０	136	―	3.4

＊太字は前年より増加を示す。

なお、茨城では２０２０年度から２０２２年の3年間で10校もの公立中高一貫校が開校します。ここでは首都圏に近い南部の学校について触れておきます。

とはいっても、県南には以前から県立古河、県立並木があるので、新たに開校した県南の学校は、県立竜ケ崎第一、県立土浦第一くらいです。東京よりはるかに人口の少ない茨城に、東京と同数の11校もの公立中高一貫校があります（２０２１年時点、来年さらに2校開校）。

そのため1倍台、2倍台という公立中高一貫校ではありえない倍率の

ところもあり、今年大人気となることが予想されていた県立土浦第一も、そうはなりませんでした。

通常では応募者は女子の方が多い

表を見てお気づきのかたもいると思いますが、応募者は女子の方が多いケースが圧倒的です。男子の方が多いのは、都立武蔵、横浜市立横浜サイエンスフロンティア、県立千葉、県立東葛飾、県立並木の5校しかありません（昨年はなんと男子の方が多いのは横浜市立横浜サイエンスフロンティアのみという極端な年でした）。適性検査問題は、長い文章の読解、長文記述があるので、女子の方が得意と考えるのでしょう。

私立中学校と併願する受験生が多い学校・少ない学校

公立中高一貫校のスタート時は、落ちたら地元の公立中学校に進学する人が多くいましたが、2年、3年と塾に通って準備をして受けると、それをムダにしたくないということで私立中学校も併願する人が増えてきています。

逆に、私立中学校を本命として勉強してきた受験生が、公立中高一貫校も受けるケースもあります。小石川などは、入学者の8割以上が私立中学校を受けているほどです。

東京都教育委員会は、都立10校について、試験当日の欠席者数、合格発表後の辞退者数を公表しているので、それをみてみると、欠席者数は男子・女子とも男子１９７人→１６４人→１４１人、女子２５５人→２２３人→１９６人と年々減っています。辞退者数は男子44人→39人→41人、女子38人→51人→33人と、隔年現象となっています。

例年は、欠席者も辞退者も特定の学校に集中していたものが（昨年の欠席者数は、男子は小石川が31人、白鷗と両国が20人、女子は小石川が50人、桜修館が27人、白鷗が26人など）、今年は全体に減っていることもありますが、集中していません。

欠席者数は男子が桜修館の21人が最多で、白鷗と両国が19人、小石川と都立武蔵が18人と差がなくなっています。女子は小石川が36人、桜修館が34人、白鷗が23人、両国が22人で、男子同様差がなくなっています。ただ登場する校名はほぼ同じで変わっていません。ちなみに九段は男子が13人、女子が15人です。

辞退者は、男子の41人中16人が小石川、7人が都立武蔵であり、女子の33人中7人が小石川、6人が桜修館と都立武蔵となっています。

他県で欠席者の多い学校を調べてみると、2桁は男子では県立相模原が15人、市立稲毛が13人、県立平塚が12人、横浜市立横浜サイエンスフロンティアが12人となっています。

一方、女子では県立相模原が33人、横浜市立南が21人と多く、ついで県立平塚が14人、横浜市立横浜サイエンスフロンティアが13人となっています。

首都4都県に共通していることは、難度の高い公立中高一貫校ほど私立中学校との併願者が多いということであり、女子の方が私立中学校にぬけているということです。

千葉・埼玉の学校は一次の欠席者は少ないですが、二次で多くなります（さいたま市立浦和とさいたま市立大宮国際は一次は互いに併願が可能です）。

一方私立中学側も、公立中高一貫校は倍率が低くなっているとはいえ5倍を超えているところが多く、不合格者になる方が圧倒的に多いので、「適性検査」に向けた勉強でも受けられる「適性検査型入試」を設定するところが年々増えています。

なかには「うちの適性検査型入試は○○中等教育学校、××高校附属を意識して作問をしています」と謳っているケースもあります。

そのほか入学金や授業料免除の特待生をだすケースもよくみられます。そうした背景からスタート時の「落ちたら地元の公立中学に」というパターンは、いまや少数派です。

私立「適性検査型入試」を受ける受験者数は？

公立中高一貫校を受ける人にとって受験しやすい私立の「適性検査型入試」（公立中高一貫校対応入試など名称はさまざま）ですが、実際に各校にどれくらいの受験者がいたのか調べてみました。それが19ページの表です。

表には20人以上の受験者がいた学校だけをあげましたが、このほかにも多数の学校が適性検査型入試を実施しています。これだけ増えると、「適性検査型入試」でも受験者が減少した学校もあり、「適性検査型入試」にも二極化の傾向がみえてきました。日程については、2月1日の午前・午後が圧倒的に多くなっています。

私立の難関校のなかには「思考力」

「記述力」を要する問題を多く出題するところもありますが、多くの私立は勉強してきた成果として知識量をみる問題が依然として多い傾向にあります。

ですから、公立中高一貫校が第1志望で、それへの対策を主としてきた受験生は得点が取れません。そうした受験生用に「適性検査型入試」があるので、併願先の私立を探しているなら、こうした入試を行っている私立を選ぶといいでしょう。

公立中高一貫校の すぐれた教育内容

ここまで数字的なものばかりを取り上げてきましたが、公立中高一貫校の魅力は、むしろ教育内容にあります。公立中高一貫校同士は全国的に交流し、かなり研究しあい、競いあっています。また、私立の中高一貫校が先行事例としてあるので、教育内容はどこもすぐれたものになっています。ここでは詳しくは触れませんが、学校選択の目安として、下記のようなことがあげられます。

・ふつうの公立中学では、まず行われない海外研修の機会がある学校が多数。なかにはシリコンバレー研修といった時代の先端的な場所に連れていく学校も。

・そのほか大学との連携、フィールドワークをともなう探究型学習、ネイティブによる英語教育、卒業論文の作成・発表……など、私立中高一貫校が取り入れている多くのことを同様に実施している。

・大学合格実績がすごい。さいたま市立大宮国際、川口市立を除く卒業生がでている21校のうち19校で東大合格者がでている。すごい高率である。

首都圏公立中高一貫校 来年度の動きについて

来年度については、大泉と両国が高校募集を停止するのにともない、募集人員が各40人増えるとみられます（白鷗の高校募集停止は2023年に決定）。

そのほか、つぎのような変更があります。

○立川国際が小中高一貫校になる。

○県立相模原、県立平塚がともに募集人員を男80人・女80人から男女計160人に変更する。

○市立稲毛が年次進行で市立稲毛国際中等教育学校に移行。選抜方法も大きく変更し、2段階選抜に。1次検査12月11日（適性検査Ⅰ・Ⅱ）、2次検査1月24日（適性検査Ⅲ・グループ面接）。募集人員も男40人・女40人から男女計160名に変更かつ増やす。コロナ禍で学校説明会が開催できないので、現在学校説明動画を公開中。

https://www.youtube.com/watch?v=62Ql2wgAp7k

○茨城南部では県立水海道第一、県立下妻第一が開校する。

◇

つぎに来年の動向の予測をしてみます。

今年こそ減少しましたが、これからコロナ禍がもたらすであろう経済不況はかなり深刻なものになりそうです。7月の模試の状況をみると、模試の受験者数は昨年はもちろん一昨年を上回る数になっています。

いま中学受験熱はきわめて高まっています。これは中高一貫教育がすぐれていることが広く知られるようになったことが大きいですが、家計的に厳しい家庭も増えています。

これから大きな変革の時代を迎えるからこそ、わが子にはいい教育を与えたいという思いは強いでしょう。そうなると再び学費の安い公立中高一貫校に注目が集まるのではないでしょうか。難化を予想して、じゅうぶんな対策を取っていただきたいです。

2022 年度入試を予測する

【表4】「適性検査型入試」2021年度受験者数状況「受験者20名以上校・人数順」

学校名	名称	日程	男子	女子	男女計	学校計	参考2020計
安田学園	第1回先進特待入試公立一貫	2月1日	223	237	460	924	913
	第3回先進特待入試公立一貫	2月2日	131	166	297		
	第6回先進特待入試公立一貫	2月4日	65	102	167		
宝仙学園共学部理数インター	第1回公立一貫型 特待選抜	2月1日	209	225	434	816	770
	第2回公立一貫型 特待選抜	2月2日	104	130	234		
	第3回公立一貫型 特待選抜	2月4日	60	88	148		
浦和実業学園	第1回適性検査型	1月11日	154	189	343	610	467
	第2回適性検査型	1月19日	152	115	267		
聖徳学園	適性検査型2科型	2月1日	151	86	237	412	398
	適性検査型３科型		103	72	175		
駒込	1回適性検査	2月1日	89	78	167	329	277
	2回適性検査	2月1日P	77	50	127		
	3回適性検査	2月2日	22	13	35		
八王子学園八王子	東大医進クラス①適性検査型	2月1日	169	149	318	318	325
西武学園文理	適性検査型	1月17日	—	—	301	301	383
郁文館	第1回適性検査型	2月1日	99	75	174	286	非公表
	第2回適性検査型	2月2日	31	45	76		
	第3回適性検査型	2月4日	19	17	36		
千葉明徳	適性検査型	1月20日	90	117	207	207	284
上野学園	適性検査型（アドヴァンストコース）	2月1日	42	56	98	196	169
	適性検査型（プログレスコース）		42	56	98		
日本大学	適性検査型GLコース	2月1日	54	59	113	191	178
	適性検査型NSコース		33	45	78		
聖望学園	第2回適性検査	1月11日	83	89	172	172	166
昭和学院	一般入試・適性検査型（特待）	1月22日	66	90	156	156	158
佼成学園女子	午前適性検査型	2月1日	—	103	150	150	143
	午後適性検査型	2月1日P		22			
	午前適性検査型	2月2日		14			
	午後適性検査型	2月4日P		11			
昭和女子大学附属	思考力総合（適性検査対応）	2月1日P	—	149	149	149	143
日本工業大学駒場	第1回適性検査型	2月1日	92	29	121	146	156
	第3回適性検査型	2月2日	15	10	25		
開智日本橋学園	適性検査型	2月1日	58	86	144	144	143
トキワ松学園	適性検査型（特待・一般）	2月1日	—	131	131	131	131
鶴見大学附属	適性検査	2月1日	64	54	118	118	126
横浜隼人	適性検査型・公立中高一貫	2月1日P	65	41	106	117	122
	適性検査型・自己アピール	2月2日P	7	4	11		
細田学園	第1回dots入試（適性検査型）	1月10日	24	34	58	114	103
	第2回dots入試（適性検査型）	1月16日	25	31	56		
佼成学園	第1回適性検査型特別奨学生	2月1日	33	—	78	78	72
	第2回適性検査型特別奨学生	2月2日	45				
相模女子大学	適性検査型	2月1日	—	77	77	77	83
白梅学園清修	第1回午前適性検査型	2月1日	—	67	67	76	91
	第5回午前適性検査型	2月11日		9	9		
武南	第1回午前適性検査	1月10日	36	25	61	69	17
	第2回適性検査	1月11日	4	4	8		
武蔵野東	適性型①特待選抜	2月1日	25	24	49	62	70
	適性型②特待選抜	2月1日P	1	2	3		
	適性型③特待チャレンジ	2月4日P	7	3	10		
鎌倉女子大学	適性1	2月1日	—	30	60	60	25
	適性2	2月1日P		10			
	適性3	2月2日		12			
	適性4	2月5日P		5			
	適性5	2月10日P		3			
光英VERITAS	適性検査型	1月20日	—	—	52	52	26
中村	適性検査型	2月1日	—	52	52	52	16
目黒日本大学	第1回特待選抜適性検査型	2月1日	13	3	16	48	28
	第3回適性検査型	2月2日	10	22	32		
多摩大学附属聖ケ丘	適性型	2月2日	27	21	48	48	64
横須賀学院	適性検査型	2月1日	23	25	48	48	48
足立学園	特別奨学生第1回適性検査	2月1日	43	—	43	43	39
共立女子第二	1回AM適性検査型	2月1日	—	42	42	42	30
文化学園大学杉並	適性検査型	2月1日	17	25	42	42	63
品川翔英	第1回適性検査型	2月1日	29	12	41	41	12
成立学園	第1回適性検査型	2月1日	17	12	29	40	32
	第3回適性検査型	2月2日	4	7	11		
国際学院	第2回AM適性検査型	1月11日	8	24	32	32	27
目白研心	第1回適性検査型	2月1日	7	18	25	29	7
	第2回適性検査型	2月2日	1	3	4		
共栄学園	第1回適性検査入試①	2月1日	4	5	9	28	16
	第5回適性検査入試②	2月5日	7	12	19		
武蔵野大学	適性検査型	2月1日	5	22	27	27	38
横浜翠陵	適性検査型	2月1日	11	12	23	23	25
明法	第1回午前適性検査型	2月1日	22	—	22	22	21
京華	適性検査型・特別選抜	2月1日	21	—	21	21	17
東京純心女子	適性検査型特待	2月1日	—	20	20	20	37

日程のPは午後入試

横須賀学院中学校（よこすかがくいん）

“世界の隣人とともに生きる力”を育む

青山学院横須賀分校を受け継ぎ、1950年に誕生した横須賀学院中学校・高等学校。「敬神・愛人」の建学の精神に基づき、グローバルな視点で持続可能な社会を担う人を育てる教育プログラムを展開しています。

社会の問題に向きあい解決していく力

横須賀学院中学校・高等学校（以下、横須賀学院）では、英会話力やICT活用力も日常の学習のなかでしっかり身につけ、ディスカッションやプレゼンテーションにいかす取り組みを行っています。2020年度よりWi-Fi環境が中高全館で整備されました。ひとり1台のタブレットを活用しての毎週1回のオンライン英会話も好評です。中1の英語では、フォニックスの学習も取り入れ、発音する楽しさを体感できるスタートとなっています。

新型コロナウイルス感染症による休校期間中も、授業動画配信やリモートでの礼拝、ホームルーム、質問タイムなどをとおして学校と家庭をつないだタブレットは、今後の新しい教育活動の可能性を広げ、世界とつながる力と楽しさを体感するツールとしてさらに活用の幅を広げることになるでしょう。

また、横須賀学院では図書館とのコラボプログラムにも力を入れ、本に親しみ、情報を正確に理解し、根拠をふまえて自分の意見を発信する力を大切に育てています。国語の授業での10分間読書やポップづくり、ビブリオバトルなども、生徒たちが大好きな時間となっています。自ら課題を見つけ、調べ、議論しながらさらに自分の考えをまとめていくプロセスをていねいに学習し、社会のさまざまな問題に向きあっていく姿勢を身につけていきます。

自らの人生の幅を広げ、他者とともに幸せになる力

横須賀学院では、与えられた自分の力を磨き、それを他者のためにいかすことに喜びを持てる体験の積み重ねを大切にしています。

縦割りの体育祭やクラス対抗の合唱コンクール、清里（きよさと）や沖縄での環境学習や平和学習、中1から始まるイングリッシュデイズやインターナショナルスクールでのボランティア、アジア学院Work Camp、中3のシドニーホームステイや高2でのドイツ・ポーランドでの異文化体験など、たくさんのプログラムに積極的に参加するなかで、自分と異なる賜物（たまもの）を持っている他者とともに生きるすべと喜びを味わいながら成長していく6年間を過ごします。

森上's eye!

国際感覚あふれる横須賀で多文化理解を深める教育

キリスト教を土台としたグローバル教育を、ていねいに実践している学校です。葉山インターナショナルスクールと連携して行うボランティアでは、楽しみながら実践的な英語を学ぶことができるのも特徴です。

青山学院大学との教育連携協定は13年目を迎え、ますますさかんな高大連携教育が進むものと思われます。

横須賀学院中学校〈共学校〉

SCHOOL DATA

所在地 神奈川県横須賀市稲岡町82
TEL 046-828-3661
URL https://www.yokosukagakuin.ac.jp/
アクセス 京浜急行本線「横須賀中央」徒歩10分、JR横須賀線「横須賀」バス5分・「大滝町バス停」徒歩5分

学校説明会（要予約）

9月11日(土) 10:00～11:30
11月13日(土) 9:00～12:00
※入試問題体験会を並行開催
12月11日(土) 10:00～11:30
1月8日(土) 9:00～12:00
※入試問題体験会を並行開催
1月15日(土) 10:00～11:30 入試直前相談会
1月22日(土) 10:00～11:30 入試直前相談会

オープンスクール（要予約）

8月9日(月・祝)10:00～13:00
※詳細はHPでご確認ください。

水曜ミニ説明会（要予約）

毎週水曜日 10:00～11:30
※学校行事等で開催できない場合もありますので、HPで確認して予約してください。

横浜翠陵中学校

（よこはますいりょう）

THINK & CHALLENGE!

「明日の世界をより良くするために考えて行動のできる人」それが横浜翠陵中学校の校訓である「考えることのできる人」の姿です。自分から進んで新しい課題に挑戦し、可能性を広げ、成功も失敗も成長の糧にして、挑戦しつづけます。

世界で活躍するグローバルリーダーを育てます

校訓「考えることのできる人」のもと、スクールモットー「Think&Challenge!」を掲げ、高い意志を持ち、自らの人生を自らの手で切り拓いていくチャレンジ精神旺盛な生徒の教育をめざす横浜翠陵中学校(以下、横浜翠陵)。共学化を契機に教育内容、教育環境をより充実させ、進学面でも飛躍的な伸びをしめしています。

開校以来、多彩な国際理解教育を実践し、学校にいながらさまざまな国の人々と交流できる機会がたくさん設けられています。豊富な国際交流プログラムをとおして他者を知り、多様な価値観を知り、自分自身を見つめることができます。この「国際理解教育」と「人間力の育成」を柱に、新時代に合わせた改革に積極的に取り組む横浜翠陵のグローバルリーダーの育成は、さらに進化しています。

充実した英語教育も特色のひとつです。週5時間の英語の授業のうち、2時間でネイティブ教員と日本人教員によるアクティブイングリッシュを実施。「聞く」「話す」を中心に、学習した英語の力を実際に活用する機会になっています。中1・中2で行う「サマーイングリッシュキャンプ」では、総勢10人以上のネイティブ講師とともに、英会話合宿を行います。英語漬けの日々を過ごすことで、英語の「話す」「聞く」のスキルをさらに磨くことができます。そして中学3年間で修得した英語力の実践の場として、中3では夏休みに約2週間、全員がニュージーランドで海外研修を行います。一人一家族でのホームステイや現地の小学生との交流は貴重な経験となっています。

共学化以降は理系教育にも力を入れています。実験・実習などの体験型プログラムで「科学的な思考力・表現力」を養います。中学生対象のサイエンスラボは、専門家の指導による本格的な実験で、食物のDNAの抽出やロボットのプログラミングなどにも挑戦しています。

また、生徒への学習フォローも手厚く行っています。勉強習慣づくり教室や成績個人面談、成績カルテの配付に、日々の学習を記録するチャレンジノートなど、担任はもちろん、学年全体、学校全体で一人ひとりを支援する体制が整っています。横浜翠陵の教育は時代の流れに合わせて、今も確実に進化を続けています。

森上's eye!

2020年度大学入試より難関大学の合格者が激増！

中学から始める探究学習「翠陵グローバルプロジェクト」や多彩なグローバル教育が魅力の学校です。中学段階に徹底した基礎固めを行い、独自の「DUT理論」で自ら学ぶ姿勢を育て、着実に学力を高めています。近年の難関大学合格実績には目を見張るものがあり、さらなる伸びが期待されます。

SCHOOL DATA

横浜翠陵中学校〈共学校〉

所在地 神奈川県横浜市緑区三保町1
アクセス JR横浜線「十日市場駅」徒歩20分またはバス 東急田園都市線「青葉台駅」・相鉄線「三ツ境駅」バス
TEL 045-921-0301
URL https://www.suiryo.ed.jp/

オープンキャンパス
9月23日(木・祝)10:00

土曜個別相談会
9月11日(土)9:30　10月9日(土)9:30
10月30日(土)9:30　11月13日(土)9:30
12月11日(土)9:30　12月18日(土)9:30

適性検査型入試説明会
10月24日(日)10:00

模擬入試（2科4科）
11月23日(火・祝)9:30

模擬入試＋適性体験
1月10日(月・祝)9:30
※以上はすべてWeb予約が必要です。

翠陵祭（文化祭）
11月6日(土)・7日(日)
※実施については未定。

公立中高一貫校と併願して
お得な私立中学校

共立女子第二中学校

きょうりつじょしだいに

多様な生徒を温かく迎える抜群の教育環境

共立女子第二中学校高等学校では学校活性化のためにさまざまなタイプの受験生を求めており、早くから適性検査型入試を実施してきました。多様な価値観を持つ生徒たちが伸びのびと成長していける、絶好の環境がここにはあります。

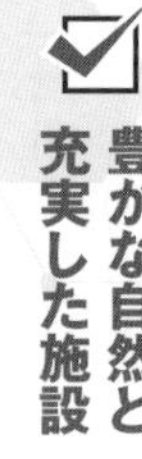

豊かな自然と充実した施設

共立女子第二中学校高等学校（以下、共立女子第二）は、誠実・勤勉・友愛という校訓のもと、高い知性・教養と技能を備え、品位高く人間性豊かな女性の育成に取り組んでいます。豊かな自然に恵まれたキャンパスは桜やバラなどの花で色鮮やかに演出され、伸びのびとした教育が展開されています。広大な校地には、総合グラウンド、9面テニスコート、ゴルフ練習場、6万冊の蔵書を持つ図書館などの充実した施設が設けられており、多くのクラブがその施設で活発に活動しています。

キャンパスは八王子市の丘陵地に立地していますが、八王子駅や高尾駅から無料のスクールバスが運行されています。路線バスとは異なり、すべて学校のスケジュールに沿ったダイヤが組まれているので大変便利です。災害などの緊急時にもすぐに対応できるメリットもあります。

生徒一人ひとりに合った学び。高校では新コース制スタート！

中学では、学習習慣の定着をはかるとともに、5教科の単位数を増やすなど、基礎基本の学力を身につけることを重視しています。中学3年次は英数国の3教科にグレード制を導入。個々の学力に応じた最適な授業が受けられるよう配慮しています。一方、抜群の環境をいかした体験重視の学びに力を入れ、探究心を育てます。

高校では2022年度より従来の特別進学コースと総合進学コースに加え、3年一貫の英語コースがスタートします。コース全員がターム留学を体験しつつ、世界的に語学教育を展開するベルリッツとタイアップした独自のカリキュラムを導入し、英検準1級レベルの英語力の養成をめざします。また、高校2年より新たに共立進学コースもスタート。共立女子大学文系学部への進学希望者を対象に、高校3年次には大学生と同じ空間で学び、入学後には単位が認定されるKWU高大連携プログラムを新たに導入し、大学付属校ならではの豊かな学びの継続が実現できます。

特色ある英語教育

共立女子第二の英語の授業は特色があり、「4技能総合型授業」および「レイヤードメソッド」と名づけられたオリジナルの指導法に基づいて行っています。さまざまな音読トレーニングを反復して行うことで重層的に「英語のコア」をつくり上げていきます。家庭学習においては、オンライン英会話レッスンを全員が受講、話す力を磨いています。

また教科書を利用してドラマをつくり上げていくドラマメソッド集中講座から、ブリティッシュヒルズにおける英語研修、高校においてはニュージーランド夏期ホームステイ研修やターム留学などさまざまな研修プログラムが導入されており、英語を体験する機会にあふれています。

堅実な進学実績

共立女子第二では、大学および短期大学への進学希望者がほぼ100%に達し、そのほとんどが進学しています。進学先としては、ここ数年、外部大学への進学と共立女子大学・短期大学への進学はほぼ同じ比率になっています。看護学部やビジネス学部などが新設されたことや、神田一ツ橋に校舎・組織を集中したこともあり、共立女子大学・短期大学の人気には根強いものがあります。

一方、共立関連大学に推薦で合格しながら、さらに外部の大学を受験できる併願型特別推薦制度を設けるなど、安心して難度の高い大学にチャレンジできる環境を整えています。2021年度の卒業生も、国公立大学や難関私立大学など、堅調に実績を残しています。一方、ここ数年、女子大学の人気上昇の流れを受けて、共立女子大学を第1志望とする生徒も増えてきています。

適性検査型入試

共立女子第二では多様な個性を持つ子どもたちの受験を期待し、さまざまな形式の入試を導入しています。そのひとつが公立中高一貫校との併願を可能とする適性検査型入試です。

共立女子第二では2010年度入試より適性検査型入試を実施しているので、来年度（2022年度）入試で早くも13回目を数えることになります。この積み重ねた実績が信頼を築き、とくに八王子多摩地区の多くの受験生を集めています。

また、入試の合計得点率（適性検査Ⅰ・Ⅱの合計点に対して何点得点したか）により奨学生を選考し、入学金・授業料などを免除する給付奨学金制度も導入していますので、詳細は学校説明会やホームページなどでご確認ください。

最後に、入試広報部主任の戸口義也先生から受験生へメッセージをいただきました。

「本校の適性検査型入試の受験生は、やはり公立中高一貫校との併願が多いのですが、公立中高一貫校に合格しながら本校への入学を希望する合格者もいます。公立中高一貫校にはない、そして本校だけにしかない価値がまちがいなくありますので、それを見出していただければうれしいです。

また最近では、本校を第1希望としながら、2科あるいは4科の入試ではなく、適性検査型入試でチャレンジする受験生も見られます。適性検査型入試やサイエンス入試以外にも英語（4技能型）入試など、さまざまな学習環境を持った生徒が受けやすい入試環境を整えていますので、ぜひ共立女子第二中学校を志望校のひとつにご検討ください！」

森上's eye!

英語コースの新設に加え 高大連携の新たな改革が進行中

以前から英語教育に特色のある学校ですが、来年度から高校で始まる3年一貫の「英語コース」により、さらに魅力ある英語教育が期待されます。

共立女子大学文系学部との新しい高大連携プログラムも進行中で、生徒の多様な学びに対応するための改革が進んでいます。

共立女子第二中学校〈女子校〉 SCHOOL DATA

所在地 東京都八王子市元八王子町1-710
アクセス JR中央線・京王線「高尾」スクールバス10分（無料）
JR各線「八王子」スクールバス20分（無料）
TEL 042-661-9952
URL https://www.kyoritsu-wu.ac.jp/nichukou/

学校説明会（要Web予約）
10月16日(土)10:30～12:00(入試問題研究会:国語)
10月29日(金)18:00～19:30(ナイト説明会)
11月20日(土)10:30～12:00(入試問題研究会:算数)

入試説明会／入試体験（要Web予約）
12月4日(土)14:00～15:30(適性検査型)
12月19日(日)9:30～12:00(国算2科型)
1月8日(土)10:30～12:00

理科体験授業（要Web予約）
8月10日(火)14:00～15:30(入試相談あり)
1月8日(土)14:00～15:30(新小6対象)

白亜祭（文化祭：要Web予約）
9月18日(土)・19日(日)(各日ミニ説明会あり)

※新型コロナウイルスの感染状況によっては、内容変更や中止の可能性もあります。最新の情報は同校公式サイトで必ず確認してください。

日本大学中学校（にほんだいがく）

教育の進化とともに飛躍に向けて挑戦します

日本大学の教育理念「自主創造」の3要素、「自ら学ぶ」「自ら考える」の実践と「自ら道をひらく」の体現をめざす日本大学中学校は、創設100周年に向けた一歩をふみだし、2022年、高校新学習指導要領のスタートに向け、教育を「SHINKA!」させます。

中学校2コース制と中高接続の進化で高みをめざす

日本大学中学校（以下、日大中）が掲げる教育スローガン「Aiming high!」には、「常に高みをめざそう、目標を高く持とう!」という思いがこめられています。

現在、高校の新学習指導要領のスタートに合わせた教育改革「SHINKA!」が進行中で、日大中・高の教育を大きく変化させようとしています。近年は国公立大学や難関私立大学にも多くの合格者をだす進学ハイブリッド校として注目を集めており、このプロジェクトによりその性能のさらなる向上が期待されます。

【進化1】アカデミックフロンティア（AF）コースを新設!

日大中は、6年前からNスタンダード（NS）とグローバルリーダーズ（GL）との2コース制を敷いた先進的教育を展開してきましたが、2022年度入学生から現行のNSコースにかわり、「探求的な学びで自分軸をつくり、自らの力で道を切りひらいてほしい」という願いをこめたアカデミックフロンティア（AF）コースを新設し、AFコースとGLコースとの2コース制に改編します。

これら2コースは、主体的な学びと体験型キャリア研修をとおして得られる気づきを重視していることが特長です。なかでもGLコースは早い段階から異文化に触れ、多様性理解力を養いながら将来のグローバルリーダーとしての素養を育むため、英語はレベル別クラス編成（GL2クラスの4分割授業）を導入し、海外研修の機会とその内容をAFコースより充実させています。

【進化2】「中高一貫2・1・3」システムの導入

2022年度入学生から「中高一貫2・1・3」システムを導入します。これは、日大中の特長である2コース制を進化させ、中高6年間を2年・1年・3年の3段階に分け、中学3年次を高校0学年と位置づけた高校プレコース化をはかるものです。「早い段階で大学を意識し、一段階上の志望校合格を実現させるという、進学ハイブリッド性能の向上を実現させるためのシステムです」と鈴木仁教頭は話されます。

【グローバル教育】洗練されたイングリッシュリテラシーを磨く

世界に羽ばたくグローバルリーダー育成のため、英語運用力の向上と多様性理解力を育むグローバル教育を推進しています。中学校では必修の研修として、中1では8月に2コースとも福島県ブリティッシュヒルズ研修（2泊3日）を、中2ではAFコースは広島・山口研修、GLコースはシンガポール研修、中3プレコースでは、コースごとに海外研修プログラムを実施予定です。また、希望制で、オーストラリア・ヌーサ夏期短期海外研修（約3週間）も用意されています。

さらに、高校では、カナダ・ビクトリア夏期短期海外研修（約3週間）やニュージーランド中期海外研修（3か月）、1年間の海外留学などを実施しています。特に、高校スーパーグローバル（SG）クラスに進学した場合は、高1でハワイ、高2でカナダ海外研修（ともに必修）を実施しています。中高の各コースで、選択によっては6年間で4回以上の海外研修の機会があります。（現在は、コロナ禍のため海外研修が中止となっており、国内代替企画による研修を展開しています）

また、校内では7人のネイティブ講師によるイングリッシュラウンジが放課後に開設されており、気軽に英語や異文化に触れる校内留学が体験できるほか、英語プレゼンテーション、英検対策指導や海外大学への進路相談など、目的に応じて利用することができます。

【ICT教育】主体的な学びを実現する

日大中は、全員に貸与されたタブレットPCと電子黒板を活用したICT教育を導入して6年目を迎えるICT教育先進校です。ICT機器を活用した双方向授業や調べ学習を行うアクティブラーニング型授業を展開し、主体的に学びを深め、論理的思考力を高めます。また、国内外の体験型研修の事前学習と事後振り返りのプレゼンテーション発表もICT機器を活用して行っています。生徒は創意工夫を凝らしたプレゼン発表を行い、表現力を磨いていきます。

「ICT機器を活用してなにをどのように学び、その結果としてなにができるようになるのか。本校は学びの質を向上させ、学びの進化に挑戦しています」（鈴木仁教頭）

【体験型キャリア教育】自分の将来を考える

体験活動から得られる気づきと経験は貴重な財産です。多くの体験型キャリア教育を推進しています。中1では入学直後の5月から日本大学の各学部（16学部）を訪問します。例えば、国際関係学部では静岡県三島キャンパスを訪問し、留学生と異文化交流を、理工学部では船橋キャンパスを訪問し海洋建築の講義を受講し大型構造物実験装置の見学やロボット操作体験を、松戸歯学部では実際の治療機材を用いた歯科医師体験をします。また、日本の伝統文化を知る歌舞伎鑑賞や大相撲観戦、職業意識を高める機会としてのキッザニアや公的機関見学、企業訪問などを実施しています。さらに、英検・漢検はもちろん、ことわざ検定やニュース検定、防災検定などにも挑戦しています。


飛躍への挑戦！

Awaken Your Dreams !

Keep Evolving And Aiming High !

夢を夢のままで終わらせない！ 進化し続け、さらなる高みを目指そう！

教育改革テーマ「SHINKA!」

SHINKA!

「新化」「親化」「深化」

「進化」「真化」

教育スローガン「Aiming High!」

Aiming high!

「情熱」「行動」「協働」

「自己革新」「使命」「社会貢献」

Make Your Dreams Come True !

あなたの夢を本校とともに実現させよう！

グラデュエーションポリシー

スクールポリシーを明確にした日大中の学びは、中高それぞれの学びを充実させ、中高接続を円滑にしています。そして、21世紀型スキルとしての「確かな力」と「人間力」を醸成し、夢の扉を開いていきます。

こうした特長ある教育は、日本大学への進学だけでなく、国公立大学や難関私立大学への進路実績を格段に向上させており、2021年3月卒業生を見ると、日本大学への進学は57%、他大学は37%で、現役進学率は94%です。なかでも国公立大学37名、早慶上理156名の合格は、進学ハイブリッド校としての高い実績として注目されています。

導入5年目を迎える適性検査型入試

2018年度から思考力を問う入試として導入した適性検査型入試も2022年度で5年目を迎えます。2月1日午後に実施した2019年度は85名、2020年度は178名、2月1日午前実施となった2021年度は191名と、着実に志願者を伸ばしており、認知度と信頼度を高めています。

2022年度入試も2月1日午前実施です。検査内容は適性検査Ⅰ【文章を読み取り、要点整理の読解力と自分の考えや意見を的確にまとめる表現力を問う問題】と適性検査Ⅱ【知識の応用力・運用力、思考力、論理的考察力を問う問題】からなり、東京都及び神奈川県の公立中高一貫校の適性検査問題を参考にした日大中オリジナル問題です。ホームページにサンプル問題が掲載されていますので、参考にしてください。

森上's eye!

生徒一人ひとりの「SHINKA!」を実現

大学付属校ならではのおおらかな校風を持ちつつ、国公立大学や難関私立大学への進学もめざせる進学校として人気の高い学校です。

教育スローガン「Aiming high!」のもと、高校の新学習指導要領のスタートに合わせて刷新する中高一貫の教育システムに期待が膨らみます。

日本大学中学校〈共学校〉

SCHOOL DATA

所在地 神奈川県横浜市港北区箕輪町2-9-1
TEL 045-560-2600
URL https://www.yokohama.hs.nihon-u.ac.jp/junior/
アクセス 東急東横線・目黒線・横浜市営地下鉄グリーンライン「日吉」徒歩12分

学校説明会
10月16日(土)
11月 6 日(土)
11月27日(土)

桜苑祭（文化祭）
9 月11日(土)
9 月12日(日)

学校見学
Webサイトからの事前の申し込みが必要です。

※説明会実施時期の感染状況により、実施方法はオンラインでの開催を含めまして変更になる場合もございます。詳細は同校ホームページにてご確認ください。

首都圏公立中高一貫校 入試日程一覧

2022年度

□の部分は未発表（7/10現在）のため昨年度の内容になります。

東　京

校名	募集区分	募集人員	願書受付		検査日	発表日	手続期限	検査等の方法
			開始日	終了日				
都立桜修館中等教育学校	一般	男女各80	1/12	1/18	2/3	2/9	2/10	適性検査Ⅰ・Ⅱ
都立大泉高等学校附属中学校	一般	男女各60	1/12	1/18	2/3	2/9	2/10	適性検査Ⅰ・Ⅱ・Ⅲ
千代田区立九段中等教育学校	区分A※1	男女各40	1/13	1/14	2/3	2/9	2/10	適性検査1・2・3
	区分B※2	男女各40	1/7	1/12	2/3	2/9	2/10	適性検査1・2・3
都立小石川中等教育学校	特別※3	男女各80（含特別5以内）	1/12	1/18	2/1	2/2	2/2	作文・面接
	一般		1/12	1/18	2/3	2/9	2/10	適性検査Ⅰ・Ⅱ・Ⅲ
都立立川国際中等教育学校	海外帰国・在京外国人	30	1/10	1/11	1/25	1/31	1/31	作文・面接
	一般	男女各65	1/12	1/18	2/3	2/9	2/10	適性検査Ⅰ・Ⅱ
都立白鷗高等学校附属中学校	海外帰国・在京外国人	24	1/10	1/11	1/25	1/31	1/31	作文・面接
	特別※4	男女各68（含特別6程度）	1/12	1/18	2/1	2/2	2/2	面接（囲碁・将棋は実技検査あり）
	一般		1/12	1/18	2/3	2/9	2/10	適性検査Ⅰ・Ⅱ・Ⅲ
都立富士高等学校附属中学校	一般	男女各80	1/12	1/18	2/3	2/9	2/10	適性検査Ⅰ・Ⅱ・Ⅲ
都立三鷹中等教育学校	一般	男女各80	1/12	1/18	2/3	2/9	2/10	適性検査Ⅰ・Ⅱ
都立南多摩中等教育学校	一般	男女各80	1/12	1/18	2/3	2/9	2/10	適性検査Ⅰ・Ⅱ
都立武蔵高等学校附属中学校	一般	男女各80	1/12	1/18	2/3	2/9	2/10	適性検査Ⅰ・Ⅱ・Ⅲ
都立両国高等学校附属中学校	一般	男女各60	1/12	1/18	2/3	2/9	2/10	適性検査Ⅰ・Ⅱ・Ⅲ

※1千代田区民　※2千代田区民以外の都民
※3自然科学（全国科学コンクール個人の部で上位入賞した者）　※4日本の伝統文化（囲碁・将棋、邦楽、邦舞・演劇）

神奈川

※募集区分はすべて一般枠

校名	募集人員	願書受付		検査日	発表日	手続期限	検査等の方法
		開始日	終了日				
県立相模原中等教育学校	160	1/4	1/6	2/3	2/10	2/12	適性検査Ⅰ・Ⅱ ※2022年度については「グループ活動による検査」は実施しません
県立平塚中等教育学校	160	1/4	1/6	2/3	2/10	2/12	
横浜市立南高等学校附属中学校	男女各80	1/5	1/7	2/3	2/10	2/11	適性検査Ⅰ・Ⅱ
横浜市立横浜サイエンスフロンティア高等学校附属中学校	男女各40	1/5	1/7	2/3	2/10	2/11	適性検査Ⅰ・Ⅱ
川崎市立川崎高等学校附属中学校	120	1/4	1/6	2/3	2/10	2/11	適性検査Ⅰ・Ⅱ・面接

千　葉

※募集区分はすべて一般枠

校名	募集人員	願書受付		検査日	発表日	手続期限	検査等の方法
		開始日	終了日				
県立千葉中学校	男女各40	願書等11/22 報告書・志願理由書等1/11	願書等11/25 報告書・志願理由書等1/12	一次検査12/11 二次検査1/24	一次検査12/22 二次検査2/1	2/2	一次　適性検査 二次　適性検査・面接等
県立東葛飾中学校	男女各40	願書等11/22 報告書・志願理由書等1/11	願書等11/25 報告書・志願理由書等1/12	一次検査12/11 二次検査1/24	一次検査12/22 二次検査2/1	2/2	一次　適性検査 二次　適性検査・面接等
千葉市立稲毛国際中等教育学校	160	願書等11/18 報告書・志願理由書等1/11	願書等11/25 報告書・志願理由書等1/13	一次検査12/11 二次検査1/24	一次検査12/22 二次検査2/1	2/3	一次　適性検査Ⅰ・Ⅱ 二次　適性検査Ⅲ・面接

埼玉

各校の予定は本誌調査によるものです（7/10現在未定のものもあります。　　の部分は未発表のため昨年度の内容になります）。必ず各校HPでご確認ください。

校名	募集区分	募集人員	願書受付		検査日	発表日	手続期限	検査等の方法
			開始日	終了日				
県立伊奈学園中学校	一般	80	12/24	12/28	第一次選考 1/15 第二次選考 1/22	第一次選考 1/20 第二次選考 1/27	2/1	第一次　作文Ⅰ・Ⅱ 第二次　面接
さいたま市立浦和中学校	一般	男女各40	1/5	1/6	第1次選抜 1/15 第2次選抜 1/22	第1次選抜 1/19 第2次選抜 1/26	2/4	第1次　適性検査Ⅰ・Ⅱ 第2次　適性検査Ⅲ・面接
さいたま市立大宮国際中等教育学校	一般	男女各80（含特別1割程度）	1/5	1/6	第1次選抜 1/16 第2次選抜 1/22	第1次選抜 1/19 第2次選抜 1/26	2/4	第1次　適性検査A・B 第2次　適性検査C・集団活動
	特別		1/5	1/6	第1次選抜 1/16 第2次選抜 1/22	第1次選抜 1/19 第2次選抜 1/26	2/4	第1次　適性検査D・個人面接 第2次　適性検査E・集団活動
川口市立高等学校附属中学校	一般	男女各40	12/25	12/26	第1次選考 1/15 第2次選考 1/22	第1次選考 1/20 第2次選考 1/27	2/7	第1次　適性検査Ⅰ・Ⅱ 第2次　適性検査Ⅲ・集団面接

つづくコロナ禍のなか
来年度の公立中高一貫校入試はどうなる

昨年度行われた中学入試では、公立受検にしろ私立受験にしろ、新型コロナウイルス感染症の影響を受けて、受験生は例年とは異なった入試状況を受け入れざるをえませんでした。保護者にとっても、直前の変更に備えてアンテナをはったり、感染予防のための継続的な検温に始まる健康管理をしたりと、受験そのものとは異なる準備を余儀なくされ、これまでにはない状況を考えながら、その日を迎えなければなりませんでした。

さて、それでは来年度の中学入試はどうなるのでしょうか。

コロナ禍のなかで変わる部分は？

まず初めに申し上げておきたいのは、本誌の記事締め切りは7月10日だったということです。

右にしめした入試日程や、このあとのページで取り上げる各校の募集要項も、それ以前の情報、多くは昨年度で、前例としての掲載です。

公立中高一貫校の来年度入試の新情報、募集要項などは、各都県の教育委員会が例年8月～9月以降に公表することになっており、それが正式なものとなります。

ですから、右の1都3県の入試日程のうちアミかけ部分は、注釈のとおり、7月10日現在、未発表のため昨年度の情報を掲載しています。今後の発表にご注意ください。

神奈川県立2校はグループ検査取りやめ

ところが、いち早く発表された来年度情報もあります。

神奈川県教育委員会は、7月1日、県立の中等教育学校2校（相模原と平塚）の適性検査のうち「グループ活動による検査」を、昨年度につづき取りやめることを決め、同2日に公表しました。

この検査は、受検生8人ほどがグループを形成して、40分程度話しあいながら作業を進め、集団のなかでの人間関係構築力をみるものとされており、確かに「密」の度合いが濃いものとなっていました。

これを受けて、グループ面接を実施している川崎市立などの動向が気になります。同校も昨年度は、実施を見送っています。

また、千葉県立の2校（県立千葉、東葛飾）では、二次検査の午後（昼食後）に集団面接（5人程度、東葛飾はプレゼンテーション的内容を含む）を予定しています。

昨年度は1月7日の緊急事態宣言を受けて、二次検査の1週間前に面接の実施を取りやめ、午前中で入試を終えています。来年度については早期の判断になると思われますが、注視しておきましょう。

千葉市立稲毛国際も昨年度（当時は稲毛高附属）は、検査11日前に午後の面接（5人程度）の実施を取りやめ、午前中で入試を終えることになりました。

来年度については新型コロナウイルス感染症の収束具合によります。

さいたま市立浦和は個人面接と集団面接を実施しています。このうち集団面接は7人程度のグループに課題を与え「解決に向けて一人ひとりがどのようにリーダー性、協調性、コミュニケーション能力等を発揮しているかをみる」とされ、今冬は感染予防を徹底して実施されました。

大宮国際も集団活動で検査を行っています。5人程度のグループに対し「さいたま市立小学校で実施しているグローバル・スタディの授業に則した活動」を行い、評価しています。市立浦和同様、今冬も感染予防を徹底して実施されました。

両校は、来年度についても「同様に予防を徹底して実施の方向」（さいたま市教育委員会、7月10日）です。

この春、新設された川口市立高附属でも、集団面接を5、6人のグループで実施しており、入試は感染予防を徹底して実施されました。来年度についても「昨年度同様、感染予防を徹底して実施の方向」（川口市教育委員会、7月10日）です。

しかしながら、未だ当日の詳細を伝えていない学校も多くあることから、とくに受検生同士の接触が密になる可能性がある検査は、これからさまざまな変更の可能性が残されています。8月、9月に発表される情報の収集が大切になってきます。

そのほか変更事項について、注意していただきたいことのひとつは、願書提出です。一昨年までは学校窓口への持参がほとんどでした。

今冬からは、逆に郵送受付がほとんどになりました。

このため以前なら窓口でチェックされていた、押印や記入の漏れなどを指摘されることがなくなっていますので、記入時にいっそうの注意が求められています。なお、郵送でも記入漏れなどは、学校側から確認の電話がかかってきます。ただ、電話番号の記入ミスがあればこれも困難です。

東京では緊急事態宣言再び　この夏も厳しい制限か

本誌の記事締め切り当日になって、東京には8月22日まで4度目の「緊急事態宣言」が発令されるというニュースが飛びこんできました。他の3県については「まん延防止等重点措置」が継続されます。

このことから関係各都県では、オ

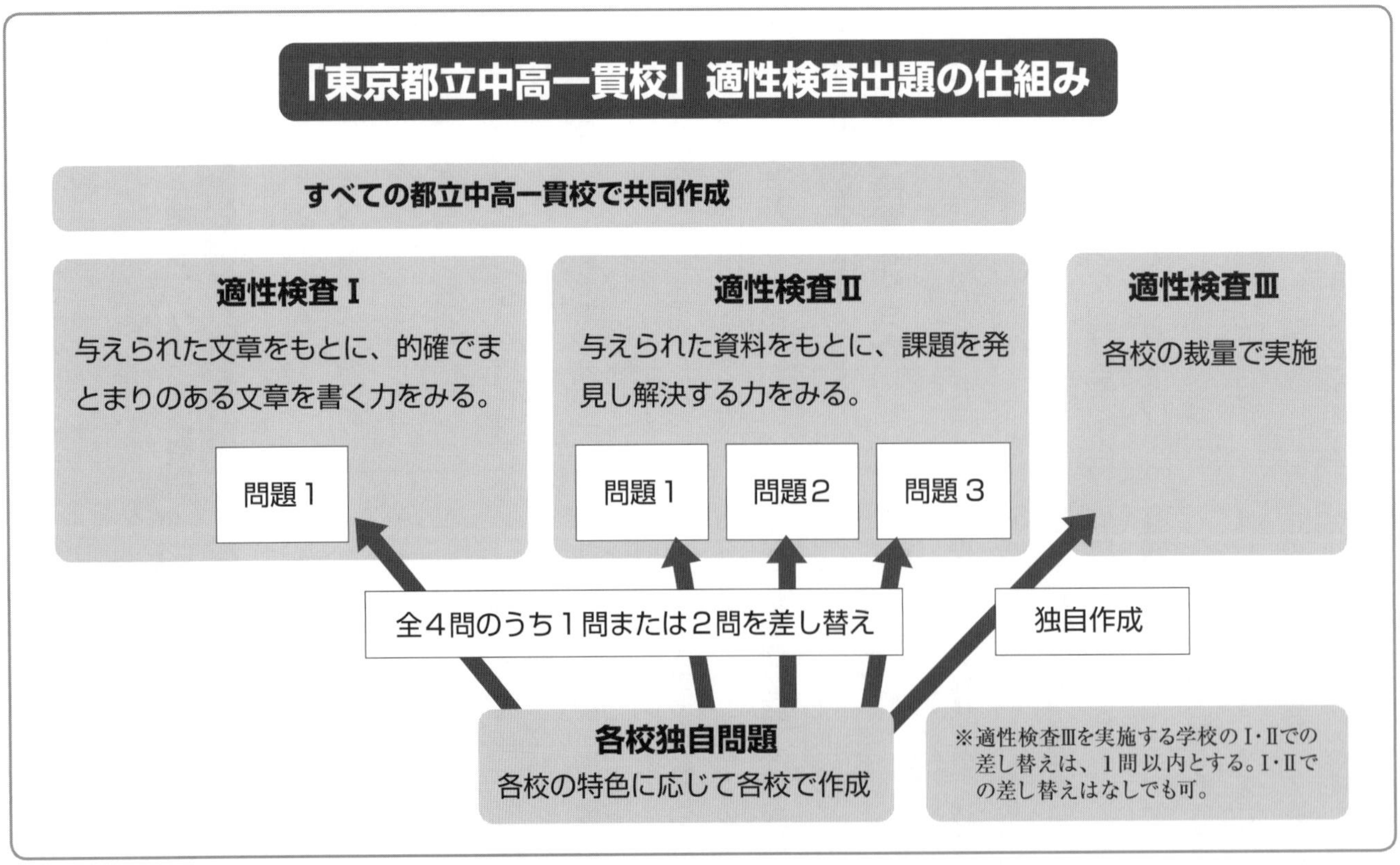

「東京都立中高一貫校」適性検査出題の仕組み

すべての都立中高一貫校で共同作成

適性検査Ⅰ
与えられた文章をもとに、的確でまとまりのある文章を書く力をみる。
問題1

適性検査Ⅱ
与えられた資料をもとに、課題を発見し解決する力をみる。
問題1　問題2　問題3

適性検査Ⅲ
各校の裁量で実施

全4問のうち1問または2問を差し替え

独自作成

各校独自問題
各校の特色に応じて各校で作成

※適性検査Ⅲを実施する学校のⅠ・Ⅱでの差し替えは、1問以内とする。Ⅰ・Ⅱでの差し替えはなしでも可。

※各校の独自問題差し替えについての正式発表は9月ごろを予定しているため、30ページからの都立中高一貫校の学校プロフィール（入学情報欄）では、前年度の実施要綱を掲載しています。

リンピック期間中は当然として、本来なら夏休みに入って活発化する各校の学校説明会や会場模擬試験（以下、模試）などへの影響は必至で、ご家庭による、日程変更などへの情報収集が重要になっています。

　昨年の模試は、10月以降感染予防を徹底して例年に近いかたちで行われましたが、それまではオンラインなどでの実施だったために受験生個々がどの程度本来の力を発揮しているかがわからず、模試の受験人数も例年を下回りました。そのため例年と異なる母数のなかで計算される偏差値の信頼度はもうひとつでした。

　今年は昨年の経験から、感染予防を徹底しての会場模試が例年に近いかたちで行われる予定で、偏差値算出などでは昨年ほどの影響はないものと考えられます。

　各校の学校説明会や学校見学会も、オンラインよりもリアルで開催する学校が多くなりそうです。これも学校側は「広いディスタンスを施しての見学」が評判がよかったなど、昨年の経験がいかされます。

　また、例年なら公立・私立を含めて4〜6校（受験回数）を受けていくのが各家庭の方針でしたが、昨年は新型コロナウイルス感染症を恐れて併願校は本命中心へと減る傾向となりました。

　また、入試当日は、保護者の学校立ち入りを制限した学校がほとんどでした。ご家庭では、ご父母のワクチン接種が急がれるところですが、供給不足が懸念されていることもあり、悩ましいところです。

2021年度入試　都立中高一貫校独自問題出題状況

学校名	出題状況
桜修館中等教育	適性検査Ⅰ：独自問題 適性検査Ⅱ：［1］のみ独自問題、［2］［3］は共通問題
大泉高校附属	適性検査Ⅰ：共通問題 適性検査Ⅱ：3題とも共通問題 適性検査Ⅲ：独自問題
小石川中等教育	適性検査Ⅰ：共通問題 適性検査Ⅱ：［2］のみ独自問題 適性検査Ⅲ：独自問題
立川国際中等教育	適性検査Ⅰ：独自問題 適性検査Ⅱ：3題とも共通問題
白鷗高校附属	適性検査Ⅰ：独自問題 適性検査Ⅱ：3題とも共通問題 適性検査Ⅲ：独自問題
富士高校附属	適性検査Ⅰ：共通問題 適性検査Ⅱ：3題とも共通問題 適性検査Ⅲ：独自問題
三鷹中等教育	適性検査Ⅰ：独自問題 適性検査Ⅱ：［1］のみ独自問題、［2］［3］は共通問題
南多摩中等教育	適性検査Ⅰ：独自問題 適性検査Ⅱ：3題とも共通問題
武蔵高校附属	適性検査Ⅰ：共通問題 適性検査Ⅱ：［2］のみ独自問題 適性検査Ⅲ：独自問題
両国高校附属	適性検査Ⅰ：共通問題 適性検査Ⅱ：3題とも共通問題 適性検査Ⅲ：独自問題

独自問題や適性Ⅲの採用が ときどき変更される東京都

　このほか変更が起きるとすれば、東京都立中の独自問題の変更です。これは新型コロナウイルス感染症とは関係のない変更です。

　都立中高一貫校（全10校）の適性検査（一般枠）の出題方式は、右図のような仕組みで作問されており、各校からの共同作成委員が手がけている「共同作成問題」と各校が個別に作成する「各校独自問題」を組みあわせて出題する形式です。

　都立中の適性検査は、適性検査Ⅰ・Ⅱ・Ⅲの3種別です。Ⅰ・Ⅱについては全校でかならず実施されます。

　適性検査Ⅰは大問1問、適性検査Ⅱは大問3問、計4問の構成となります。この4問のうちの1〜2問を各校の独自問題に差し替えて実施してもよいことになっています。

　一方、適性検査Ⅲは各校独自の問題となります。実施する場合は、その分、適性検査Ⅰ・Ⅱ出題時に行う独自問題への差し替えは抑えられ、1問以内の差し替えとなります。1問以内とは0問でもよく、適性検査Ⅲ実施の場合、Ⅰ・Ⅱでは独自問題を課さない学校もあります。

　2021年度入試で適性検査Ⅲを実施したのは上表にある6校でした。

　適性検査Ⅲを実施する学校がさらに増えるのか、また「適性検査Ⅰ・Ⅱのうちどの大問を独自問題とするのか」も含めて、9月に各校のホームページで発表される予定です。

　立川国際には来年度、附属小学校が開設されます。公立での小中高一貫校開校は全国で初めてです。

　都立中高一貫校のうち、高校段階でも生徒募集をしている併設型中高一貫校5校では、昨年度入試で富士高校附属と武蔵高校附属が高校募集を取りやめ、来年度入試では両国高校附属、大泉高校附属がつづき、白鷗高校附属は2023年度で高校募集を取りやめます。

　高校募集定員（各校40人）が減る分、中学募集定員が増えることになり、公立中高一貫校志望には追い風になるとみられます。

東京都立 桜修館中等教育学校

■中等教育学校
■2006年開校

東京 / 神奈川 / 千葉 / 埼玉

「真理の探究」をキーワードに生徒の主体性を尊重した教育を展開

大学附属校という歴史を持つ東京都立桜修館中等教育学校は、その伝統を受け継ぎ、大学や社会で必要となるさまざまな力を育てています。生徒の主体性を大切にした校風が特徴です。

石崎 規生 校長先生

生徒の思いが学校を動かす源

Q 校訓「真理の探究」や御校の校風についてご紹介ください。

【石崎先生】「真理の探究」は、本校の母体校である都立大学附属高等学校（2010年度で閉校）が掲げていた学校目標のひとつです。その伝統を校訓として受け継ぎ、さらに「真理の探究」をキーワードに「高い知性」「広い視野」「強い意志」を持った人材の育成をめざしています。

また、都立大附属高のもうひとつの学校目標「自由と自治」も文化として根づいています。自治会（他校でいう生徒会）をはじめとして、学校生活のあらゆる場面で生徒が主体的に活動しています。

私は今年度着任したばかりですが、生徒の主体性が学校を動かす活力の源であることをすでに感じています。

Q 行事なども生徒さんが企画・運営されているのでしょうか。

【石崎先生】そうですね。5月に実施したクラスマッチをはじめ、

学校プロフィール

開　校	2006年4月
所在地	東京都目黒区八雲1-1-2
ＴＥＬ	03-3723-9966
ＵＲＬ	http://www.oshukanchuto-e.metro.tokyo.jp/
アクセス	東急東横線「都立大学」徒歩10分
生徒数	前期課程 男子217名、女子256名 後期課程 男子220名、女子242名
１期生	2012年３月卒業
高校募集	なし
教育課程	２学期制／週５日制（土曜授業を年間18回実施）／50分授業
入学情報（前年度）	・募集人員　男子80名、女子80名 計160名 ・選抜方法　報告書、適性検査Ⅰ・Ⅱ

9月に実施予定の記念祭（文化祭）も生徒主体で準備を進めています。記念祭では、各参加団体がどの部屋を使うのかといったことから、生徒たちで話しあって決めています。

もちろんまだ中高生ですから、うまくいかないこともあります。しかし、実際にやりながらうまくいく方法を見つけていけばいいと思っています。生徒たちは「こうしたい」という意思をしっかりと持っているので、教員はその気持ちを尊重し見守っています。

前期課程の間は、後期課程の先輩たちの姿をみて、企画や運営の方法を学びます。そして、自分たちが中心となるときの準備をしながら、そのときを楽しみに待っているようです。

コミュニケーション力や多様性を受け入れる力を養成

Q. 今後力を入れていきたいプログラムなどはありますか。

【石崎先生】 本校の教育の柱である国際理解教育と理数教育のふたつをさらに強化していきたいと考えています。

国際理解教育の目標は、将来国際社会で活躍できるリーダーの育成です。その目標を実現するために、2年生、3年生の希望者を対象とした英語合宿（山梨）をはじめ多彩なプログラムを用意しています。

5年生は、シンガポールへ修学旅行に行っていますし、希望者には海外語学研修（ニュージーランド、4年生）、リーダーシップ育成アメリカ研修（4、5年生）も予定しています。実際に海外を訪れて現地の学生と交流すると、その学習意欲の高さに刺激を受け、生徒の意識が変わるので、いい経験になります。

ただ残念ながらコロナ禍においては実際に海外に行く活動は中止しています。しかし、ニュージーランドにある姉妹校とオンライン交流を行うなど新たな取り組みを始める予定です。

また、4、5年生で選択科目として、第二外国語を設置しているのも大きな特色でしょう。週に2時間、フランス語、ドイツ語、中国語、ハングル、スペイン語の講座を開いています。4年生は初級、5年生は中級とレベルアップできるので、2年間継続して受講する

Pick up!

1 論理的な思考力を育成する開校以来の学校設定科目

開校当初から行われている「国語で論理を学ぶⅠ～Ⅲ」と「数学で論理を学ぶⅠ～Ⅲ」は、論理的に考える姿勢を育む取り組みです。

「国語で論理を学ぶ」では、Ⅰで相手の話を正確に聞きとることを意識した問答ゲームなどの言語技術教育を取り入れ、Ⅱで相手にとってわかりやすく説得性のある意見の述べ方や表現の仕方を学びます。Ⅲになると、それまで学習したことをさらに高めるために、さまざまな種類の文章を論理的に読解し、自分の考えを論理的に表現することを学習するとともに、ディベートにも取り組みます。ディベートのテーマは「日本の公立中学校に制服は必要ではない是か否か」「日本の公立中学校にチャイムは必要ではない是か否か」といったものがあります。

なお、ディベートは後期課程の授業でも取り入れられており、後期課程ではSDGs（持続可能な開発目標）にまつわるテーマなどを扱います。

「数学で論理を学ぶ」では、Ⅰで日常生活にある身近な題材を課題として文字、グラフ、図形を使って論理的な思考力を養い、Ⅱでは図形の定理や公式を演繹的に証明し、また発展的な図形の問題をさまざまな方法で論理的に考えて解く授業を展開します。Ⅲでは課題学習を中心に、数学的な見方や考え方を育成するといったことが行われます。

「数学で論理を学ぶ」も後期課程の学びにつながるものです。たとえば統計をテーマに偏差値とはなにかを考え、そこで得た知識が後期課程で統計について学ぶ際にいかされるといったかたちです。

生徒も多くいます。

こうしたさまざまなプログラムを用意していますが、これらで育てたいのは、語学力だけではありません。コミュニケーション力や異文化を理解し多様性を受け入れる力を伸ばしていくことをめざしています。

たとえば生徒が社会にでたときに、海外のかたがたと協働してものごとに取り組む場面が多くあると思います。ですから、異なる文化を持つかたがたとも協働できる力を育成したいと考えているのです。

教養や探究力を養う特色ある取り組み

Q 理数教育についてもお話しください。

【石崎先生】 東京都から理数教育研究校に指定されていることもあり、従来から理数教育に力を入れています。

数学などは、前期課程から発展的な内容の授業を展開していますし、1～3年生で設置している学校設定科目「数学で論理を学ぶⅠ～Ⅲ」（上記参照）も、その代表的な取り組みといえるでしょう。

Q そのほか、特色ある取り組みがありましたらお教えください。

【石崎先生】「数学で論理を学ぶ」と、隔週で交互に実施しているのが「国語で論理を学ぶⅠ～Ⅲ（学校設定科目、1～3年生）」です。根拠に基づいて論理的にものごとを考え、説明する力は、社会にでてからも必要となりますから、どちらの科目でも、そうした力を育てています。

第二外国語や「数学で論理を学ぶ」「国語で論理を学ぶ」といった独自の科目を設置できるのも、6年間という長いスパンで余裕を持ってカリキュラムを組める中等教育学校ならではの魅力だと感じています。生徒のこれからの人生で役立つ素養を身につけられるような教育を引きつづき行っていきます。

さらに後期課程では、5年生で5000字の卒業論文に取り組み探究力を高めています。これも「真理の探究」を校訓とする本校ならではでしょう。なかには、外部のコンテストに論文を提出し、高い評価を得ている生徒もいます。6年生では、卒業論文の概要を英語でまとめます。

例年のおもな学校行事

4月	入学式　移動教室（1年）
5月	クラスマッチ　進路説明会（6年） 理科実習（4年） フィールドワーク（2・3・5年）
6月	
7月	三者面談　NZ語学研修（4年、希望者）
8月	英語合宿（2・3年、希望者）
9月	記念祭（文化祭）
10月	職場体験（2年）　卒業生講話（5年） 大学体験（5年）
11月	海外修学旅行（5年）
12月	研修旅行（3年）　學フォーラム（4年） 美博めぐり（1年）
1月	スキー教室（2年）
2月	マラソン大会（1～4年）
3月	卒業式　合唱コンクール

また、本校にはチューター制度があり、卒業生がチューターとして在校生の勉強をサポートしてくれています。「自分が先輩にしてもらったことを、今度は自分が後輩にしてあげたい」という思いを持って、卒業前からチューターになることを希望する生徒もいます。こうした先輩、後輩のつながりがあるのも本校の文化のひとつだと思います。

積極的に行動する学校生活を送ってほしい

Q. 生徒さんにはどのような姿勢で学校生活にのぞんでほしいとお考えですか。

【石崎先生】 どんなことにも挑戦するというアクティブな姿勢で学校生活を送りましょう。興味を持てることが見つかったら、自ら調べるなど、どんどん行動を起こしてください。

勉強とは、だれかに言われてやるものではなく、自分で主体的に取り組まなければならないものだということにも気づいてほしいですね。

まずは学校に通うのが楽しいと感じることがいちばんですから、勉強、行事、部活動と、なにごとにおいても生徒の意志を尊重することを、われわれ教職員はいつも意識しています。

Q. 御校は部活動もさかんなのでしょうか。

【石崎先生】 前期課程は9割、後期課程は8割の生徒がいずれかの部に加入しています。弓道部や日本文化部・カルタ班、吹奏楽部などが全国レベルで活躍しています。

なかには、体格差や活動場所の関係で前期課程・後期課程別々の部もありますが、文化部などはいっしょに活動している部も多いですから、そのなかでも先輩、後輩の交流が生まれています。

Q. 御校を志望する受検生にメッセージをお願いします。

【石崎先生】 本校で行っている多彩なプログラムをつうじてさまざまな経験を積むなかで、みなさんが将来やりたいと思うことがきっと見つかると思います。

そして、6年間同じ仲間と過ごせる中等教育学校という環境をいかして、本校で一生つきあえる友人をつくってください。そんな友人がひとりでも見つかれば、それはみなさんのいちばんの財産になるのではないでしょうか。

おさむ：次の４０個の立方体には、**赤**のシールをはったのと同じように**青**のシールをはろう。最後の残りの４０個には**緑**のシールをはろう。

さくら：緑のシールは**大**が１枚もなくて、**小**が４枚だけあるね。

おさむさんと**さくら**さんは、立方体に**青**と**緑**のシールをはり始めました。

おさむ：全ての面に、**緑**のシールをはった立方体を作ったよ。けれども、**緑**のシールは使い切ってしまったね。

さくら：緑のシールがはられていない立方体にも、全ての面に色のシールがはれないかな。

先　生：赤と**青**のシールが残っているので、**緑**のシールがはられていない立方体には、**赤**と**青**の２色のシールをはることにします。ただし、向かい合う面には同じ色のシールをはらないようにしましょう。

さくら：分かりました。では、**緑**のシールがはられていない立方体には、最初に**図２**の１の面に**赤**のシールをはります。他はどの面に**赤**のシールをはろうかな。

図２　立方体の展開図（てんかいず）

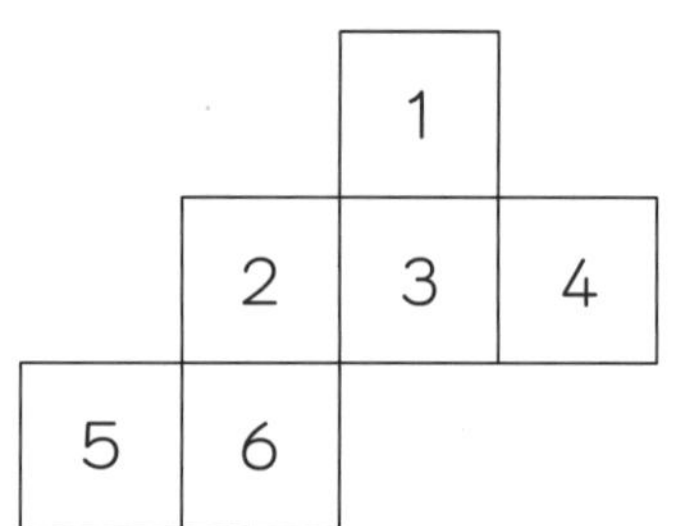

〔問題２〕　さくらさんは「他はどの面に**赤**のシールをはろうかな。」と言っています。立方体の全ての面に、**赤**と**青**のどちらかのシールをはるとき、**図２**の立方体の展開図（てんかいず）において、１の面以外に**赤**のシールはどの面にはればよいですか。**赤**のシールをはる面の番号の組み合わせの一つを解答らんに書きなさい。

POINT

課題や条件を正しく分析する

基本的な平面図の問題でした。与えられた条件を正しく理解し、分析して答えを導き、さらに検証できる力をみています。

POINT

条件をもとに論理的考察力をみる

立方体の性質を使って考え、条件を整理する力を試す桜修館独特の出題です。時間をかけずに処理する力も必要です。

東京都立 桜修館中等教育学校

募集区分　一般枠

入学者選抜方法　適性検査Ⅰ（45分）、適性検査Ⅱ（45分）、報告書

2021年度　東京都立桜修館中等教育学校　適性検査Ⅱ　大問1（独自問題）より

1　**おさむ**さんと**さくら**さんは、**先生**と工作クラブで活動しています。あとから**まなぶ**さんと**ひとし**さんも来ることになっています。

先　生：工作用紙でできている立方体にシールをはりましょう。
おさむ：ここに**赤**、**青**、**緑**の３色のシールがあります。
先　生：このシールを使って３色の立方体を作りましょう。これらの立方体を使って、あとでゲームを行いたいと思います。
さくら：シールには**大**、**小**の２種類の大きさがありますね。
先　生：シールの大きさは、**図１**のように、**大**は縦（たて）２５ｃｍ、横３０ｃｍ、**小**は縦２０ｃｍ、横２５ｃｍです。

図１　シールの大きさ

大

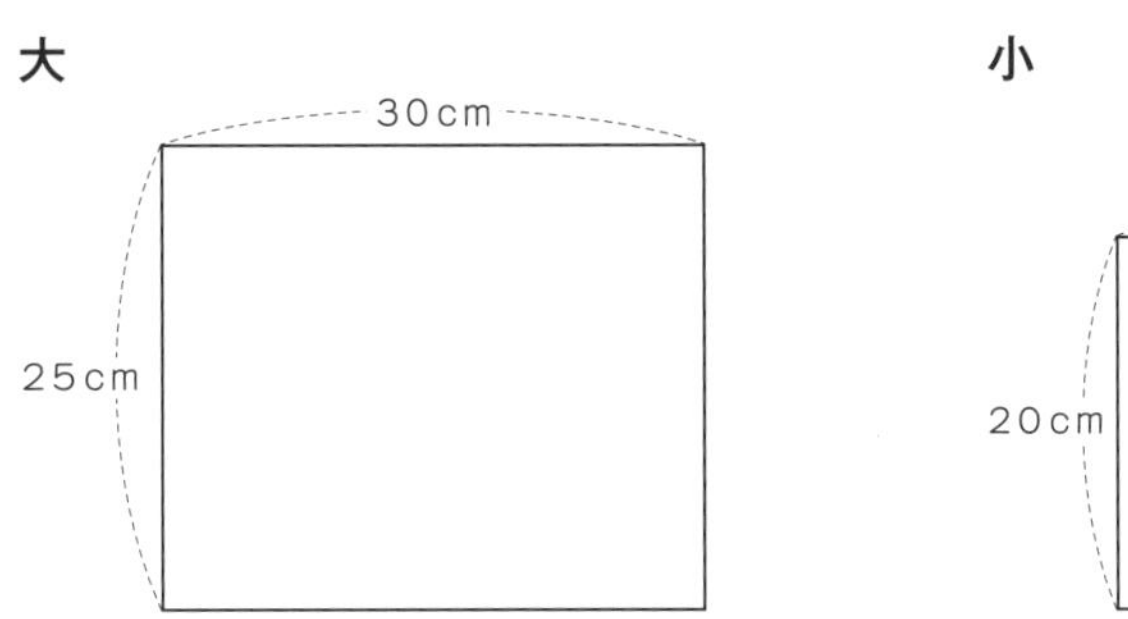

小

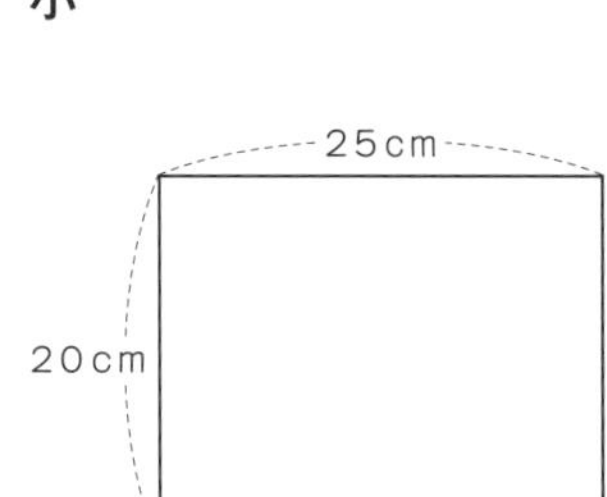

さくら：シールをはっていない立方体は１２０個あります。まず、４０個の立方体の全ての面に、**赤**のシールをはりましょう。立方体の１辺の長さは４ｃｍですね。
おさむ：１辺が４ｃｍの正方形をいくつか切り取って、立方体にはればいいね。
さくら：**大**のシール６枚（まい）を使えばいいかな。
おさむ：それはもったいないよ。**赤**の**大**のシール６枚だけしか使わないと、立方体２個分も余りが出てしまうよ。

〔問題１〕　おさむさんは「立方体２個分も余りが出てしまうよ。」と言っています。余りが立方体２個分よりも少なくなるような**大**と**小**のシールの使用枚数を答えなさい。ただし、答えは１通りではありません。考えられるうちの一つを解答らんに書きなさい。シールから正方形をできるだけ切り取った後に残る切れはしは、余りとして考えません。なお、１枚も使われなかったシールの大きさの解答らんは空らんにしなさい。

解説

都立桜修館中等教育学校の配点は、適性検査Ⅰ200点、適性検査Ⅱ500点（各45分）と報告書を300点にそれぞれ換算し、総合成績1000点で評価しています。適性検査Ⅱの配点が全体の半分を占めるのが特徴です。

作文の力が求められる適性検査Ⅰは桜修館の独自問題です。国語の読解問題で、解答は記述式でした。

今回も３問での構成。ふたつの文章から読み取る形式は例年どおりで、〔問題１〕は文章Aにつき「よい言語生活」はどのようなことかを50字以上80字以内で記述。〔問題２〕は文章Bについて「知的であるための条件」とはどのようなことかを50字以上80字以内で記述。〔問題３〕は両文章を読んでどのようなことを考えたかを400字以上500字以内で記述する問題。今回は「自分の言葉で分かりやすく書きましょう」と指示されていました。

適性検査Ⅱは算数、社会、理科の融合問題で、大問３問のうち、大問1がいつも桜修館独自の問題です。このなかには小問が５つありましたが、2021年度は記述式解答は求められませんでした。

そのほかの問題も短い解答時間に対し、数的処理をテキパキとこなす必要があり、その力が合否を分けた印象です。

東京都立 大泉(おおいずみ)高等学校附属中学校

■併設型
■2010年開校

自主・自律・創造の精神を育み 国際社会におけるリーダー育成をめざす

俵田(たわらだ) 浩一(こういち) 校長先生

東京都立大泉高等学校を設置母体として誕生した東京都立大泉高等学校附属中学校。「探究の大泉」として創立12年目を迎えました。2022年度から高校募集停止となり、完全中高一貫校となります。

学校プロフィール

開校	2010年4月
所在地	東京都練馬区東大泉5-3-1
TEL	03-3924-0318
URL	http://www.oizumi-h.metro.tokyo.jp/
アクセス	西武池袋線「大泉学園」徒歩10分
生徒数	男子168人、女子191人
1期生	2016年３月高校卒業
高校募集	なし（2022年度より高校募集停止）
教育課程	３学期制／週５日制（土曜授業、土曜講座あり）／50分授業
入学情報（前年度）	・募集人員　男子60名、女子60名 計120名
	・選抜方法　報告書、適性検査Ⅰ・Ⅱ・Ⅲ

リーダーとしての資質と行動力を育む

Q 御校の沿革と教育方針についてお教えください。

【俵田先生】本校は、東京都立大泉高等学校を母体校に2010年に併設型中高一貫教育校として開校しました。今年、６期生が卒業しました。母体校である大泉高校は、1941年に東京府立第二十中学校として設立されたのち、1948年に東京都立大泉高等学校と改称され、今年で創立81年の伝統を誇る学校として歴史を刻んできました。

教育理念については、「学」「律」「拓」という3つの言葉でわかりやすくしています。

まず、生徒の自発的な学習を重視して、幅広い教養と高い知性を身につけたいと考える〈自ら学び、真理を究める〉「学」。

また、自己を律し、他者をよく理解して協力できる生徒を育成する〈自ら律し、他を尊重する〉「律」。

最後に、厳しい現代社会のなかで自らの人生を自らで拓くために

豊かな人間性を備え、社会で活躍できる資質と行動力を身につけた生徒に育成する〈自ら拓き、社会に貢献する〉「拓」。この3つの言葉です。

そして、本校では、自主・自律・創造を掲げ、6年間の一貫した教育を行うことにより、社会のさまざまな場面において、信頼を得てリーダーとなり得る人材の育成をめざしています。

自ら学び 探究力を養成

Q. 御校はどのような教育システムで学習に取り組んでいますか。

【俵田先生】 本校は1学年3クラス、1クラス40名で授業に取り組んでいます。3学期制の50分授業で、月曜日から金曜日まで毎日6時限を基本としています。また、年20回程度土曜授業があります。

まず、「授業」では、6年間一貫したカリキュラムを編成しています。将来、さまざまな分野に進めるように設定されているカリキュラムで、文科系・理科系の両方に対応する幅広い教育をめざしています。

中学のうちに高校で学習する内容の一部を発展的に学んだり、学習指導要領にしめされた標準時数よりも週に1時間授業を増やして、中1で理科、中2で数学、中3で国語を多く学び、確かな学力を身につけさせます。数学や英語においては、1クラスを2分割した少人数授業を取り入れて、きめ細かな指導を行っています。

また、中高一貫教育の特色を最大限にいかして、高校レベルの学習を中学段階から積極的に取り入れています。とくに2022年4月から高校募集が停止され、完全中高一貫校となることから、各教科とも6年間のカリキュラムの見直しを行い、現在の中学生からすでに発展的学習を実施しています。そして、「T−R（ティーチャー・イン・レディネス）」や放課後のサポートにおいて教員や卒業生が指導にあたることで自ら学ぶ、自ら考える力を養います。

このような学習システムを柱として、各教科において高いレベルの学力をつけていきます。さらに、英検・GTECへの取り組みも積極的に行われます。昨年度、ニュージーランドの学校と姉妹校提携もしました。

Pick up!

1 ユニークな探究活動が魅力 ICTの活用も積極的に

年20回程度実施される土曜授業は、さまざまなかたちで展開されています。教科学習や行事の事前・事後学習のほか、探究活動の柱となる「課題発掘セミナー」などがタイムリーに行われています。また、探究活動の発表の場となるポスターセッションの準備や演劇といった表現力を培う活動など、探究活動に必要な基礎能力を養う機会としています。

探究活動は今年の中１から学年が上がるごとに、地域、日本、世界と視野を広げていく新たな取り組みをスタートさせました。とくに中１の地域探究では地元・練馬区を舞台にした大泉ならではの取り組みが行われています。具体例をご紹介すると、それぞれの生徒が興味関心を抱く対象と練馬区をかけあわせて（練馬×食料サンプル、練馬×ゆるキャラ、練馬×防災など）調べ学習を行い、スライドにまとめる「練馬調べ」。練馬区が抱える課題を探り、解決策を提案する「練馬ミライ創造」。練馬区の未来について学年全員で議論を重ねる「練馬会議」などがあります。

こうした探究活動をはじめ、さまざまな教科学習においてICT機器を活用しているのも大泉の特色です。たとえば中３の国語では「人の心を動かすスピーチをする」ことを目標に、タブレット端末で例となるスピーチを視聴→一人ひとりがスピーチ原稿を作成→オンライン上で読みあいコメントを残す→スピーチのようすを録画、各自で確認して腕を磨く……といった授業を行っています。そのほか数学、英語といった主要教科はもちろん、家庭科などの実技教科においても、ICT機器を活用した特徴的な授業が展開されています。

そして、英語教育に関しては、次年度から中1でブリティッシュヒルズ英語研修（2泊3日）、中2でTGG（TOKYO GLOBAL GATEWAY）研修と、充実したプログラムを行っていきます。中3ではオンライン英会話も導入しています。

「探究の大泉」として充実した取り組みを実践

Q.御校で行われている特色ある授業についてお教えください。

【俵田先生】 本校は「探究の大泉」をスローガンに開校以来探究活動に努めてきましたが、2017年度より、東京都から「知的探究イノベーター推進校」に指定され、2018年度には高等学校において「探究と創造（通称QC）」という授業が始まったことを受け、中学校においても探究プログラムが構築されています。

中学校での探究の取り組みはさまざまな活動によって行われていますが、その核のひとつとなるものが「課題発掘セミナー」です。これは、さまざまな分野の専門家のかたを講師に招き、専門領域の話をとおして学ぶことで生徒の関心を広げたり深めたりします。体験をつうじて情報収集力、問いを立てる力、論理的思考力を養います。2020年度には「新聞で好奇心を磨く」「南極くらぶ」「JICA 世界で活躍する人を知ろう」などが開講されました。

また、完全中高一貫化に向けて昨年度の中1からは、地域探究として練馬区役所にご協力いただき「練馬探究」（上記参照）を行っています。

これらの活動を経て、学校行事などでもリサーチクエスチョン・調査分析・プレゼンテーションなどの探究活動が実施されています。

探究力を将来にいかす

Q.キャリア教育や進学指導に、6年間の中高一貫教育はどのようにいかされていますか。

【俵田先生】 本校では6年一貫教育の利点を最大にいかし、「創造力の三観点（思考力・判断力・表現力）」に基づく育成プロセスをキャリア教育や進学指導にも取りこんでいます。

まずその源泉となるものは、多様な経験をいかした探究の基盤で

例年のおもな学校行事

4月	入学式　対面式　新入生歓迎会
5月	体育祭　生徒総会
6月	勉強合宿（中1）
7月	夏季講座　職場体験（中2） クラスマッチ
8月	夏季講座
9月	文化祭　英語研修（中2）
10月	開校記念日　職業講話（中1）
11月	探究遠足（中1・2） 修学旅行（中3）
12月	TGG研修　クラスマッチ スピーチコンテスト（日本語、英語）
1月	芸術鑑賞教室
2月	合唱コンクール　百人一首大会
3月	クラスマッチ　卒業式

あり、すなわち附属中学校におけるプログラムによる力にほかなりません。これに「学びに向かう力と志」「知識・技能」が土台となって、高校におけるキャリア教育や進学指導をより充実したものにしていきます。

高校ではまず「コア・プログラム」において教科学習のほかゼミ活動・外部との連携リテラシーの向上など、個から集団、集団から個への活動サイクルによって力をつけていきます。

その後、「アドバンスド・プログラム」で、多様な活動を主体的に活用する取り組みを行います。

このような活動によって自ら学び、新しい価値を創造する力を育み、難関大学への志向を高めるほか、さらには社会人・国際人としての貢献を期しています。

Q. 御校をめざすみなさんへメッセージをお願いします。

【俵田先生】 本校は都内屈指の敷地を有し、人工芝のグラウンド、広いアリーナ、6面ものテニスコートなど、恵まれた教育環境のなかで、大泉の新しい歴史が積みあげられています。

中高一貫校になってからの卒業生も、TIRの支援やQCのTA、さらには理科の支援員など、学校運営にも貢献してくれている人がたくさんいます。卒業生が新しい大泉をつくりあげていく原動力になってきているともいえると思います。

また、大泉の伝統ともいえる部活動も非常に活発に行われています。高校で2019年度全国大会に出場した合唱部のほか、過去に全国大会や関東大会に出場した実績をもつソフトテニス部や女子バスケットボール部、長い伝統を有するラグビー部や吹奏楽部など、中高がいっしょに活動している部も多く、中高一貫校でしかできない縦のつながりが生みだされ、伝統が引き継がれています。

そして、2022年度より高校からの募集が停止となり、いよいよ完全中高一貫校としての道を歩み始めます。6年間のカリキュラムの見直しと、6年間の新しい探究活動プログラムの実施により、さらに充実した教育を提供します。

大泉をめざすみなさん、みなさんの可能性を本校で伸ばしてみませんか？　志の高いみなさんのご入学を心からお待ちしています。

こういち：さっきからカードを作っているのだけれども、どんどん机の上がふさがってきて、書ける場所がなくなってしまったよ。
かつのぶ：仕方ないから、かべにあてて書いてみるしかなさそうだね。
こういち：何とかうまく書けたよ。
かつのぶ：そういえば、ボールペンは上向きにはうまく書けなくなるんだって。
こういち：本当かい。ためしてみよう。
かつのぶ：やっぱり途中でインクが出なくなって、書けなくなるね。
こういち：どうしてなんだろう。
かつのぶ：一般的なボールペンは、インクが落ちてくる力で、出てくるようになっているんだ。だから、上や横にボールペンを向けるとインクが出づらくなるんだよ。
こういち：それだと、大変なことにならないかな。一つ疑問があるのだけれど。
かつのぶ：どうしたの、どんな疑問が出てきたのかな。

こういち：下向きなのに、
［　　　　　　　　　　］
理由はなんだろう。

図2

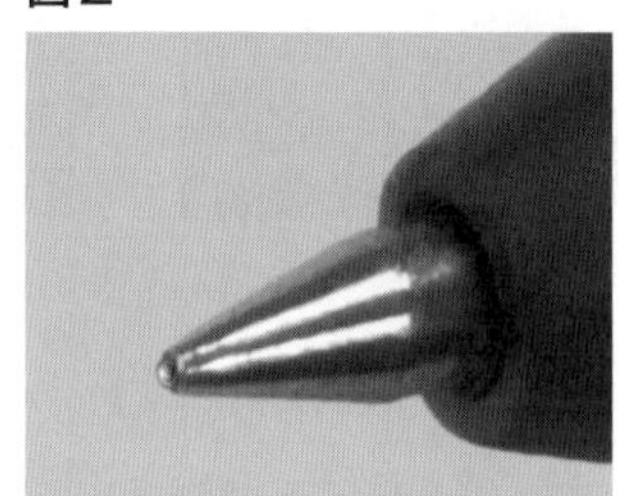

かつのぶ：それは、この写真を見てほしいんだ（**図2**）。この写真を見ると、ボールペンの先にボールがついているのが分かると思うんだ。このボールがあるから大丈夫なんだよ。
こういち：そうなんだ。すごく小さくて目には見えないくらいだけど、そのようなしくみがあるんだね。

〔問題2〕　こういちさんの疑問としてふさわしい文になるように、［　　　］に当てはまる言葉を10字以内で答えなさい。ただし、そのあとのかつのぶさんとの会話文に合うようにすること。

かつのぶ：無事に全部書けたね。
こういち：手伝ってくれてありがとう。

POINT

文章の内容を適切に読み取る

会話文と資料から情報を読み取り、課題に対して思考・判断する力、論理的に考察・処理する力をみています。

POINT

条件をもとに論理的考察力をみる

与えられた問題を理解して整理し、筋道を立てて考え、解決する力をみています。「下向きなのに」が条件です。

東京都立 大泉高等学校附属中学校

募集区分 一般枠
入学者選抜方法 適性検査Ⅰ（45分）、適性検査Ⅱ（45分）、適性検査Ⅲ（45分）、報告書

2021年度　東京都立大泉高等学校附属中学校　適性検査Ⅲ（独自問題）より

1　**こういち**さんと**かつのぶ**さんが話をしています。

図1

1	2	3

こういち： 今からカードを作りたいんだけど。
かつのぶ： 手伝うよ。どんなカードを作るの。
こういち： １と２と３の数字がそれぞれ一つずつ表（おもて）にだけ書かれた正方形のカードを、それぞれ同じ枚（まい）数だけ作るんだ（**図1**）。
かつのぶ： ここに、書ける線の太さのちがう３本の新しいボールペンを用意したよ。
こういち：「０．３mm」と「０．５mm」と「０．７mm」だね。
かつのぶ： どのボールペンで何枚のカードが作れるかな。
こういち： かつのぶさんが用意した、書ける線の太さのちがうボールペンについて、どれくらいの長さが書けるか分かる表を用意してみたよ（**表1**）。
かつのぶ： それぞれ何m書くと、インクが全体からどれくらい減るのかが分かるようになっているんだね。

表1

書ける線の太さ	書いた長さ	インクの減った割合（わりあい）
０．３mm	２４m	５．９％
０．５mm	３０m	４．４％
０．７mm	１５m	２．４％

かつのぶ： カードに数字の１を書くためには６．５ｃｍ、２を書くためには１９．７ｃｍ、３を書くためには２５．１ｃｍの長さがそれぞれ必要になるみたいだよ。
こういち： ではボールペンを使って、カードを作ろうかな。
かつのぶ： 私（わたし）は、こういちさんとは別の、書ける線の太さがちがうボールペンを使って書こうかな。

〔問題1〕　かつのぶさんが用意したボールペンのうち１本を使って、１と２と３が書かれた正方形のカードをそれぞれ同じ枚（まい）数用意する。このとき、１と２と３の数字が書かれた正方形のカードを合わせて最大で何枚作れるか、「０．３mm」、「０．５mm」、「０．７mm」のうち二つを選び、○で囲み、それぞれについて答えなさい。

解説

都立大泉高等学校附属中学校では、独自問題である適性検査Ⅲを採用しています。その配点は、適性検査Ⅰ200点、適性検査Ⅱ300点、適性検査Ⅲ300点、報告書200点の合わせて1000点満点での合否判断となっています。適性検査は各45分です。ほかの都立中高一貫校は適性検査Ⅲは30分にしているところもあります。45分の大泉では最後まで集中力を切らさず問題に取り組む力が必要です。

適性検査ⅠとⅡは共同作成問題で行われました。適性検査Ⅰは例年どおり、ふたつの文章を読む問題形式で、互いの文章の記述を関連づけて答える文章読解の問題が計３問、最後の１問が作文問題（400字～440字）でした。

適性検査Ⅱは算数・社会・理科の融合問題で、資料を読み取って考察する力に加え、ていねいさと正確な処理能力がポイントになりました。

独自問題の適性検査Ⅲは、大問1は「ボールペンの仕組み」を題材として数理的な力、大問2は、立体図形を使った問題で設問の条件に従いながらていねいに検証する力を必要としました。空間把握の問題がでるのは大泉の特徴となっています。

千代田区立 九段中等教育学校

■中等教育学校
■2006年開校

教育目標は「豊かな心 知の創造」 体験を重視した本物から学ぶ教育

将来の日本を担う真のリーダー育成をめざす千代田区立九段中等教育学校。千代田区の教育財産をいかした「九段自立プラン」や、海外研修旅行をはじめ、さまざまな教育プログラムが実施されています。

牧野(まきの) 敦(あつし) 校長先生

政治・経済・文化の中心 千代田区の中高一貫校

Q. 御校設立の目標についてお聞かせください。

【牧野先生】千代田区立九段中等教育学校は、2006年に千代田区立九段中学校と東京都立九段高等学校の伝統を引き継いで開校された中高一貫校です。

東京都千代田区は、日本の政治・経済・文化の中心に位置しており、また、数々の教育財産を有しています。本校は、こうした恵まれた教育環境を活用し、未来の人材育成の一翼を担いたいという目標のもとに設立されました。

Q. 教育目標として掲げる「豊かな心 知の創造」とはどのようなものでしょうか。

【牧野先生】本校のめざす「豊かな心」とは、社会生活を送るうえでの確かな根っことなる精神や人間性のことです。そのおもな内容は、まず自分自身に対して持つべき心として、諦めない意志や自律心などがあり、他者に対しては優しさや思いやりの心が必要です。

学校プロフィール

開　　校	2006年4月
所在地	東京都千代田区九段北2-2-1
TEL	03-3263-7190
URL	http://www.kudan.ed.jp/
アクセス	地下鉄東西線・半蔵門線・都営新宿線「九段下」徒歩3分、JR総武線・地下鉄東西線・有楽町線・南北線・都営大江戸線「飯田橋」徒歩10分
生徒数	前期課程 男子239名、女子239名 後期課程 男子224名、女子226名
中高一貫1期生	2012年3月卒業
高校募集	なし
教育課程	2学期制／週6日制／50分授業
入学情報（前年度）	・募集人員　（千代田区民）男子40名、女子40名 計80名 （千代田区民以外の都民）男子40名、女子40名 計80名
	・選抜方法　報告書、適性検査（1、2、3）

社会に対しては公共心や社会貢献の意志が必要でしょう。また感謝の心や感動する心といった感受性にかかわるものも同時に必要です。このように広く人間性そのものを形成していくことを、本校に入学したその日から仲間とともにすべての教育活動をとおして身につけていってもらいます。

もうひとつの「知の創造」ですが、ここでいう「知」とはたんなる知識や学力をさすのではなく、文部科学省のいうところの「学力の三要素」をふまえた「確かな学力」が、近いイメージかもしれません。一方「創造」はなにか新しいものをつくりだすという言葉ですから、「知の創造」から受けるイメージは、新発見や新発明をするような力といったイメージを持つかもしれません。もちろんそのような人物になってもらいたいのですが、「知の創造」はもっと身近な課題ともいえます。現代は「予測不可能な社会」です。10年後はおろか1年後やそれこそ3日さきにだってなにが起こるか想像もつかないようなスピードで変化しています。そんな社会でであうできごとはすべて「未知」のものといえます。未知のものに対処していくためには多くの経験も必要ですが、新しい考え方やそれを生もうとする強い意志が不可欠です。これが九段の考える「知の創造」です。この目標の体得こそが、大学合格だけでなく、そのさきの社会で活躍する力につながると考えています。

文系・理系にとらわれず幅広く学ぶカリキュラム

Q. カリキュラムについてご説明ください。

【牧野先生】本校のカリキュラムの特徴は、文系・理系の枠にとらわれず、全教科を学習するところにあります。

5年生までは全員が同じ科目を学び、6年生からは週20時間の選択講座が用意され、各々の進路志望に沿った内容を学びます。大学受験科目の学習に特化するのではなく、幅広く学ぶことで知性と感性を磨き、豊かな創造力を培うことがめざされているのです。

本校のカリキュラムにはさまざまな工夫が凝らされています。1～2年生の2年間では、基礎基本を重視した学習を中心に発展的な内容も取り入れ、生徒が主体的に

Pick up!

1 グローバルコミュニケーションの育成をめざす英語教育の取り組み

英語科では、Global Communication（伝えたいことを英語で正確に伝えられる力）の育成をめざす英語教育を行っています。前期課程では、とくに音声教育が大切にされ、内容の理解も文法の学習もまず音声から指導されています。週に１回はEA（English Activity）というネイティブスピーカーといっしょの授業があります。

後期課程でも、音声教育を大切にしている点は変わりません。教科書の音読が重視され、内容を英語で発表する活動も継続されています。それに加えて、英文の多読、速読、精読など、さまざまな読解の授業が行われます。

また、放課後の「イングリッシュサロン」はALT（Assistant Language Teacher）が２名いて、生徒が自由に英語だけで会話を楽しむことができます。行事では、１年生で「TOKYO GLOBAL GATEWAY（TGG）」への校外学習で英語を使う体験学習、２年生で「英語合宿」が行われます。その英語合宿中は英語だけの生活を行います。また、３年生では全員がオーストラリアで海外研修を行います。

2 「総合的な学習の時間」に行われる課題探究学習「九段自立プラン」

「総合的な学習の時間」を活用し「九段自立プラン」という課題探究学習が行われています。

１～３年生の前期課程では、地域を知ること、日本を知ること、世界を知ることがテーマです。１年生が取り組む「企業訪問」では、マナー講習会や課題解決の方法を知るためのワークショップなどの事前学習ののち、企業を訪問します。企業からだされた課題にグループで取り組み、２回目の訪問時に発表します。これらをとおして、課題解決の手法や学び方、発表方法の基礎を身につけます。２年生は、「職場体験」をとおして社会への理解を深めるほか、千代田区内にある大使館を訪問し、国際社会へと視野を広げていきます。

４～６年生の後期課程では、卒業研究に取り組みます。４年生は、社会とのかかわりをふまえながら課題を見つけ、解決方法を探ります。5・6年生では、調査・研究活動を行い、成果を発表します。生徒は学習をつうじて、将来のあり方や社会のなかで自らが果たす役割について考えを深め、進路実現へと結びつけます。

学習に取り組むような授業展開となっています。

高校の内容は5年生まででほぼ修了となり、6年生からは選択講座へ移ります。選択講座は、国公立大学（文系・理系）・私立大学（文系・理系）志望に分かれています。

Q.御校でのふだんの学習や特色のある取り組みについて、具体的に教えてください。

【牧野先生】授業は、平日は50分6時間授業、土曜日は50分4時間授業です。

また、数学・英語では1クラス20名程度の少人数による習熟度別指導を実施しています。そのほかの多くの教科でも、少人数指導やティームティーチング（複数教員による授業）を取り入れ、それぞれの学習進度に対応したきめ細かな指導が実施されています。

夏休みをはじめとする長期休業期間には、1～6年生まで、希望制の特別講座が開講されます。前期課程の基礎固めの講座から後期課程の難関大学入試対策講座まで幅広く学習をサポートします。

また、文部科学省のGIGAスクール構想（※）による「一人一台端末」の貸与について、千代田区では中学生だけでなく高校生にも端末を貸与したので、本校では今年度から生徒全員が高性能の端末を持っています。これもあって、緊急事態宣言中など自宅でオンライン授業を実施したり、職場体験をオンラインで行ったり、リモートによる三者面談を実施するなど、現在の社会情勢に応じた活動を実現しています。

独自のキャリア教育「九段自立プラン」

Q.「九段自立プラン」とはどのようなものですか。

【牧野先生】「九段自立プラン」は、総合的な学習の時間を使って行われるプログラムです。

主体的に学び行動する力や、将来の生き方を考える力を養っています。学年ごとに設定されたテーマのもとで、課題探究学習に取り組みます。

千代田区内および近隣の企業や団体、大学、大使館などの協力により、社会の第一線で活躍するかたがたによるさまざまな「本物体験」が用意されています。千代田区という立地をいかした本校独自のキャリア教育です。

※国内の児童生徒全員に、ひとり１台のタブレット端末と高速大容量の通信ネットワークを完備した教育環境を持続的に実現する構想

例年のおもな学校行事

4月	入学式　ホームルーム合宿（1年）
5月	体育祭
6月	校外学習（1年） シンガポール海外修学旅行（5年）
7月	特別講座 至大荘行事（4年）
8月	特別講座　UCLA海外大学派遣研修
9月	九段祭（文化祭・合唱コンクール）
10月	特別講座
11月	オーストラリア研修旅行（3年）
12月	英語合宿（2年） TOKYO GLOBAL GATEWAY（TGG）（1年）
1月	区連合作品展
2月	クロスカントリーレース
3月	区雅楽教室（1年）　卒業式

また、3年生では、日本の伝統文化を学ぶ「江戸っ子塾」を実施しています。華道、書道、囲碁、将棋など、多彩な分野の専門家を講師として学びます。なかにはけん玉や寄席文字、古式泳法など、学校のカリキュラムとしてはめずらしい講座もあります。

こうした取り組みは、国際理解学習へもつながります。

本校では前期課程の3年生で全員参加のオーストラリア研修旅行を実施しています。前期課程のうちに海外を経験することで、日本と外国とのちがいやそれぞれのよさを体験でき、他国の文化・習慣を尊重する心が育てられます。また、自分のことや考えをもっと英語で伝えたいという気持ちが高まります。

さらに5年生ではシンガポール海外修学旅行を行い、4・5年生の選抜生徒を対象にUCLA海外大学派遣研修も実施します。

これらの経験は生徒の視野を広げるとともに、さらなる学習意欲を生みます。

Q. 道路を挟んでふたつの校舎が隣接していますね。どのように使われているのでしょうか。

【牧野先生】 九段校舎と富士見校舎のふたつの校舎があります。九段校舎では1～4年生までが学び、富士見校舎では5・6年生が学んでいます。

部活動や特別活動は九段校舎で行うことが基本となっており、その際には5・6年生も九段校舎へ移動します。

施設・設備面も充実しています。温水プールがあるので、海での遠泳を行う「至大荘行事」という4年生の宿泊行事へ向けて、年間をとおした水泳指導が可能です。

また、九段校舎の屋上には天文台があり、5階には理科教室が6部屋あります。

Q. 最後に、御校を志望する受検生へメッセージをお願いします。

【牧野先生】 現代社会において個人の力をじゅうぶんに発揮するためには、他者と協同していくことが不可欠です。本校の生徒には、他者を分け隔てなく受け入れ、協力しあってなにかを成し遂げるという資質が備わっています。そんな仲間たちと6年をかけて切磋琢磨していく。多感な中高時代を過ごす有意義な環境を提供できるのが本校だと思っています。

千代田区立 九段中等教育学校

募集区分 区分A（千代田区民）、区分B（千代田区民以外の都民）

入学者選抜方法 適性検査1（45分）、適性検査2（45分）、適性検査3（45分）、報告書、志願者カード

問1

まさみさんは、[資料1] をもとに、下の図を作成しました。図の①から⑥には、下の<語群>の用語が一つずつ入ります。このうち、②④⑤⑥にあてはまるものをそれぞれ選び、記号で答えなさい。

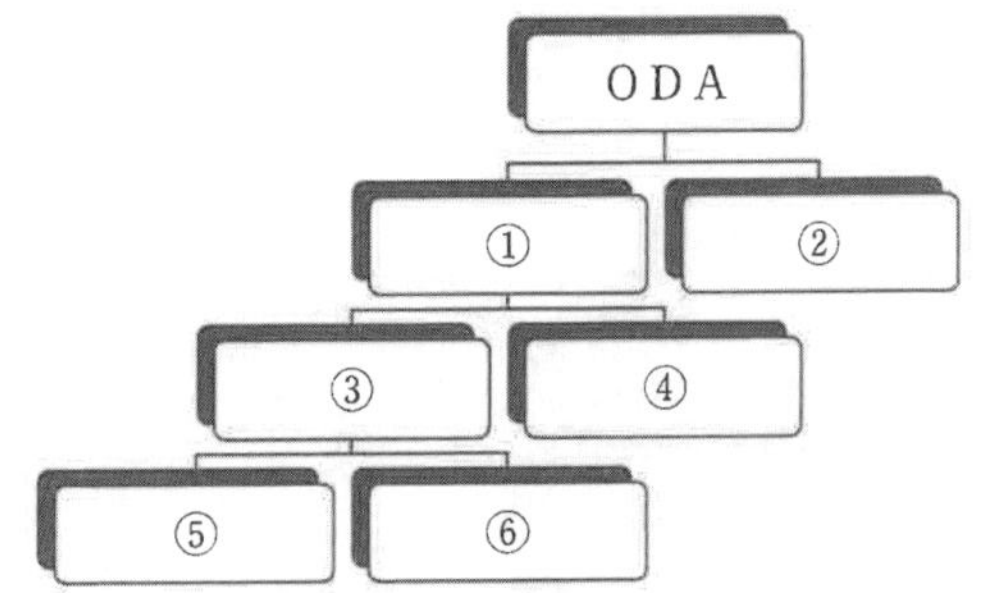

<語群>
（ア） 贈与
（イ） 多国間協力
（ウ） 技術協力
（エ） 有償資金協力
（オ） 二国間協力
（カ） 無償資金協力

〔とうま〕 私は [資料1] をもとに、日本のODAの具体例をカードAからカードDにまとめました。([資料2])

[資料2] とうまさんがまとめたカード

カードA	カードB
W国では、教育を受けたくても受けることができない人が多数いたため、よりよい教育制度をつくろうとした。そこで日本政府は専門家を送り、W国の担当職員に知識や技術を伝えた。	X国では、人口の増加によって交通渋滞が問題となっていた。そこで交通渋滞を減らすことで、人や物の移動を活発にし、経済発展をうながすため、日本政府は、資金を出し、X国に道路を建設した。
カードC	**カードD（無償資金協力）**
Y国では、子どもの貧困が問題となっていた。そこでこのような国の子どもの命と健康を守るために、日本政府は国際機関であるUNICEF（国連児童基金）へ資金を出した。	Z国では、人口増加に学校建設が追いつかず、小学校の数が不足していた。そこで日本政府は、Z国の学習環境をよりよくするために、資金を出し、学校の建設や備品の整備を支援した。

（JICAホームページより作成）

問2

[資料2] のカードAからカードCは、[資料1] の内容をふまえた、有償資金協力、技術協力、多国間協力のいずれかの具体例です。具体例としてあてはまるカードをそれぞれ選び、記号で答えなさい。

POINT

江戸時代にかかわる出題は？

例年頻出の江戸文化に関する出題ですが、今回は江戸時代の人口変化の資料をもとに思考分析させる程度でした。

POINT

資料の読み取りと考察力を試す

例年、多くの資料がしめされ読解量が多くなっていますが、内容を注意深く確認していけば無理なく答えられます。

2021年度　千代田区立九段中等教育学校　適性検査2（独自問題）より

1　まさみさん、とうまさん、先生が日本の国際協力について会話をしています。

〔まさみ〕　国際協力につくす日本人がいることをニュースで知りました。
〔とうま〕　日本はどのような国際協力を行っているのでしょうか。
〔先　生〕　政府による国際協力として、開発途上国の発展に役立てるために、ＯＤＡ（政府開発援助）が行われています。
〔まさみ〕　日本のＯＤＡについて、レポートにまとめました。（**[資料1]**）

[資料1] まさみさんがまとめたレポート

日本のＯＤＡについて

・日本のＯＤＡは大きく分けて二つあります。一つは多国間協力です。政府が国際連合などの国際機関を通じて、世界の国ぐにといっしょに開発途上国の援助を行います。もう一つは二国間協力です。政府が開発途上国へ直接支援します。

・二国間協力は二つに分けられます。一つは有償資金協力です。政府が開発途上国へお金を貸し、開発途上国の電気・ガス・運輸などの社会や経済の土台となる設備を建設することなどに役立てられています。もう一つは贈与です。

・贈与は二つに分けられます。一つは無償資金協力です。特に貧しい国を対象に、人びとの生活水準の向上に役立つ病院や水道などを整備することや、学校を建設することなどに役立てられます。もう一つは技術協力です。日本の技術や技能、知識を開発途上国に伝えます。

・日本は、開発途上国の発展状況などに合わせ、このようなＯＤＡを行っています。

（外務省、ＪＩＣＡ（独立行政法人国際協力機構）ホームページより作成）

〔先　生〕　よく調べましたね。**[資料1]** を図にしてみましょう。

解説

　千代田区立九段中等教育学校の適性検査は１、２、３があります。小学校で学習した基礎的な内容をベースに、たんに教科の知識量をみるのではなく、右記の出題方針で表せるような、学習活動への適応能力、問題解決への意欲や自己の将来展望、時事への興味・関心を試すのが基本です。

　適性検査１は読解と作文、適性検査２、３は、算数、理科、社会の融合問題です。

　「基本」とはいうものの、作文表現や、教科を横断した融合問題は毎年ユニークな問題が並びます。問題量も多く、過去問で慣れておかないとかなりむずかしく感じるでしょう。今春も適性検査2は問題用冊子が22ページもあるものでした。なお、九段は都立中の入試問題とは一線を画し、すべて独自問題で、問題用紙はすべてカラー印刷です。

　【九段の出題方針】「自らの意思と責任で判断し、行動する生徒。自らの志を見出し、その実現に向けて努力する生徒」という「育てたい生徒像」をふまえ、小学校で学習した基礎的・基本的な内容を関連させ、たんに教科の知識の量をみるものではなく、学習活動への適応能力、問題解決への意欲や自己の将来展望、時事への興味・関心を見出せるような出題を基本とする。

東京都立 小石川（こいしかわ）中等教育学校

■中等教育学校
■2006年開校

「立志・開拓・創作」という教育理念のもと 3つの特色ある教育を実践

「立志・開拓・創作」を教育理念に掲げ、「小石川教養主義」「理数教育」「国際理解教育」という3つの特色ある教育を実践する東京都立小石川中等教育学校。他校では類をみない「行事週間」も魅力です。

鳥屋尾（とやお） 史郎（しろう） 校長先生

学校プロフィール

開　校	2006年4月
所在地	東京都文京区本駒込2-29-29
T E L	03-3946-7171
U R L	https://www.metro.ed.jp/koishikawa-s/
アクセス	都営三田線「千石」徒歩3分、JR山手線・都営三田線「巣鴨」徒歩10分、JR山手線・地下鉄南北線「駒込」徒歩13分
生徒数	前期課程 男子211名、女子269名 後期課程 男子233名、女子237名
1期生	2012年3月卒業
高校募集	なし
教育課程	3学期制／週5日制／45分授業
入学情報（前年度）	・募集人員　（特別枠：自然科学）5名以内 （一般枠）男女各80名から特別枠募集での入学者を引いた数
	・選抜方法　（特別枠）報告書、作文、個人面接 （一般枠）報告書、適性検査Ⅰ・Ⅱ・Ⅲ

府立五中時代から大切にする精神

Q 御校の教育理念「立志・開拓・創作」はどんな意味がこめられた言葉なのでしょうか。

【鳥屋尾先生】「立志・開拓・創作」には、「自ら志を立て、自ら道を切り拓き、自ら新しい文化を創り出す」という意味があり、本校では前身・府立第五中学校（1918年創立）からこの精神を大切に受け継いできました。

この言葉を私は、変化が激しく、さまざまな困難がともなう世の中でも、自分で自分が進むべき道をきちんと見極めてほしい。たとえそれが険しい道だとしても、負けることなく、たくましく歩みを進めていってほしい。そして、それぞれが進んだ道で活躍し、世界の人びとの幸せにつながるような新しい発見や発想をしてほしい、という生徒たちへのメッセージとしてとらえています。

コロナ禍のため、今年の4月に着任してから全校生徒にこういった思いを伝えることはなかなかで

きていませんが、生徒と話す場を設けたいと、6年生との校長面談をスタートさせました。これまで自分が取り組んできたことについて熱心に話してくれる生徒の姿を見ていると、本校での生活がいかに充実したものであるかがよくわかります。

Q. 教育の3本柱「小石川教養主義」「理数教育」「国際理解教育」について順番にお聞かせください。まずは「小石川教養主義」からお願いします。

【鳥屋尾先生】 小石川教養主義はその名のとおり、幅広い分野を学ぶリベラルアーツ教育のことです。小石川では文系・理系を分けることなく、5年生まで全員が共通カリキュラムで学び、6年生になると一部（現代文や英語など）を除き、ほとんどが自由選択授業となります。また、1年生から6年生まで、全員が課題探究活動「小石川フィロソフィー」（50ページ・Pick up!参照）に取り組むのも特色です。

こうした教養を大切にする姿勢も府立五中時代から引き継いできたもので、小石川の教育活動すべての基本となっているといっても過言ではないほど重要視しています。さきほど、困難な世の中であっても自分の道を進み、世の中の役に立つ新たな発見をしていってほしいという話をしました。小石川教養主義をとおしてバランスよく多様な分野を学ぶことが、そうしたことを実現する力の土台になるとも感じています。

科学的思考力や国際的な視野を養う

Q. つづいて「理数教育」について教えてください。

【鳥屋尾先生】 本校は、スーパーサイエンスハイスクール（SSH）指定校として、独自の理科教育と数学教育を行うことで、「国際社会でリーダーとして活躍できる科学的人材の育成」をめざしています。

理科教育の特徴は、前期課程（1～3年生）のうちから、物理・化学・生物・地学の専門教員が各授業を担当する点です。どれも実験や観察を多く取り入れるだけではなく、その前後の、仮説を立てる・考察をするというプロセスも大切にすることで、「科学的思考力」の養成に注力しています。

Pick up!

1 6年間をとおして行う「小石川フィロソフィー」

「課題発見力」「継続的実践力」「創造的思考力」の３つの力を伸ばすために、課題探究型学習「小石川フィロソフィー」の時間が各学年とも週１～２時間組みこまれています。学年ごとに取り組む内容は異なり、たとえば１年生はビブリオバトルや新聞作成、スピーチコンテストなどをとおして、「言語スキル」の向上をめざします。２年生はデータの読み取りや解析方法、グラフの作り方や科学的なレポートの書き方を学ぶことで、「数量スキル」を高めていきます。１、２年生でこうした研究に必要な基礎的なスキルを培ったうえで、３年生以降、課題研究に取り組んでいき、その成果を校内外で発表する機会や、海外修学旅行において英語で発表する機会も設けられています。

2 理数教育や国際理解教育に関する多様なプログラム

ふだんからレベルの高い理数教育を実践するとともに、科学に関するさまざまなプログラムを展開しているのも魅力です。「オープンラボ」は、放課後や休日に実験室を開放することで、物理、化学、生物、地学、数学、情報に関する研究を生徒が自由にできる環境を提供するというものです。なかには東京農工大学などとの高大連携教育によって、高度な研究に取り組む生徒もいます。科学の分野で活躍する研究者のかたなどから話を聞くことができる「サイエンスカフェ」は、大学や企業、研究所の協力のもと、例年10回以上行っています。そのほか、イギリス・カーディフ大学での「SSH海外研修」も用意されています。

また、国際理解教育の一環として、下記のとおり実施する国際交流でも、それぞれ魅力的なプログラムが行われています。「国内語学研修」（２年生全員）は８人にひとり英語のネイティブスピーカーの講師がつき、多彩なアクティビティーを体験する３日間を過ごします。オーストラリアのアデレードでホームステイしながら現地校（８校）へ通う「海外語学研修」（３年生全員）は英語を積極的に使うために、ホームステイはひとり１家庭、同じ現地校に通うのは20人程度にしているのが特徴です。そして「海外修学旅行」（５年生全員）ではシンガポールの現地校（４校）において学生とディスカッションやディベートを行っています。

たとえば理科のある授業では、中身が伏せられた水溶液を用意し、さまざまな物質を混ぜるたびに変化していく水溶液のようすを観察することで、それぞれなにが入っているかを調べる実験を行いました。このときも、どんなものを入れてどんな変化が起きたら水溶液の中身がわかるのか、あらかじめ仮説を立てたうえで実験し、最終的に考察まで行う、という流れで進めていました。

なお、実験の授業では、1年生から全員が白衣とゴーグルを装着します。できるかぎり生徒に多くの体験をさせたいという思いのもと本格的な実験に取り組むため、安全面にも配慮しているのです。

一方数学では、1年生から代数・幾何というふたつの分野に分けて学ぶことと、全学年で習熟度別授業を行うのが特色です。独自に作成したテキストを副教材として活用する教員も多くおり、プリントやワークシートにいたるまで、「小石川仕様」の教材を用いて、一人ひとりの数学の力を伸ばしています。

Q 3つ目の柱、「国際理解教育」に関する取り組みについてもご紹介ください。

【鳥屋尾先生】国際理解教育で大切にしているのは、世界に目を向けること、国際的な視野を養うことです。そのために例年、2年生では国内語学研修、3年生では海外語学研修（オーストラリア）、5年生では海外修学旅行（シンガポール）を実施しています。

また、英語の授業でも、たんに大学受験を突破するための英語力の育成のみを目的とするのではなく、英語をコミュニケーションツールとして活用するための力を育てることをめざしています。各学年で、レシテーションコンテストやスキットコンテスト、リサーチ&プレゼンテーションコンテストといった、英語で言葉を発信する機会を多く設けているのもそのためです。

さらに数学同様、全学年で習熟度別授業を展開していますし、英語の検定試験を定期的に受けることも推奨しています。

熱く盛り上がる「行事週間」

Q「行事週間」も御校ならではのものだと思います。その特色を教

例年のおもな学校行事

4月	入学式　オリエンテーション 校外学習（1～6年）
5月	
6月	職場体験（2年）　移動教室（1年）
7月	小石川セミナー①　SSH生徒研究発表会 夏季講習
8月	海外語学研修（3年）　夏季講習 奉仕体験活動（4年）
9月	行事週間（芸能祭・体育祭・創作展）
10月	防災訓練（4年）
11月	国内語学研修（2年）
12月	小石川セミナー②
1月	
2月	海外修学旅行（5年） 合唱発表会（1～3年）
3月	小石川セミナー③

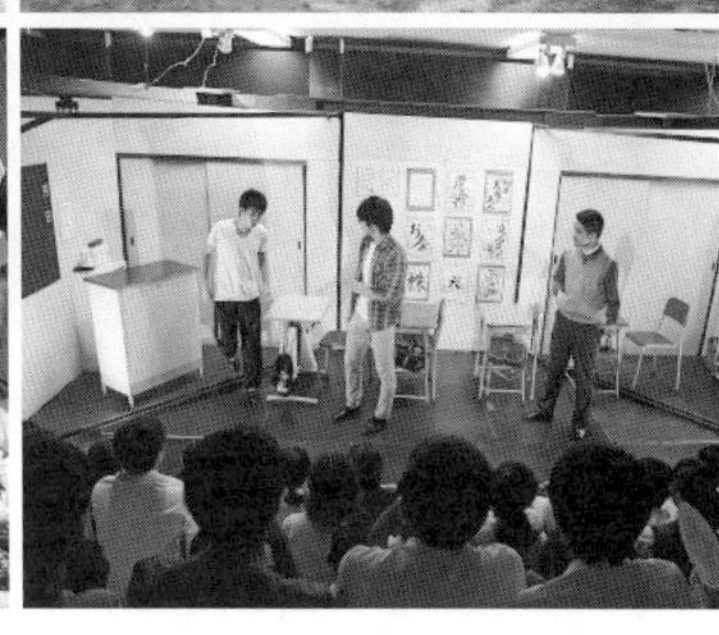

えてください。

【鳥屋尾先生】文化系部活動や有志団体による舞台発表が中心の「芸能祭」、学年を縦割りにした団で競いあう「体育祭」、1、2年生は展示、3年生以上は演劇に取り組む「創作展」の3種の行事をまとめて行う9月の1週間を「行事週間」と呼んでいます。こうした行事はすべて生徒主体で運営しているのが特徴です。

　6月からは体育祭本番に向けて球技大会が行われ、それらの得点が体育祭の得点に加点されたり、1学期終業式から創作展のための舞台装置をつくりはじめ、夏休みは練習に励んだりと、本番前から行事週間に向けて学校全体が盛り上がります。

　なにかを企画すること、企画をわかりやすく説明して周囲の協力を得ること、仲間と力を合わせてものごとを成し遂げること……。机に向かっているだけでは味わえない、そうした貴重な体験ができるのも、学校行事の醍醐味だと思っています。

Q. 部活動への取り組み方はいかがでしょうか。

【鳥屋尾先生】理科系の部活動が充実しているので、そうした部と運動部を兼部している生徒も多くいます。部活動にも全力で取り組みたいからと、帰宅後は気持ちを切り替えて自習に励むなど、それぞれの生徒が勉強との両立を工夫しているようです。

Q. 最後に、受検生へのメッセージをお願いします。

【鳥屋尾先生】本校の魅力は、幅広い分野を学べるカリキュラム、レベルの高い授業、部活動や学校行事にも全力で取り組める環境など、密度の濃い6年間を送ることができる点です。さまざまなことに挑戦するなかで将来進みたい道を見つけ、その道へと突き進んでいってほしいです。

　中高一貫校の校長を何校か歴任してきた私が感じるのは、どの学校にもそれぞれのよさや特色がある一方で、それが合う人もいれば合わない人もいるということです。外から見るだけではわからない部分もあるので、できるだけ実際の雰囲気を体感することをおすすめします。本校が気になるかたは、ぜひ学校説明会などで、「小石川の空気感」を体感してください。

〔問題１〕（１）　３～５の中から一つの整数を選び、その整数から始めて〔**規則Y**〕を５回当てはめたときにできる整数を答えなさい。

（２）　ある１けたの整数から始めて〔**規則Y**〕を何回か当てはめると、５６けたの整数

31131122211311123113321112131221123113111231121123222112

ができました。このとき、もとの１けたの整数は何か答えなさい。また、その理由を説明しなさい。

はるか：整数に〔**規則Y**〕を当てはめたとき、もとの整数のけた数と〔**規則Y**〕を当てはめてできた整数のけた数にはどのようなちがいがあるのかな。

ゆうき：例えば、２けたの整数２５に〔**規則Y**〕を１回当てはめると、４けたの整数１２１５ができるから、〔**規則Y**〕を当てはめてできた整数のけた数は必ず増えるのかな。

先生：でも、3けたの整数４４４に〔**規則Y**〕を１回当てはめると、2けたの整数３４になるから、必ずしもけた数が増えるわけではありませんね。

はるか：そうですね。では、もとの整数と〔**規則Y**〕を当てはめてできた整数のけた数が等しくなることはあるのでしょうか。

先生：ありそうですね。さらに言うと、もとの整数と〔**規則Y**〕を当てはめてできた整数が等しくなることもありますね。

ゆうき：そのような整数があるのですか。考えてみます。

〔問題２〕（１）　ある2けたの整数に〔**規則Y**〕を１回当てはめると、もとの整数と等しい整数になりました。この整数は何か答えなさい。

（２）　４けたの整数に〔**規則Y**〕を１回当てはめて、もとの整数と等しい整数にすることはできますか。解答らんの「できる」または「できない」のうち、どちらかを○で囲み、「できる」を選んだ場合はその整数を答え、「できない」を選んだ場合はその理由を説明しなさい。

POINT

身につけた知識で課題解決

会話から問題文の意味をとらえ、これまで身につけてきた知識や経験をもとにして、課題を分析し解決する力をみます。

条件をもとに論理的考察力をみる

連続して規則を当てはめていくなかで、一定の法則性を理由を含めて見出すことができるか、分析力、思考力が試されます。

東京都立
小石川中等教育学校

募集区分　特別枠（自然科学）／一般枠

入学者選抜方法　【特別枠】作文（45分）、面接（25分程度）、報告書、志願理由書
【一般枠】適性検査Ⅰ（45分）、適性検査Ⅱ（45分）、適性検査Ⅲ（45分）、報告書

2021年度　東京都立小石川中等教育学校　適性検査Ⅲ（独自問題）より

2　算数の授業後の休み時間に、**はるか**さん、**ゆうき**さん、**先生**が話しています。

はるか：整数の計算に興味があって、いろいろ調べているんだ。
ゆうき：計算というと、たし算とかひき算とかかな。
はるか：そう。例えば、２＋１＝３でしょう。これを、２に「１を加える」という規則を当てはめることによって、２が３になったというように見方を変えることもできるよね。
先生：いいことに気付きましたね。整数に、ある規則を当てはめると別の整数になるという考え方はとても重要です。
ゆうき：では、自分たちで規則を考えて、ある整数を別の整数にすることを考えてみます。
はるか：おもしろそうだね。
ゆうき：規則を一つ考えてみたよ。好きな１けたの整数を言ってみて。
はるか：８はどうかな。
ゆうき：まず、８を「１個の８」というように言葉で表すんだ。そして、その言葉の中に出てくる数字を左から順に並(なら)べると「１８」という二つの数字の並びができるよね。これを２けたの整数と見ることにしよう。こうして１けたの整数８が、規則を当てはめることによって２けたの整数１８になったよ。
はるか：おもしろい規則だね。もとの整数は１けたでなくてもいいのかな。
ゆうき：そうだね。**表１**のようにいくつか例を挙げてみよう。

表１　ゆうきさんが考えた規則を当てはめた例

もとの整数	言葉で表したもの	規則を当てはめてできた整数
３５	１個の３と１個の５	１３１５
１１５	２個の１と１個の５	２１１５
１１２２１	２個の１と２個の２と１個の１	２１２２１１

はるか：なるほど。もとの整数の中で同じ数字が続いていたら、それらをまとめて考えるんだね。
ゆうき：そのとおりだよ。
先生：ゆうきさんが考えたので、この規則を〔**規則Y**〕と名付けましょう。ある整数に〔**規則Y**〕を当てはめてできた整数に、また〔**規則Y**〕を当てはめるとさらに整数ができますね。
はるか：なるほど、そうですね。ある整数から始めて、〔**規則Y**〕を何回も当てはめると、つぎつぎに整数ができますね。
ゆうき：そのようにしてできた整数には、どのような特ちょうがあるのかな。
はるか：おもしろそうだね。調べてみよう。

解説

都立小石川中等教育学校の入学者選抜「一般枠」では、報告書と適性検査Ⅰ・Ⅱのほかに適性検査Ⅲが課されます。報告書（425点満点）は換算して200点満点に、適性検査Ⅰ・Ⅱ・Ⅲは、それぞれ100点満点を倍に換算して各200点満点の計600点満点とし、総合成績は報告書の点数と合わせ800点満点で評価します。詳細は９月に発表される予定です。

適性検査Ⅰでは、ふたつの文章を熟読し、両文を自己の経験などに照らしあわせて、深く考え、記述に表現する力をみます。

適性検査Ⅱの大問３つのうち2が小石川の独自問題で、ほかは共同作成問題でした。独自問題の大問2は計算力も必要な小石川らしい出題となっていました。いずれも記述が求められ、課題に対して自分の意見をまじえて書くのは例年どおりでした。

独自作成問題の適性検査Ⅲでは、大問1は「表面積と効率性」を考える問題で、身近なものの表面積を変えることによって作業効率を考えることが題材。問題２は例年どおり実験計画に関する問題がだされました。大問2は整数の問題で与えられた規則から一定の法則性を見出すもの。規則は比較的単純でむずかしくはありません。ただ、すべての小問で理由の記述を求められました。

東京都立 立川国際中等教育学校

■中等教育学校
■2008年開校

国際教育を推進し グローバルリーダーを育成する

都立の中高一貫校のなかで唯一「国際」という名称を冠する東京都立立川国際中等教育学校。さまざまなバックグラウンドを持つ生徒が集う学び舎で、真の国際教育が日々行われています。

幸田諭昭（こうだ つぐあき）校長先生

都立中高一貫校唯一の「国際」中等教育学校

Q 御校の教育目標・理念について教えてください。

【幸田先生】「国際社会に貢献できるリーダーとなるために必要な学業を修め、人格を陶冶（とうや）する」ことを教育目標としています。これを実現するために、生徒一人ひとりが、国際社会に生きる自覚を持ち、自ら志を立て未来を切り開いていく「立志の精神」と、自らの考えを明確に持ち、それを表現する能力とともに異なる文化を理解し尊重する「共生への行動力」を身につけ、主体性を発揮するなかで、達成感や連帯感など「感動の共有」ができる教育を理念としています。本校は「国際」という名前がつくように、毎年30名の海外帰国生徒・在京外国人生徒を受け入れています。アメリカ・アジア・ヨーロッパなど、現在は6学年で約30の国と地域から集まる生徒は、一般枠で入学した130名の生徒と区別せずに、混成クラスにしています。

学校プロフィール

開　校	2008年4月
所在地	東京都立川市曙町3-29-37
TEL	042-524-3903
URL	https://www.metro.ed.jp/tachikawa-s/
アクセス	JR中央線ほか「立川」・多摩都市モノレール線「立川北」バス
生徒数	前期課程 男子223名、女子254名 後期課程 男子219名、女子220名
1期生	2014年3月卒業
高校募集	なし
教育課程	3学期制／週5日制／45分授業
入学情報（前年度）	・募集人員　（海外帰国・在京外国人生徒枠）男女合計30名 （一般枠）男子65名、女子65名　計130名
	・選抜方法　（海外帰国・在京外国人生徒枠）成績証明書等、面接、作文〈※面接、作文は日本語または英語による〉 （一般枠）報告書、適性検査Ⅰ・Ⅱ

異なる文化で育った生徒たちに加え、世界各国からの留学生との交流により、日常の学校生活のなかで、異なる文化を理解し、尊重する心を育みます。

また、国際的に活躍しているかたやメダリストなどの講演会などをとおして、国際教育を進めています。留学生受け入れの際には、ホストファミリーの協力もお願いしています。本校は、日々の学校生活のなかで、世界を知り、日本を知る環境にあると思います。

教養主義を掲げ
総合力をつける教育課程

Q. 御校のカリキュラムを教えてください。

【幸田先生】 現在、3学期制で45分授業を週5日×7時間行い、土曜日に授業は行っていません。

外国人の講師は6名おり、全生徒が毎週1～3時間、チームティーチングの授業を受けています。ネイティブスピーカーの自然な英語に触れられることはもちろん、講師が常駐しているので、英作文やエッセイの添削指導も常時受けることができます。

また、英語指導はアクティブ・ラーニングの視点での授業実践を基本として、学習指導要領の改訂にさきがけて技能別の教材選定と授業デザインを行い、英語5技能（聞くこと・読むこと・話すこと【やり取り】・話すこと【発表】・書くこと）の力をバランスよく育む授業を行っています。

教養主義も立川国際の特徴のひとつです。総合力が求められる現代社会の要求に応えるため、生徒全員に幅広く高度な教養を身につけさせることをめざしています。必履修の科目を多く設定し、5年生までは文系・理系というコース分けは行わず広く学びます。6年生からそれぞれの進路に沿って選べる選択科目を用意しています。

数学と英語で、習熟度別少人数授業を行うことで入学時から基礎・基本を大切にする授業を実施しつつ、数学や英語が得意な生徒たちにさらに高度な学習を提供する環境を整えています。

本校は、東京都教育委員会「東京グローバル10」の指定校になっています。将来、世界で活躍するための特別な支援を受けており、本校の特色である英語教育にいかされています。たとえば大学受験に

Pick up!

1 「国際」として充実した英語教育、国際教育

国際社会で活躍するために必要な英語力を生徒全員が身につけられるようにと、チームティーチングや習熟度別の授業が展開されるなど、さまざまな工夫がなされるほか、多くの行事が用意されています。

まさに英語漬けの日々になるのが、２年生全員参加の英語合宿です。生徒たちは入学してから１年間、充実した英語の授業を受けていきます。そうした授業をとおして英語の基礎をしっかり身につけ、身につけた力を実際に試す機会としてこの英語合宿が設定されています。朝から晩まで、小グループに分かれて外国人インストラクターとともに２泊３日を過ごす有意義なプログラムとなっています。

また、学校では夏休みに前期生の希望者を対象として、「イングリッシュサマーセミナー」が行われます。これは４日間学校に通い、1日６時間すべて英語の授業を受けるというものです。小グループに分かれ、テーマを決めてプレゼンテーションやディベートを行います。

そして、５年生では全員が６泊７日のオーストラリア海外研修旅行に行きます。現地で４泊５日のホームステイを行い、ホストファミリーと過ごしながら現地の高校に通うというもので、こちらも英語合宿同様英語漬けの５日間を過ごします。最終日には班別行動でテーマごとの研修課題にも取り組み、現地の大学も訪問します。

また、2016年度には、オーストラリアの公立高校２校（ALBANY CREEK STATE High School、BEENLEIGH STATE High School）と姉妹校提携を結び、本格的な交流を積極的に進めています。

2 日本文化を知り、理解する校外学習・研修旅行

自国の文化を知らなければ、海外の文化を理解したり、尊重したりすることはできません。

そのために、２年生では日本文化について調べ学習を行い、文化祭で発表します。3年生では校外学習で鎌倉を訪れ、自国文化のすばらしさに触れます。また、10月には国内研修旅行で京都・奈良を訪れ、日本の歴史や文化への理解をさらに深めます。こうした体験をもとに、５年生の海外研修旅行でのプレゼンテーションにつなげていきます。

採用されているTEAPやケンブリッジ英検といった資格試験も公費の支援を受けて実施しています。

さらに、これまで日本の学習指導要領で学んできていない帰国生や在京外国人枠の入学生のために、学習上の悩みや困難を感じている点などについて、定期的に先生に相談できる場や、補習・取り出し授業を用意しています。

進学先の視野には海外の大学も

Q. 中高合同で行う体育祭や文化祭の雰囲気はどうですか。

【幸田先生】 体育祭では、応援合戦を全学年で行ったり、生徒が主体的に企画運営を行うなど、縦割りで異年齢の集団が協力しあう姿は中高一貫教育校でしか見られないものです。２０１９年度も立川市営陸上競技場で実施し、生徒たちは伸びのびと参加していました。

例年９月に２日間かけて行う文化祭は3年生がクラスごとに英語劇を発表するのが特徴で、こちらは両日一般公開しています。

Q. 進路指導などはどのように行われていますか。

【幸田先生】 キャリア教育は１年生から6年間をかけて体系的に行っています。１年生で職業調べ、2年生で職場体験などを行うことで、勤労観や職業観を深め、自己の特性や必要とされる能力を伸ばす姿勢を養います。

そうして自分の将来像を意識したうえで、４年生からの大学のオープンキャンパス参加や、５年生での大学教授等による出張講義を経験し、大学や学部を具体的に決めていきます。

本校には国際教育、英語教育に関連した行事が多くあります。また、3・4年生が参加できる「米国エンパワーメントプログラム」では、経営学の父と呼ばれるピーター・ドラッカーのリーダーシッププログラムをクレアモント大学院大学で学びます。将来、世界で活躍するためのグローバルマインドを、ぜひ本校で育ててください。

大学受験対策としては、夏休みに夏期講習を実施しており、昨年はコロナ禍により夏休みが2週間しかないなかで、6年生だけで29講座を開講しました。どんな講座を開くか、6年生一人ひとりの学習状況を分析、確認し、大学入学共通テスト対策や難関国公立大学

例年のおもな学校行事

4月	入学式　対面式　校外学習 HR合宿（1年）
5月	
6月	体育祭　英語検定 英語合宿（2年）
7月	海外研修旅行（5年）
8月	イングリッシュサマーセミナー（1～3年） 夏期講習
9月	文化祭　国際交流セミナー
10月	国内研修旅行（3年）　英語検定 職場体験（2年）　英語村（1年）
11月	進路講演会（3年）　TEAP（5年）
12月	冬期講習
1月	英語発表会　芸術鑑賞教室 ケンブリッジ英検（1～4年）
2月	合唱祭
3月	卒業式　春期講習 米国エンパワーメントプログラム（3、4年）

対策など、生徒たちに必要な講座を各教科で設定します。したがって、非常にバラエティーに富んだものになっており、塾に通わずとも受験対策がしっかりできます。

また、国立、立川、八王子東高校といった都立進学指導重点校で開催される夏期講習を受講することも可能ですし、校内の自習室では、難関大学に進学した卒業生がチューターとして勉強のアドバイスをしています。

さらに、職員室そばにある廊下の自習スペースはとくに生徒に人気があり、学校で勉強する体制が整っています。

Q 生徒さんによく話されているのはどんなことでしょうか。

【幸田先生】 進学においていちばん大事なのは、自分が将来なにになりたいかを明確に持つことだと伝えています。そこから、どこでなにを学ぶかを考えていくのです。

例年、6割の生徒が文系志望、4割弱の生徒が理系志望であり、国際教育、英語教育を重視していても進学先が語学系に偏ることはありません。

今年は現役浪人合わせて国公立大学に71名合格し、そのうちの4名が東京大学（文科一類、文科二類、理科一類）に合格しました。今春卒業生149名のうち132名が現役で大学に進学しました。率にすると88・5％です。本校では第1志望を諦めさせない進路指導を実践しています。また、卒業後に海外大学に直接進学したいという希望にも応えています。

Q 適性検査で重視するのはどんなところでしょうか。

【幸田先生】 適性検査は文章や資料を読み取り、考え、それをどう表現するか、というところをみています。海外帰国・在京外国人生徒枠募集は適性検査を行わず、作文と面接・プレゼンテーションだけです。どちらも日ごろからさまざまなことに興味関心を持ち、本を読んだり自分の考えをまとめ、書くことが大切です。

Q 最後に御校志望者に向けてメッセージをお願いします。

【幸田先生】 本校は、将来グローバルに活躍するためのリーダーシップを養い、使える英語を身につけるチャンスがたくさんある学校です。ぜひ本校でグローバルマインドを育ててください。

東京都立 立川国際中等教育学校

募集区分：海外帰国・在京外国人生徒枠／一般枠

入学者選抜方法：【海外帰国・在京外国人生徒枠】面接（20分程度）、作文（45分、日本語または英語による）、成績証明書等 【一般枠】適性検査Ⅰ（45分）、適性検査Ⅱ（45分）、報告書

東京
神奈川
千葉
埼玉

先　生：人工林を育てるには、長い期間がかかることが分かりましたね。次は、これを見てください。

図2　人工林の林齢別面積の構成

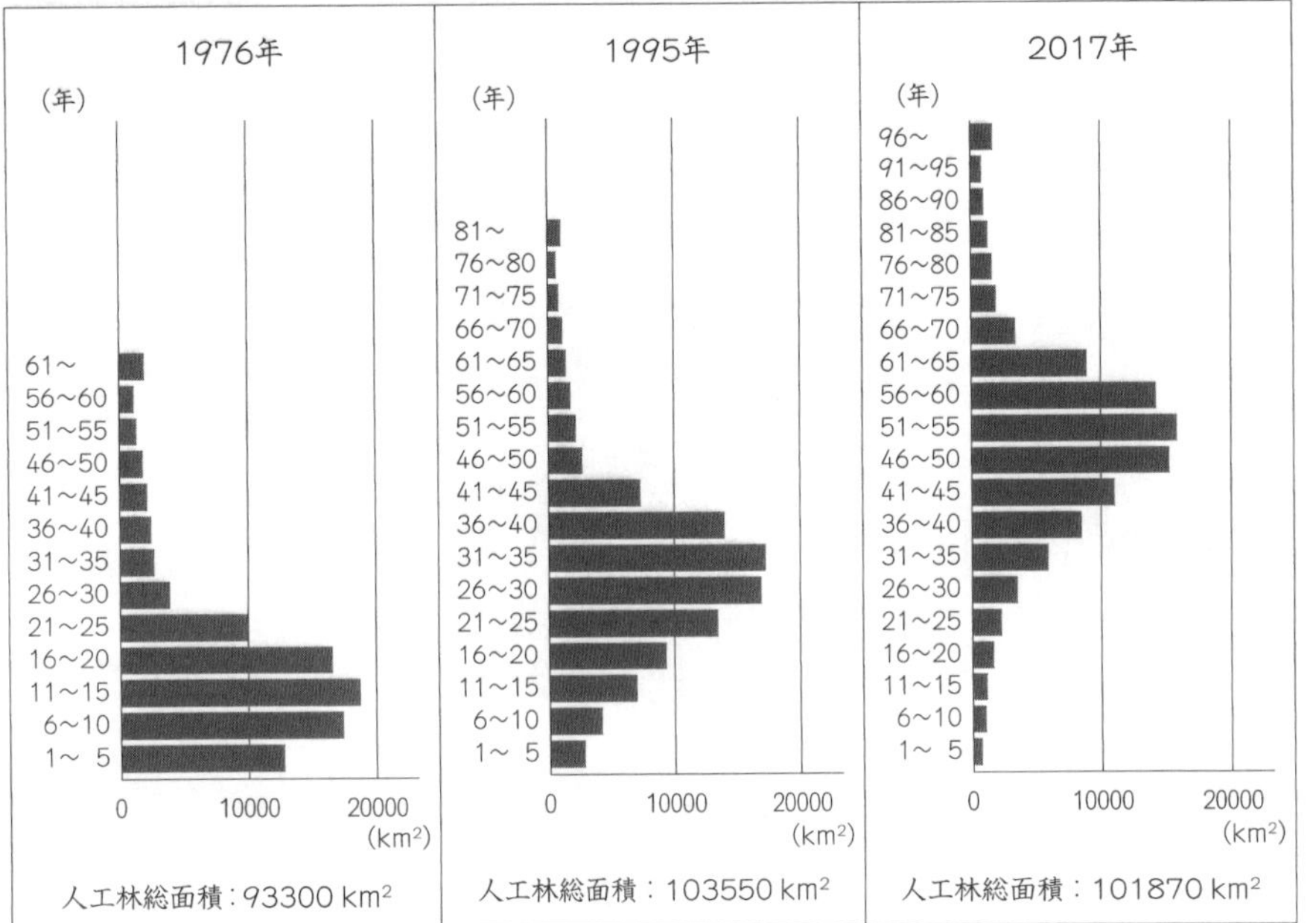

（林野庁「森林資源の現況調査」より作成）

先　生：**図2**は、人工林の林齢別面積の移り変わりを示しています。

太　郎：２０１７年では、林齢別に見ると、４６年から６０年の人工林の面積が大きいことが分かります。

花　子：人工林の総面積は、１９９５年から２０１７年にかけて少し減っていますね。

先　生：日本の国土の約３分の２が森林で、森林以外の土地も都市化が進んでいることなどから、これ以上、人工林の面積を増やすことは難しいのです。

太　郎：そうすると、人工林を維持するためには、主ばつした後の土地に植林をする必要があるということですね。

先　生：そのとおりです。では、これらの資料から、<u>２０年後、４０年後といった先を予想してみると、これからも安定して木材を使い続けていく上で、どのような課題があると思いますか。</u>

〔問題１〕　先生は「<u>２０年後、４０年後といった先を予想してみると、これからも安定して木材を使い続けていく上で、どのような課題があると思いますか。</u>」と言っています。持続的に木材を利用する上での課題を、これまでの会話文や**図１**の人工林の林齢と成長に着目し、**図２**から予想される人工林の今後の変化にふれて書きなさい。

資料を読み取り理解する

会話文や図で問題がきちんと説明されています。まず、それをしっかりと読み取って理解し分析する力が必要です。

出題の条件に沿って考える

持続的に木材を使うための課題はなにか、しめされた着目点からしっかりと指摘して自らの考えを述べましょう。

2021年度　東京都立立川国際中等教育学校　適性検査Ⅱ（共同作成問題）より

2　**太郎**さんと**花子**さんは、木材をテーマにした調べ学習をする中で、**先生**と話をしています。

太　郎：社会科の授業で、森林は、主に天然林と人工林に分かれることを学んだね。

花　子：天然林は自然にできたもので、人工林は人が植林して育てたものだったね。

太　郎：調べてみると、日本の森林面積のうち、天然林が約５５％、人工林が約４０％で、残りは竹林などとなっていることが分かりました。

先　生：人工林が少ないと感じるかもしれませんが、世界の森林面積にしめる人工林の割合は１０％以下ですので、それと比べると、日本の人工林の割合は高いと言えます。

花　子：昔から日本では、生活の中で、木材をいろいろな使い道で利用してきたことと関係があるのですか。

先　生：そうですね。木材は、建築材料をはじめ、日用品や燃料など、重要な資源として利用されてきました。日本では、天然林だけでは木材資源を持続的に得ることは難しいので、人が森林を育てていくことが必要だったのです。

太　郎：それでは、人工林をどのように育ててきたのでしょうか。

先　生：**図１**は、人工林を育てる森林整備サイクルの例です。

図１　人工林を育てる森林整備サイクルの例

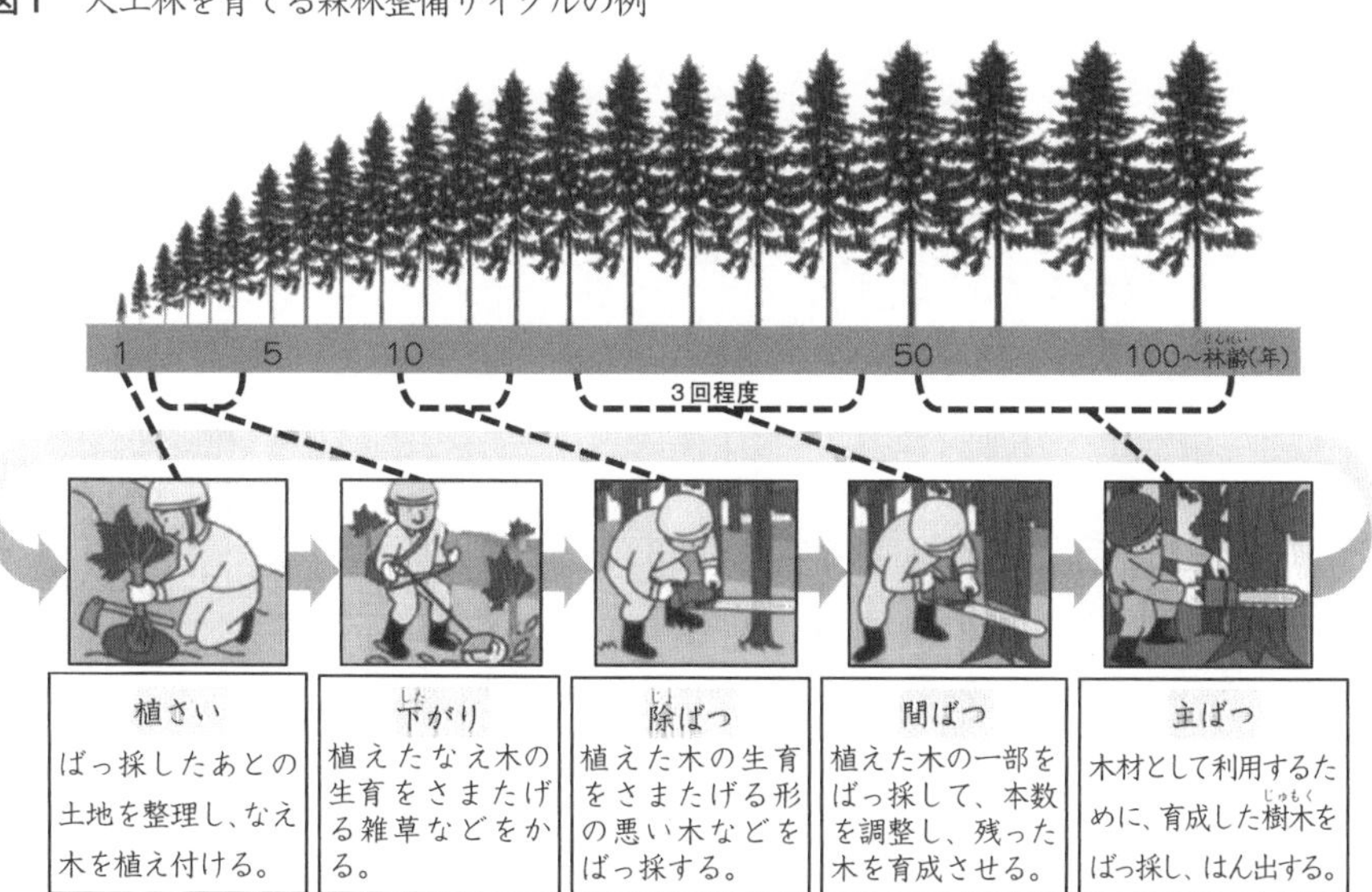

（林野庁「森林・林業・木材産業の現状と課題」より作成）

先　生：これを見ると、なえ木の植え付けをしてから、木材として主ばつをするまでの木の成長過程と、植え付けてからの年数、それにともなう仕事の内容が分かりますね。一般的に、森林の年齢である林齢が、５０年を経過した人工林は、太さも高さも十分に育っているため、主ばつに適していると言われます。

花　子：今年植えたなえ木は、５０年後に使うことを考えて、植えられているのですね。

解説

都立立川国際中等教育学校・一般枠では、報告書340点を250点に換算、適性検査Ⅰを250点に換算、適性検査Ⅱを500点に換算して、総合得点1000点で判定します。ただし、詳細は9月に公表されます。

適性検査ではほかの都立中高一貫校と比較して、より読解力を重視しているようにみえます。まず、日本語を理解できなければ外国語にも対応できないとの考えなのでしょう。このため、立川国際の独自問題の採用は、長文を読解し、要約したり作文で答える適性検査Ⅰとなりました。残念ですが、著作権保護の観点からここに問題文を掲載することはできませんでした。

その適性検査Ⅰは字数の多い長文読解で、「雑草の生育」と「個性」をテーマとした文章を読み、部分読解と作文が求められました。作文は昨年より長く460～500字でした。長文の主張を読み取り、生じた自分の考えを作文で表現する力が問われています。

適性検査Ⅱは、共同作成問題が全問採用されました。資料を読み取って答えていく問題でしたが、解答するためにはそれぞれ細かい条件が多くしめされていますので、条件を整理し考えを進めていく力が求められました。

東京都立 白鷗（はくおう）高等学校附属中学校

■併設型
■2005年開校

多様性を尊重しあう環境で育てる「グローバルな未来へ」羽ばたく人材

東京都立白鷗高等学校附属中学校は、「国際的なダイバーシティ（多様性）を兼ね備えたグローバルリーダーの育成」をめざし、「日本の伝統・文化理解教育」をはじめとする、多彩な教育を展開しています。

宮田（みやた）　明子（あきこ）
校長先生

学校プロフィール

開　　校	2005年4年
所 在 地	（東校舎）東京都台東区元浅草3-12-12 （西校舎）東京都台東区元浅草1-6-22
T E L	03-3843-5678
U R L	http://hakuo.ed.jp/
アクセス	（東校舎）都営大江戸線・つくばエクスプレス「新御徒町」・都営大江戸線「蔵前」・地下鉄銀座線「田原町」徒歩7分、都営浅草線「蔵前」徒歩12分
生 徒 数	男子214名、女子260名
1 期 生	2011年3月高校卒業
高校募集	あり（2022年春の入試が最後の募集）
教育課程	3学期制／週5日制／45分授業
入学情報（前年度）	・募集人員　男子80名、女子80名 計160名（すべての枠を含む）
	・選抜方法　（海外帰国・在京外国人枠）作文〈日本語または英語〉、面接〈日本語及び英語〉、（特別枠）日本の伝統・文化分野〈囲碁・将棋、邦楽、邦舞・演劇〉報告書、面接、実技、（一般枠）報告書、適性検査Ⅰ・Ⅱ・Ⅲ

日本を学びながら世界に目を向ける

Q. 御校の沿革について教えてください。

【宮田先生】「開拓精神」を教育理念に掲げ、1888年東京初の府立高等女学校として開校した東京都立白鷗高等学校は、現在にいたるまで130年以上の歴史を積み重ねてきた伝統校です。そこに2005年に併設されたのが東京都立白鷗高等学校附属中学校です。

都立初の中高一貫教育校として誕生した本校は、教育界をリードする存在であるべく、多様な取り組みを積極的に導入するとともに、文部科学省から指定を受けて取り組んでいる事業もあります。

なかでも特筆すべきは、2019年度より指定を受けるWWL（ワールド・ワイド・ラーニング）コンソーシアム構築支援事業の共同実施校としての取り組みです。「国際的なダイバーシティ（多様性）を兼ね備えたグローバルリーダーの育成」をめざして、大学や企業、国際機関などと連携した高度な探

究活動や国際交流を実践することに加え、その成果を周囲の学校にも広める活動や、他校との連携事業も行っています。

たとえば連携事業のひとつに、「ダイバーシティカフェ」があります。これは多彩な分野で活躍するゲストスピーカーを招いて行う談話会で他校にも参加を呼びかけています。WWLの指定は当初計画から変更になり、来年度まで延長される見込みです。今後2年間、さらにバージョンアップした、わくわくするような取り組みを実施していく予定です。

Q「伝統からグローバルな未来へ」というスローガンにこめられた思いをお話しください。

【宮田先生】 国際社会で活躍するためには、世界についてよく知ることはもちろん大切ですが、まずは自分がどんな国で育ってきたのか、自分の国にはどんな歴史や伝統・文化があるのかを知ることも同じくらい大切です。

本校の生徒には、そうした日本の伝統や文化を学んだうえで、世界が抱える課題を解決する方策を探り、社会に、世界に貢献する人材に育ってほしいのです。グローバル人材育成のための足場を築くという意味でも、「日本の伝統・文化理解教育」（62ページ・Pick up!参照）に力を入れています。

さらに近年は、これに「課題探究型学習」と「ダイバーシティ教育」を加え、3つの柱を軸に教育活動を展開しています。

「課題解決型学習」と「ダイバーシティ教育」

Q「課題探究型学習」では、どのような取り組みを行っていますか。

【宮田先生】 中1では総合的な探究の時間を活用して、周辺地域に関する課題から研究テーマを設定し、各自が探究を進める「上野浅草学」を行っています。

そして、学年が上がるごとに周辺地域から東京へ、東京から日本へ、日本から世界へと探究の対象を広げていき、集大成として各自が自由に設定したテーマについて、高2で日本語の論文を、高3で英語の論文を執筆します。

こうした学習をとおして、最終的には自分が世界のなかでどんな活躍ができるか、人びとにどう貢献できるかを考えていくというのが本校の課題探究型学習のねらい

Pick up!

1 多岐にわたる「伝統・文化理解教育」

授業のなかでもとくに特徴的なのが学校設定科目「日本文化概論」です。将棋・囲碁・茶道・華道・書道・日本の生活文化・日本の音楽史から好きなものを選び、日本文化に関する理解を深めます。これらの講師は、将棋や囲碁はプロ棋士、華道・茶道も外部の専門家が務めるなど本格的なものです。さらに音楽の授業では、全員がひとり一丁ずつ三味線を持って演奏するほか、「浅草流鏑馬」や「鳥越祭」での神輿担ぎといった地域の伝統行事にも参加しています。

2 世界を体感できる国際交流プログラムの数々

2019年度からフランス・パリの名門中高一貫校、ラ・フォンテーヌ校と姉妹校提携を結び、オンライン上での交流や、現地生徒の受け入れなどを行っています。情勢が落ちつけば今後、希望者対象のパリ研修旅行を実施して、ラ・フォンテーヌ校との学校交流を行う予定です。そのほかアメリカのスタンフォード大学やシリコンバレーを訪問する「海外研修旅行」（中３全員対象）、シンガポールを訪れ、コースごとに多彩なアクティビティーを行うとともに、現地の学生と各国の文化について発表しあう「海外修学旅行」（高２全員対象）、現地の高校で探究学習を行う「オーストラリア短期留学」（高校生希望者対象）などの交流機会があります。

3 校舎がふたつあることで生まれる白鷗の特徴

白鷗にはふたつの校舎があり、東校舎は中１・中２、西校舎は中３～高３が過ごす場です。校舎が分かれているメリットは成長過程に合わせた指導が可能になる点です。白鷗では、中１・中２を基本的生活習慣と学習習慣確立の時期と位置づけています。中２は一般的に中だるみしがちな学年といわれますが、白鷗では東校舎の最上級生となるため、中１のお手本となるべく学習面でも生活面でも大きく成長します。そして中３になると、高校生と同じ西校舎で、高校生の学習や部活動などに向かう姿に直接触れることで自立に向けた成長がうながされます。なお、東校舎は今後改築が予定されており、西校舎グラウンドに建設予定の仮設校舎に一時期その機能を移します。

です。また東京大学の先端科学技術研究センターとの連携により、最先端の科学的視点から探究活動に助言や指導をいただくことができるのも、本校の大きな特色です。

Q.つづいて「ダイバーシティ教育」について教えてください。

【宮田先生】本校では4年前から海外帰国・在京外国人枠でも生徒を募集しています。そのため生徒たちは中1のときから、国籍も育ってきた環境も異なる友だちと机を並べるという環境で過ごします。そうした状況で過ごすうちに自然と、だれに対しても垣根をつくらず、お互いの多様性を認めあう素養が育まれていきます。

さらに、中2から第二外国語を全員が必修で学ぶのも、多様性を意識する取り組みのひとつです。外国語を学ぶことは、各国の文化や歴史的背景のちがいを学ぶことにもつながるからです。それらにも目を向けることで、周囲の人びとの個性をお互いに尊重する姿勢を身につけていってほしいです。

なお、第二外国語として選択できるのはフランス語、ドイツ語、スペイン語、中国語の4つです。希望者は高校でも継続して学ぶことができます。

発信力を高める授業 ICT機器も積極的に活用

Q.英語教育にも力を入れているそうですね。その内容をご紹介ください。

【宮田先生】本校は東京都から英語教育推進校に指定されています。英語の授業は中1の段階から自分の考えを英語で話す機会を多く設けるとともに、中2・中3では表現力・発信力など多様な力を伸ばすための授業を、英語の授業の一環として週1時間設定し、これを「HAPiE（HAKUO Academic Program in English）」と名づけています。

さらに高2・高3ではこの「HAPiE」を学校設定科目として週1時間実施しています。英語でプレゼンテーションする力や、英語で論文を書く力をきたえるための授業で、日本人の教員2名、ネイティブスピーカーの教員4名、計6名体制で行うのが特徴です。

たとえば日本人の教員が英語で論文を書く際のポイントや注意点を説明し、それを参考にしながら生徒が執筆、その場でネイティブスピーカーの教員が添削をしてい

例年のおもな学校行事

4月	入学式
5月	体育祭　校外学習
6月	上野・浅草学開始
7月	芸術鑑賞教室（中1）夏期講習 プレゼン学習（中1）農村勤労体験学習（中2） オーストラリア短期留学（中3）
8月	夏期講習
9月	白鷗祭（文化祭）
10月	伝統文化体験（中1） TGG研修旅行（中3）
11月	上級学校訪問（中3） 職場体験学習（中2）
12月	道徳授業地区公開講座
1月	百人一首大会　職業講話（中1）
2月	合唱コンクール　TGG校外学習（中3）
3月	スポーツ大会　卒業式 アメリカ研修旅行（中3）

くというように、役割分担をしながら進めていきます。生徒10名につき、ネイティブスピーカー1名という恵まれた環境で、力を大きく伸ばすことができる授業です。

また、オンラインによる英会話の授業も行っています。

Q そのほか、特色ある取り組みについて教えてください。

【宮田先生】２０２０年より東京都教育委員会から、「Society5.0（※）に向けた学習方法研究校」の指定も受けています。この指定を受けた学校は、Society5.0に必要となる能力を伸ばすための学習方法を、ICT機器を活用しながら研究・開発しています。

本校では指定以前よりICT機器を日々の学びのなかでも積極的に活用していたので、新型コロナウイルス感染症の影響で休校を余儀なくされた際も、いち早くオンライン授業を導入しており、そのようすは各種メディアでも取り上げられました。その後も、情勢に応じて、オンラインと対面をうまく組みあわせながら授業を展開しています。これからオンラインでの学びをより有効活用していくために、今秋以降、研究授業などを実施していく予定です。

Q 最後に御校志望者へ向けてのメッセージをお願いします。

【宮田先生】私は中高6年間は、人生で一番輝いている時期だと思っています。一生のうちにこれだけ心も身体も大きく成長する期間はほかにないですし、これだけ長い期間なにかに打ちこんだり、友人とともに過ごしたりすることもないでしょう。ですからみなさんにも悔いのない6年間を過ごしてほしいですし、本校はそんな6年間を過ごせる環境を提供できると確信しています。

一人ひとりの生徒に、あらゆる可能性を開花させる機会を与えられる学校ですから、なにか新しいことに挑戦してみたいかた、切磋琢磨できる友だちがほしいというかたなど、まさに「開拓精神」を持ったかたは、ぜひ本校に入学してきてください。

なお、本校は２０２３年度入学生から高校募集を停止し、中学段階からの募集枠を拡大します。これにともない、グラウンドなどの施設利用に制約がでる予定ですが、現時点（２０２１年6月末）では未定のことも多いため、今後詳細がわかり次第、学校説明会などでお伝えしていきます。

※情報社会（Society 4.0）につづく、新たな社会をさすもの

くるみ：機械は便利だけど、操作によって何が起こっているのかを考えて使うことが大切だね。
おうき：そうだね。仕組みや機能を知って、工夫することで、目的に合わせた使い方ができるね。
はるか：他にもこの電卓に表示された結果が正しい答えにならない問題があったよ（**表2**）。

表2

はるかさんの解いた問題	5.819+1.627
電卓に表示された結果	7.45
正しい答え	7.446

おうき：これは小数第三位で四捨五入しているんじゃないかな。左にあるスイッチが、四捨五入を表す**5/4**の位置にあるからだと思うよ（**図2**）。

図2

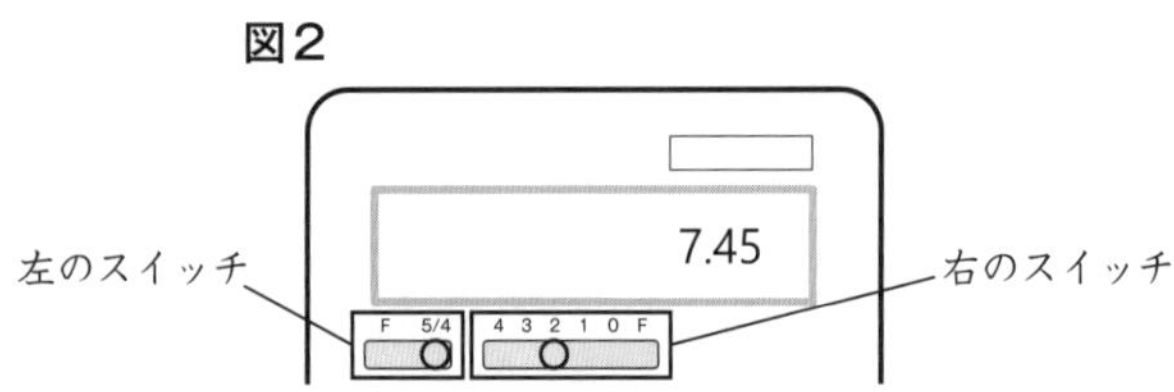

くるみ：右にあるスイッチは小数第何位まで表示できるかを表しているんだね。
はるか：右のスイッチの場所をいろいろと変えて計算をしてみたよ（**表3**）。

表3　右のスイッチの場所を変えて計算した結果

左のスイッチの場所	右のスイッチの場所	問題	表示された結果
5/4	1	5.819+1.627	7.4
5/4	2	5.819+1.627	7.45
5/4	3	5.819+1.627	7.446

おうき：これで、左のスイッチと右のスイッチの使い方が分かったね。
はるか：便利な機能だけど、使い方によっては表示される数字が正しい答えにならないね。

〔問題2〕　左のスイッチを**5/4**、右のスイッチを**2**に合わせて、次のように電卓で計算をしました。

［あ］と **1.029** を足したら **3.00** と表示された。
［い］と **0.804** を足したら **1.04** と表示された。
［あ］と［い］を足したら［う］と表示された。

［う］に入れることができる数を二つ答えなさい。また、［う］に入れることができる数が一つではない理由を答えなさい。

POINT

読解力を駆使して疑問を解決する

会話文にヒントがあり、読解問題に近い形式です。知識ではなく電卓の特性を利用することに気づくかがポイントです。

POINT

問題を解決し表現する力

会話をしっかり読めば、むずかしい問題ではありません。およその数をヒントに数理処理をします。

学校別適性検査分析

東京都立 白鷗高等学校附属中学校

募集区分
海外帰国・在京外国人枠・特別枠（日本の伝統文化）・一般枠

入学者選抜方法
【特別枠】実技検査（45分）、面接（15分程度）、報告書、志願理由書 【一般枠】適性検査Ⅰ（45分）、適性検査Ⅱ（45分）、適性検査Ⅲ（30分）、報告書

2021年度　東京都立白鷗高等学校附属中学校　適性検査Ⅲ（独自問題）より

1　**はるか**さん、**くるみ**さん、**おうき**さんの３人が話をしています。

はるか：昨日、計算問題の宿題が出たね。
くるみ：私は問題を解いてから、答えを確かめるために電卓を使ったよ。問題のとおりに数字や記号のボタンを押したら、電卓に表示された結果が、正しい答えにならなかったんだ（**表１**）。

表１

くるみさんの解いた問題	3×7－2×3＋15
電卓に表示された結果	72
正しい答え	30

おうき：何が起こったのか考えてみよう。
くるみ：私が計算に使った電卓を持ってきたよ（**図１**）。

図１　**くるみ**さんが持ってきた電卓

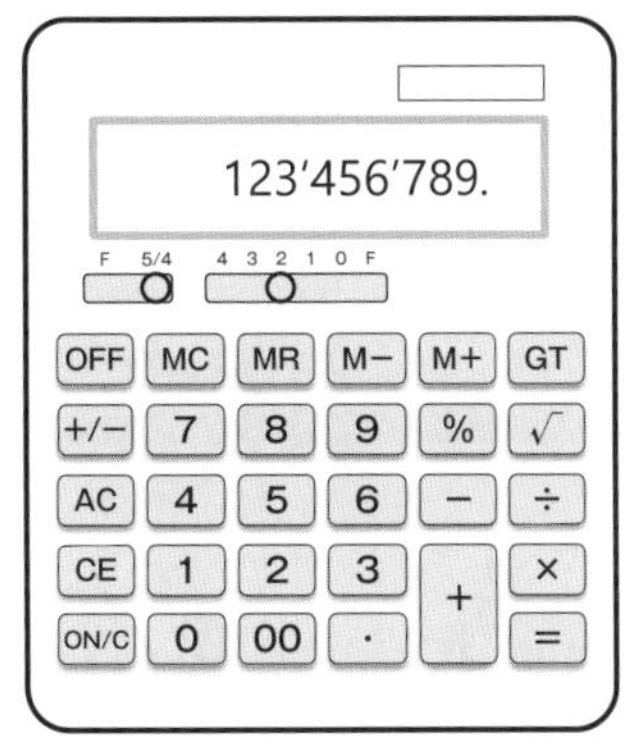

はるか：**くるみ**さんの電卓で **3**，**×**，**7**，**－**，**2** と押した後、**2**回目の**×**を押したときに、もう **19** という数字に変わっているよ。つまり電卓は、ボタンを押した順番に計算をしているんだね。
おうき：本当だ。ボタンを押す記号や順番を工夫する必要があるね。この電卓を使って **3×7－2×3＋15** の正しい答えである **30** を表示させるために、どの順番でボタンを押せばいいか分かった気がするよ。

〔問題１〕 **3×7－2×3＋15** を電卓で計算し、正しい答えである **30** を表示させるには、数字や記号をどのような順番で押せばよいか、答えなさい。また、なぜその順番で押せばよいと考えたか説明しなさい。
　ただし、**0**から**9**までの数字と、**＋**，**－**，**×**，**÷**，**＝**のみを使うこと。

解説

　都立白鷗高等学校附属中学校では、2018年度入試から適性検査Ⅲも実施するようになりました。換算後の配点は報告書200点、適性検査Ⅰ300点、適性検査Ⅱ300点、適性検査Ⅲ200点で合計1000点です。適性検査ⅠとⅢが独自問題で、Ⅱは共同作成問題でした。実施４年を経た適性検査Ⅲは独自問題で30分で解きます（ⅠとⅡは各45分）。短時間で解ききる力が必要です。計算問題なども含まれており、観点さえつかめれば取り組みやすいので、あわてずに落ちついていれば解ける問題です。
　適性検査Ⅰは、長文を読んで作文で答える形式です。作文は100字以内が２問、400～450字以内の「自分のことばでまとめる」意見文が１問でした。理由を説明する問題形式や言い換えて説明する問題形式は、過去にも繰り返し出題されていますので過去問をあたっていたかどうかが大切でした。適性検査Ⅱ（共同作成問題）は、算・社・理、３教科の融合問題で、身近な話題で書かれた問題文中から条件を整理しながら解く必要がありました。適性検査Ⅲ（独自問題）は、会話文中に条件、ヒントが書かれていたので、それを素早く読み取り、表現につなげられたかどうかが合否の分かれ目になりました。

東京
神奈川
千葉
埼玉

東京都立 富士（ふじ）高等学校附属中学校

■併設型
■2010年開校

SSH指定校となり さらに発展する独自の教育

野村（のむら） 公郎（きみお） 校長先生

今年度からスーパーサイエンスハイスクール（SSH）の指定校となった東京都立富士高等学校。同附属中学校も以前から行う特色ある取り組みの数々が、よりいっそう進化を遂げています。

学校プロフィール

開　校	2010年4月
所在地	東京都中野区弥生町5-21-1
TEL	03-3382-0601
URL	http://www.fuji.metro.tokyo.jp/（2022年1月変更予定）
アクセス	地下鉄丸ノ内線「中野富士見町」徒歩1分
生徒数	男子196名、女子201名
1期生	2016年3月高校卒業
高校募集	なし（2021年度より高校募集停止）
教育課程	3学期制／週5日制（土曜授業 年18回）／50分授業
入学情報（前年度）	・募集人員　男子80名、女子80名　計160名
	・選抜方法　報告書、適性検査Ⅰ・Ⅱ・Ⅲ

新たに始まる「富士未来学」

Q 御校の教育目標について教えてください。

【野村先生】 本校では長きにわたり、「知性を高め、教養を深める」「品性を養い、感性を磨く」「自ら判断し挑戦する精神を高める」の3つを教育目標として掲げてきました。2021年度生から高校募集を停止し、完全中高一貫校となってからもこの精神は大切にしつつ、「6年一貫」を意識した教育を実践していきます。

また、本校は2020年度まで過去5年の間、東京都教育委員会から理数アカデミー校の指定を受けており、理数教育に関するさまざまなプログラムを行ってきました。その中心にあったのが「STREAMS」教育です。

近年、変化が激しい時代を生き抜く力を養うべく、「Science」（科学）、「Technology」（技術）、「Engineering」（工学）、「Art」（芸術）、「Mathematics」（数学）を統合した「STEAM教育」の重

東京都立　富士高等学校附属中学校

要性がどんどん高まっています。本校はプログラミング教育にも力を入れており、「スポーツ特別強化校」にも指定されているので、それらに「Robotics」（ロボット工学）、「Sports」（スポーツ）をプラスした独自の「STREAMS」教育を展開してきたのです。

Q.「STREAMS」教育をとおして、どのような生徒さんを育成しようとしていたのですか。

【野村先生】目標としていたのは、さまざまな知識や思考力、判断力を身につけることで、答えのない問いに果敢に挑んでいける人材の育成です。ただ、そうした問いはひとりの力だけで解決できるものばかりではありません。周囲の意見を集約し、それをうまくいかすことで解決できる問いもありますから、周囲と協働し、複数の意見をまとめる力の養成も大切にしていました。

こうした取り組みが評価され、2021年度より文部科学省から「スーパーサイエンスハイスクール（SSH）」に指定されました。SSH指定校となったことで、日本全国の学校、さらには海外の学校と連携しながら、より充実した理数教育を展開していきます。

Q.SSH指定校となることで、教育内容がどのように変化するのでしょうか。

【野村先生】本校のSSHは理系クラスの生徒だけではなく全校生徒を対象としており、なかでも6年間の探究学習のカリキュラムが以前とは大きく変わることが大きなポイントです。もともと、中3・高1で行っていた探究学習「探究未来学」の名称を課題研究「富士未来学」へと改め、対象学年を中1～高3に拡大して実施します。

この「富士未来学」は、生徒が課題研究をとおしてどのような力を身につけたのかを、客観的にデータとして分析、検証をしていくのが特色で、教育学者・溝上慎一先生（現・桐蔭学園理事長）が立ち上げた「高校版IRパイロット校」の認定を受けています。本校の理数教育の実践の成果について検証した結果得られたデータを分析し、今後の指導にいかしていく予定です。

周囲と連携しながら多様な力を身につける

Q.「富士未来学」の各学年での取り組み内容をご紹介ください。

Pick up!

1 まだまだある理数に特化した取り組み

これまで土曜日の午後に行われていた「理数セミナー」の対象学年が、高1のみから全学年へと広がります。理数セミナーは、多彩な分野にかかわる最先端の研究について、大学の研究者などの専門家のかたから話を聞くことができる貴重な機会です。また、下記で紹介した「東京大学先端科学体験学習」のほかに、希望者対象に東京大学や東京工業大学で「サイエンスキャンプ」を実施。3日間をかけて、より深く研究の手法を学んでいきます。

2 SSH以外にもさまざまな指定を受ける

英語教育推進校の指定も受ける富士では、英語に関する取り組みも充実しています。まず通常の授業で意識しているのは4技能をバランスよく伸ばすこと。ペアワークやグループワークなどを導入し、習熟度別授業やネイティブスピーカーの教員とのチームティーチングも実施します。

夏休みには中学生対象に「短期集中英語講座」を開き、校内で海外を体験する場として、東京大学などの大学院生である外国人留学生をグループリーダーとしたワークショップを行います。自分の主張を英語で表現したり、自分のアイデンティティーに向きあう機会としています。中2のブリティッシュヒルズ（福島）での「宿泊語学研修」も海外をそのまま体感できる場となっています。また中3希望者対象の「シリコンバレー研修」は、約1週間アメリカに滞在し、世界最先端の科学技術に触れられるという魅力的なプログラムで、例年定員に対して3倍もの応募があります。

ほかにも、「レシテーションコンテスト」（中学全学年）や、「オンライン英会話」（中3・高1）も、通常の授業で学んだ英語の力を、より実践的な力へと高めていくために行われる取り組みです。

さらに富士はスポーツ特別強化校（東京都教育委員会が都立高校運動部全体の活性化と競技力の向上をめざし、優秀な成績を収める都立高校を指定する）でもあります。文武両道を実践する富士では、なぎなた部と陸上競技部が全国大会に出場、剣道部が男女とも関東大会に出場するなど、多くの運動部活動も熱心に活動しています。また文化部推進校でもあり、茶道部が全国総文祭で呈茶を行っています。

【野村先生】 中1・中2は、統計や分析に関する基本的な知識を身につける、発信力やプレゼンテーション力を高めるといった、課題研究に必要な基礎的なスキルを磨いていきます。そして、中3でプレ課題研究に取り組んだうえで、高1・高2では本格的な課題研究にのぞみ、高3は研究の成果を英語で発表します。

本校の課題研究「富士未来学」には全教職員がかかわり、生徒が決めた研究テーマごとに、中3はゼミ、高1・高2はラボに分かれて研究するのが特徴です。そして、もうひとつの特徴としてあげられるのが、「富士未来学」では異学年での交流を多く取り入れていることです。中間発表などの機会は異学年交流の場となり、先輩から後輩へ、後輩から先輩へと投げかけられた質問が、研究を深めることにもつながります。

さらに、卒業生や若手研究者、大学教授によって構成される「富士サポートチーム」が、生徒の研究についてアドバイスをしてくれる仕組みも設けています。

Q.そのように、外部のかたがたとかかわる機会は多いのですか。

【野村先生】 そうですね。本校は卒業生との結びつきが強く、若竹会（同窓会）を中心に、多様な分野で活躍する卒業生が生徒の研究活動への支援をしてくれる環境があるのも魅力だと思います。

卒業生がかかわる取り組みのひとつに、中2全員が参加する「東京大学先端科学体験学習」があげられます。本校出身で東京大学の研究者で構成される「富士会」という組織があり、そこに在籍する東京大学の教授たちが本校の生徒を快く迎えてくれて、少人数のグループごとに各研究室で実際に研究を体験させてくれるというプログラムです。見学のみにとどまらず、中学生のうちから本格的な研究に触れることができるのは卒業生の協力あってこそです。中2でのこうした経験が、中3から始まるプレ研究にもいかされることでしょう。

また、私は富士に赴任する前は東京都教育委員会で教育改革に携わっていたこともあり、そこで培った人脈をいかして、国際機関や民間企業で働くかたがたにも協力を仰ぎ、講演や「起業家ラボ」のアドバイザーをしていただいたりしています。

例年のおもな学校行事

4月	入学式　対面式
5月	探究合宿（中1）　体育祭
6月	体力テスト　探究発表会
7月	合唱祭
8月	短期集中英語講座　亀田メディカルツアー
9月	文化祭　京都研修
10月	環境セミナー（中1） 東大出前授業（中2）　東大訪問（中2） 職場体験（中2）修学旅行（中3）
11月	サイエンスキャンプ　英語合宿（中2）
12月	最先端科学見学（中1）　エコプロ（中1）
1月	百人一首大会
2月	レシテーションコンテスト　探究発表会
3月	芸術鑑賞教室（中1・2） 英国立大学ファウンデーション研修(中3) シリコンバレー研修（中3）

海外志向の生徒に魅力的な制度を用意

Q. そのほか、特色ある連携教育があれば教えてください。

【野村先生】 奈良市立一条高校とオンラインでつながり、英語の授業でコラボレーションをしました。一度も会ったことがない生徒同士でディベートを行ったり、互いの学校について紹介したりすることで、ふだんとは異なるさまざまな気づきを得たようです。

そして、海外の大学との連携プログラムも特徴的なものがいくつかあります。たとえば、イギリスのバンガー大学は本校の生徒に対して独自プログラムによる海外研修を用意してくれていますし、海外6大学と指定校協定を結んでいるので、特別指定校推薦制度を活用して、それら6大学に進学することもできます。

今年度からは、この協定がさらに魅力的なものへと進化します。本来、国内から海外大学へ進学する場合、高校卒業後海外に渡り、現地で留学生のための大学準備講座「ファウンデーションコース」を約1年間受けるのが主流です。

今年度からこの「ファウンデーションコース」を、富士の生徒は本校にいながらにして、オンラインで受けられるようになったのです。

高2終了時点で推薦入試を受けて合格した生徒は、高3から週末や放課後にオンラインで受講を進めます。そして高3の冬に海外へ渡り、現地で残り半年間の対面講座を受ければ、日本からの進学であっても現地の学生と同じタイミング（9月）で入学ができます。

このように、「日本にとどまらず世界へ」という意識で国内の連携はもちろん、海外との連携もさらに強めていきたいです。

Q. 最後に、御校志望者へのメッセージをお願いいたします。

【野村先生】 ここまでご紹介してきたように、本校は学校のなかだけではなく、外部のかたがたの協力も得ながら、さまざまな観点からこれからの社会に必要な生徒の資質・能力を育成できる学校です。

とくに理数教育や海外での学びに興味のある生徒さんにとっては魅力的なプログラムがたくさんありますから、そんなみなさんの入学をお待ちしています。

図4　レイコさんが書き入れた文字の並びを作る紙

<えあすいか>

図5　レイコさんが書き入れたかぎの紙

【左：3】

タケオ：**図4**の紙には<えあすいか>という５文字が書き入れられているね。**図2**の表には「あ」から「゜」までの文字が右に向かって横１列に書かれていて、**図5**の紙には【左：3】と書き入れられているんだね。これらをどのように読み取ればいいかな。

レイコ：**図5**の【左：3】とは、**図4**の紙に書き入れられた文字を**図2**の中からそれぞれ探し、その文字の一つ左側の文字から数えて、左へ３文字めの文字として読むという意味だよ。つまり、「え」「あ」「す」「い」「か」は、**表1**のように「あ」「ん」「こ」「゛」「う」となるので、<えあすいか>は≪あんこ゛う≫と読み取ることができるね。今回は書き入れたかぎの紙が１枚なので、これでこの暗号が解読できたよ。「゛」と「゜」もそれぞれ一つの文字として考えるよ。「あ」の一つ左の文字は「゜」になるからね。

タケオ：かぎの紙の枚数を増やせば解読が難しくなるね。

表1　【左：3】の場合の**図4**の紙に書き入れられた文字の対応

「え」	「あ」	「す」	「い」	「か」
↓	↓	↓	↓	↓
「あ」	「ん」	「こ」	「゛」	「う」

２人は、以下のようにルールをいくつか付け加えました。

ルール

・**図3**のかぎの紙を３枚用意し、それぞれ書き入れたものをかぎの紙１、かぎの紙２、かぎの紙３とする。かぎの紙１の□には左、かぎの紙２の□には右、かぎの紙３の□には左とそれぞれ書き入れられている。

・かぎの紙１の○に書き入れられた数字と、かぎの紙２の○に書き入れられた数字と、かぎの紙３の○に書き入れられた数字をすべてかけ合わせると１２になる。

・文字の並びを作る紙に書き入れられた文字を、かぎの紙１を使って読み取り、次にかぎの紙１を使って読み取った文字をかぎの紙２を使って読み取り、さらにかぎの紙２を使って読み取った文字をかぎの紙３を使って読み取る。これで暗号の解読となる。

〔問題２〕　文字の並びを作る紙に書き入れられた文字の並びをこのルールで解読すると≪みぎ゛≫となりました。文字の並びを作る紙に書き入れられた文字の並びを答え、このときのかぎの紙１、かぎの紙２、かぎの紙３の○に書き入れられた数字を、１から９までの整数の中からそれぞれ選んで答えなさい。

POINT

会話文と資料を読み解く

条件にしたがい玉を3組に振り分ける問題。条件もわかりやすく、解答が多く考えられるので正解したいところです。

POINT

問題を解決する力をみる

説明が長く条件も複雑ですが、会話文を正確に読み取ることができれば、むずかしくはなく解きやすい問題です。

募集区分　一般枠

入学者選抜方法　適性検査Ⅰ（45分）、適性検査Ⅱ（45分）、適性検査Ⅲ（45分）、報告書

2021年度　東京都立富士高等学校附属中学校　適性検査Ⅲ（独自問題）より

1　小学６年生の**キミオ**さんと**シンヤ**さんは、学年行事である３クラス対抗の体育大会を行っています。２人のクラスは２組です。玉入れをする前の時点での各クラスの順位と得点は、１位が１組で１０４点、２位が２組で１００点、３位が３組で９６点です。２人は、玉入れが終わり、結果発表を待っています。

キミオ：この種目を終えたところで１位になりたいね。玉入れの得点はどう決まるのかな。
シンヤ：１個の玉を入れるとクラスの得点に１点加えられるよ。私たち２組は、１位の１組に４点差だから、１組の入れた玉の個数より少なくとも５個以上多く入れないと１組をぬいて、１位になれないね。ただ、３位の３組も私たちのクラスとは４点差しかないからそこにもぬかれてはいけないね。
キミオ：玉は３クラス合計で２５個入っていたらしいよ。

〔問題１〕　玉入れを終えたとき、３クラスの順位が、１位２組、２位３組、３位１組となるには、３クラスの入れた玉の個数がどのようなときですか。考えられる個数の組み合わせの一つを解答らんに答えなさい。なお、３クラスの入れた玉の個数の合計は２５個とします。

小学６年生の**レイコ**さんと**タケオ**さんは、クラスの団長と副団長になりました。２人は、優勝に向けて騎馬戦の作戦を一緒に立てた後、作戦の伝達方法について話し合っています。

レイコ：私たちが一緒に考えた作戦を、相手にもれないように自分のクラスの人に伝えるには暗号を使ったらどうかな。
タケオ：暗号で伝えるには、文字の並びとそれを読み取る方法を作ることが必要だね。
レイコ：まず、文字の並びを作る紙（**図１**）に、あいうえお表（**図２**）の中に含まれる文字を使って書き入れるよ。次に、かぎの紙（**図３**）の□には左か右を、○には１から９までの整数を書き入れるよ。

レイコさんは**図１**、**図２**の紙に次の**図４**、**図５**のように書き入れ、**タケオ**さんにわたしました。

図１　文字の並びを作る紙

<　　　　　>

図２　あいうえお表

あいうえおかきくけこさしすせそたちつてとなにぬねのはひふへほまみむめもやゆよらりるれろわをん゛゜

図３　かぎの紙

【□：○】

解説

都立富士高等学校附属中学校では、独自問題の適性検査Ⅰ、Ⅱ、Ⅲを各45分で解きます。換算後の配点は適性検査Ⅰ200点、適性検査Ⅱ200点、適性検査Ⅲ300点、報告書300点、合わせて1000点満点での評価です。2022年度もこれにならうものと考えられます。正式な発表は９月ですが、適性検査Ⅲの配点が200点から300点になったのは2018年度で、しばらくは、このままの配点で推移するでしょう。

独自問題となった適性検査Ⅲは、例年どおり出題内容は数量と図形で、算数的なものでした。課題を見つけ解決する力をみるとされていますが、算数の力がなければ解けない問題ばかりです。今春から、それまでの30分問題からが45分問題に変更されています。解き方の説明を記述させる問題が2020度は1題出題されましたが今春は出題されませんでした。

共同作成問題の適性検査Ⅰは、文章を深く読み取って内容を適切に把握することが必要です。そして、自分の考えを作文で表現する力が試されます。

適性検査Ⅱも、さまざまな角度から力を試される共同作成問題でした。細かい条件を整理し、考察していく力が求められました。

東京都立 三鷹中等教育学校

■中等教育学校
■2010年開校

思いやり・人間愛のある社会的リーダーの育成をめざす

東京都立三鷹中等教育学校は、学習活動と特別活動・部活動などの両立をめざし、最後まで努力することのできる生徒を育てています。学校独自の「人生設計学」や、ICTを活用した授業の実践も魅力です。

ふじの やすろう
藤野 泰郎
校長先生

学校独自の目標水準「三鷹スタンダード」

Q 三鷹中等教育学校の基本理念についてお聞かせください。

【藤野先生】基本理念は「思いやり、人間愛を持った社会的リーダーの育成」です。学校生活をとおして、すべての人に思いやりを持って接し、人間味あふれる社会のリーダーとなれる生徒を育てることを目標にしています。

Q 6年間のカリキュラムはどのようになっていますか。

【藤野先生】6年間を2年ずつ、3つのステージに分けて展開しています。まず、1・2年の「ファーストステージ」では、基礎・基本の確実な定着をめざします。つづく3・4年の「セカンドステージ」では、一部の教科で3年生から高校の学習範囲を盛りこんでいくことで、教育内容のさらなる充実と、中学から高校へのスムーズな接続をはかっています。最後の「サードステージ」は、5年までは文理分けはせず幅広く学び、6年で自由選択科目を多く用意する

学校プロフィール

開　　校	2010年4月
所在地	東京都三鷹市新川6-21-21
TEL	0422-46-4181
URL	http://www.mitakachuto-e.metro.tokyo.jp/
アクセス	JR中央線「三鷹」「吉祥寺」・京王線「調布」「仙川」バス
生徒数	前期課程 男子230名、女子248名 後期課程 男子229名、女子240名
1期生	2016年3月卒業
高校募集	なし
教育課程	3学期制／週5日制（土曜授業 年18回）／50分授業
入学情報（前年度）	・募集人員　男子80名、女子80名 計160名
	・選抜方法　報告書、適性検査Ⅰ・Ⅱ

東京
神奈川
千葉
埼玉

ことで、個々の進路に対応できるカリキュラムにしています。

特色は、学校が目標とする学力の水準を定めていることです。基礎・応用・発展の3段階での学習到達度を設定したものを「三鷹スタンダード」と称しています。生徒の到達度をきめ細かく分析することで、苦手分野は克服をめざし、得意分野はより伸ばすなど、個々に応じた指導が可能になります。数学や英語では習熟度別少人数授業を行い、放課後補習をはじめとするサポート体制も整えながら、教員、生徒が一丸となって目標達成に向けて努力しています。

また、「人生設計学」を導入し、リーダーとしての資質を養い「大学の先にある人としての在り方・生き方」を見据えたキャリア教育を展開しているのも特徴です。この「人生設計学」も前述のカリキュラム同様、3つのステージに分けて実施しています。

ICT教育や国際理解教育も充実

Q. ICT（情報通信技術）を活用した授業も充実していますね。

【藤野先生】 これまで東京都教育委員会から指定を受けた「ICTパイロット校」として、生徒全員がひとり1台タブレットPCを持ち、積極的に授業で活用していくことで、より主体的、能動的に学ぶ力を養ってきました。

教員が生徒の学力に応じて個別レポートを課したり、タブレットPCをとおして質問に答えたりするなど、生徒と教員の双方向のやりとりが活発に行われています。

昨年の新型コロナウイルス感染防止にともなう約3カ月におよぶ臨時休校期間においても、4月当初からすべての教員が遠隔会議システム（SkypeやZoomなど）を活用した学級活動やホームルーム活動、オンラインの遠隔授業が早期に実施できたことで、生徒が家庭にいながら学習を進展させただけでなく、本校への帰属意識を高め、家庭と連携して基本的生活習慣も改善できました。

これからも、反転授業の実践などに加え、進路指導や家庭学習においてもICTを積極的に活用していきます。

Q. 国際理解教育についてお話しください。

【藤野先生】 本校は「胸は祖国に

Pick up!

1 「人生設計学」で大学のさきにある自らの将来を見据え、自己実現をはかる

三鷹独自の「人生設計学」は「国際理解教育・思いやり」「キャリア教育」「課題学習」の3つの柱からなる体験型探究学習です。カリキュラム同様、3つのステージに応じたプログラムが展開されています。

たとえば、「キャリア教育」では、〈ファーストステージ〉は「社会を知る」として、職場見学・体験をとおして職業のあり方について理解を深めます。〈セカンドステージ〉は「学問を知る」として、大学や研究室を訪問し、どのような分野に興味があるかを考えます。〈サードステージ〉は「自己実現をはかる」段階で、自分の夢を具体化できる大学を選んでいきます。各ステージではまとめとして論文作成に取り組み、さらに発表会も行うため、プレゼンテーション能力やコミュニケーション能力が培われます。

上記を含めた多彩な取り組みはすべて「人生設計学」の一環としてとらえられており、それぞれが密接にかかわりあっています。これらをとおして、大学のさきにある将来を見据え、一人ひとりの自己実現をあと押ししています。

2 教科横断的な特色ある教育活動 独自の「文化科学」「文化一般」「自然科学」を設置

学校設定科目として、1～5年生で教科横断型の授業を設定しているのも特色です。「文化科学Ⅰ」（1年）では日常生活や読書活動を材料にスピーチを行い、読解力、表現力、コミュニケーション能力の基礎を養います。「文化科学Ⅱ」（4年）では社会福祉論や社会貢献論を学ぶとともに、模擬選挙などの主権者教育にも取り組んでいます。

5年生になると、さらに内容を発展させた「文化科学Ⅲ・Ⅳ」があり、そのほかにも、音楽や美術といった科目にこだわらず、芸術全般に関する基礎的な技能・表現力を学ぶ「文化一般」、数学と理科への興味・関心を高める「自然科学Ⅰ・Ⅱ」（2・3年）などの授業があります。

置き、眼は世界に注ぐ」人材の育成をはかるため、英語力の向上や国際交流に力を入れるとともに、日本の伝統文化理解教育も大切にしています。

英語力向上に関する取り組みとしては、英語の授業でのオンライン英会話があります。あるテーマについて30分間、海外のかたと1対1で会話をします。日本語はいっさい使わず、英語のみで行いますから、まさに英語のシャワーを浴びるかたちです。生徒は自分の意思を伝えようと身ぶり手ぶりも含めて一生懸命会話しており、そうした姿勢が英語の力を伸ばすことにもつながっていると感じます。

英検の受験も推奨し、毎年約8割が、3年で準2級以上に合格しています。そのほか、「プレゼンテーションデイ」など、「読む・書く・聞く・話す(やりとり・発表)」の5技能を伸ばす多彩なプログラムを実践しています。

英語を実際に使う場としては、5年次の台湾への修学旅行があります。滞在中に訪れる台湾の学校とは姉妹校提携を結んでいるため、彼らが日本を訪れ、本校で交流を深めることもあります。

また希望者には、海外からの大学生・大学院生を講師として、3日間英語漬けで過ごす「校内留学」や、アメリカ・シアトルでの「海外ボランティア研修」も用意しています。ボランティア研修では、現地の老人ホームを慰問して日本の伝統文化を紹介したり、環境保全活動に取り組んだりします。

遠足もひと味ちがったかたちで実施しています。1・2年では日本の農業や漁業に触れるため、田植えや酪農、漁などを体験します。3年は、東京スカイツリー周辺の下町を訪れている外国人観光客へのインタビューをとおして日本のよさを再認識し、4年は鎌倉、5年は横浜の歴史的名所を訪れ、日本の歴史に対する理解を深めます。6年になると集大成として、3人の本校生徒とひとりの留学生がグループになって、留学生に英語で東京を案内します。これらは国際理解教育と日本の伝統・文化理解をミックスさせた、本校ならではの取り組みです。

6学年が仲よく過ごす家庭的な校風が魅力

Q. 学校の雰囲気についてお教え

例年のおもな学校行事

4月	入学式　対面式
5月	校外学習（1・2年） 遠足（3～6年）
6月	合唱祭　防災訓練（4年）
7月	夏期講習（1～3・5年） 勉強合宿（4年）
8月	部活動合宿
9月	文化祭　体育祭
10月	海外修学旅行（5年）
11月	職場見学（1年）　職場体験（2年） 研修旅行（3年）
12月	勉強合宿（5年） 校内留学（1～3年）
1月	大学入学共通テストデータリサーチ
2月	適性検査
3月	卒業式 校内留学（1～3年） 海外ボランティア研修（3・4年）

ください。

【藤野先生】 2012年度に完成した校舎のもと、1年生から6年生までが仲よく過ごしています。

日々の学習では「三鷹スタンダード」の達成に向けて、大学受験では志望校の合格に向けて、みんなが団結して、助けあいながら目標を達成しようとするチーム意識が強い学校です。

学校行事や部活動でも、下級生は上級生を慕い、上級生は下級生の面倒を見るという光景が日常的にあり、学校全体に家庭的で温かな雰囲気が漂っています。

Q 2020年度に実施された大学入試改革への対応はいかがでしょうか。

【藤野先生】 新たな大学入学共通テストで問われる、ものごとを探究する力や教科横断的な学習力、プレゼンテーション能力やコミュニケーション能力などは、本校が教育目標として掲げる「社会的リーダー」になるために必要不可欠なものです。本校はこれらの力を育む教育を、すでに創立当時から行っている実績がありますから、大学入試改革にも柔軟に対応することができています。

小学生の段階で大学入試を意識した学校選びはなかなかむずかしいと思いますが、6年間をつうじて一貫した教育が行える中等教育学校は、プラス面が多いのではないかと感じます。本校では年間18回の土曜授業をすべて公開していますので、ぜひふだんの授業を見に来ていただきたいと思います。

Q 最後に、御校を志望する生徒さんへのメッセージをお願いします。

【藤野先生】 主体的で明るく、他者を思いやる心を持った生徒さんを待っています。

本校では体験することを大切にしているので、さまざまな体験の場を用意していますが、「与えられた体験」よりも、「自分で一歩踏みだしてチャレンジした体験」の方が得るものは多いと考えています。失敗をしても、それをつぎの一歩につなげていけばいいのです。

ですから、失敗をおそれずに、未知なるものにどんどんチャレンジしてほしいですし、そうした経験を積むなかで、世の中に貢献できる、社会的リーダーに育ってくれることを願っています。

募集区分 一般枠

入学者選抜方法 適性検査Ⅰ（45分）、適性検査Ⅱ（45分）、報告書

〔問題１〕 会話文の下線部にある計５枚の紙を使って正方形の形に並べる方法は、**図１**、**図２**で示された１通り以外に全部で何通りあるか答えなさい。また、そのうちの２通りの図を、次の例にならってかきなさい。

<解答らんの記入例>

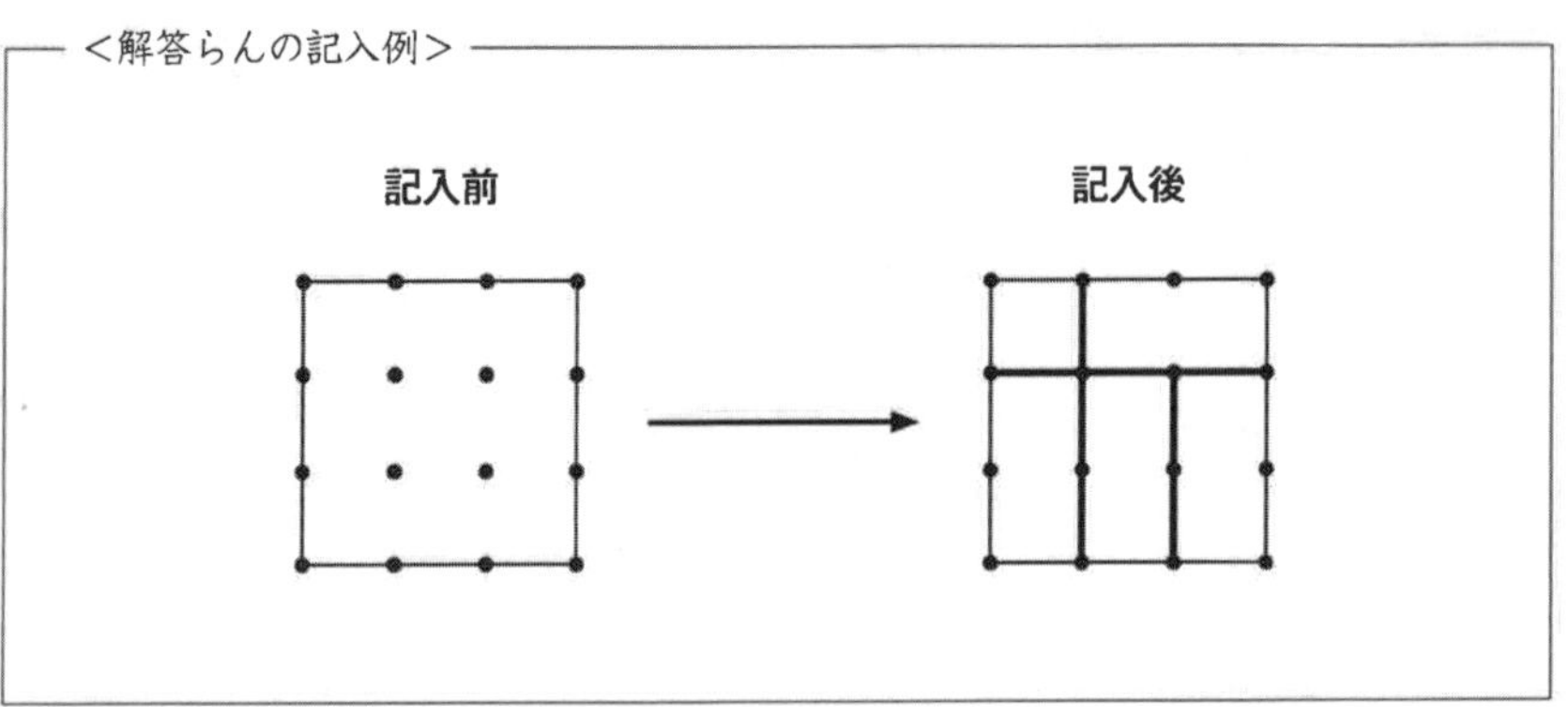

みつこさんと**たかお**さんは、次に、和算書が展示されているコーナーを見学しています。

みつこ：和算書というのはどういうものなのですか。
係　員：日本では江戸時代に和算と呼ばれる独自の数学が発展しました。その和算を研究してまとめた数学書のことです。
たかお：この和算書は図形について書かれているね。
みつこ：円の面積を求める問題がのっているよ。
たかお：円の面積は（半径）×（半径）×（円周率）で求められるね。
係　員：円の面積を、円周率を使わずに計算していた時代もありました。そのことについて書かれている書物をしょうかいしましょう。
たかお：ぜひ教えてください。
係　員：例えば、古代エジプトの数学書で、「リンドパピルス」というものがあります。その本では、「円の面積は、円の直径からその９分の１を引いた長さを１辺とする正方形の面積と等しい」としていたそうです。この方法で計算すると、円周率を約３.１４として、（半径）×（半径）×（円周率）で計算したときとはちがう結果が出てきます。
たかお：つまり円周率が約３.１４ではないということですか。
みつこ：円周率はいくつになるのだろう。
たかお：円周率がいくつになるのかを確認する方法はないかな。
みつこ：直径を決めて計算したらどうかな。

〔問題２〕 直径を決めて、会話文の波線部にある円の面積の求め方から、円周率がいくつになるのか求めなさい。また、求め方を言葉と計算式を使って説明しなさい。ただし、計算した円周率は小数第三位を四捨五入して小数第二位まで求めること。

POINT
課題や資料を正しく分析する
会話文の意味を正しく理解し、必要な条件を読み取って「解答の道すじ」を探す問題で、算数の力が試されます。

POINT
条件をもとに論理的考察力をみる
条件に合わせて直径を決め、規則性を見出し、筋道を立てて判断する力など、論理的な思考力が試されています。

2021年度　東京都立三鷹中等教育学校　適性検査Ⅱ（独自問題）より

1　**みつこ**さんと**たかお**さんは、自由研究の題材を探しに、博物館に行き、和風建築について展示されているコーナーを見学しています。

みつこ：畳の部屋がたくさんあるね。
たかお：本当だ、大広間や小部屋もある。
みつこ：私の家の畳は長方形だけれど、正方形の畳もあるよ。
たかお：部屋の大きさや形に合わせて、使う畳の種類や枚数、並べ方を変えているね。

みつこさんと**たかお**さんは、畳の並べ方について**係員**に聞いてみることにしました。

係　員：この部屋のゆかの形は正方形です。そこに正方形の畳１枚と、長方形の畳４枚を並べています。
長方形の畳は正方形の畳２枚分の大きさです。（**図１**）
みつこ：この部屋の広さのことを４畳半というのですよね。
係　員：そうです。４畳半の正方形の形をしたゆかに畳を並べる方法は他にもあります。
たかお：どんな方法があるか考えてみるのはおもしろそうですね。
みつこ：紙を使って調べられないかな。
係　員：ここに<u>縦の長さが１０ｃｍ、横の長さが２０ｃｍの長方形の紙が４枚と、１辺の長さが１０ｃｍの正方形の紙が１枚</u>あります。
みつこ：この５枚の紙を使って正方形の形に並べる方法は全部で何通りあるのかな。
たかお：実際に紙を並べて考えてみよう。
みつこ：私たちが考えた並べ方（**図２**）は、２本の対角線が交わった点を中心にして回転させると展示されている畳の並べ方（**図１**）と同じだね。

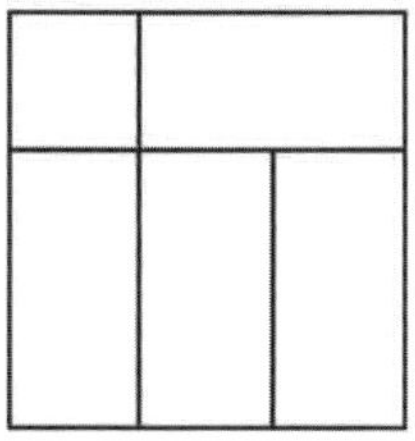

図１

図２

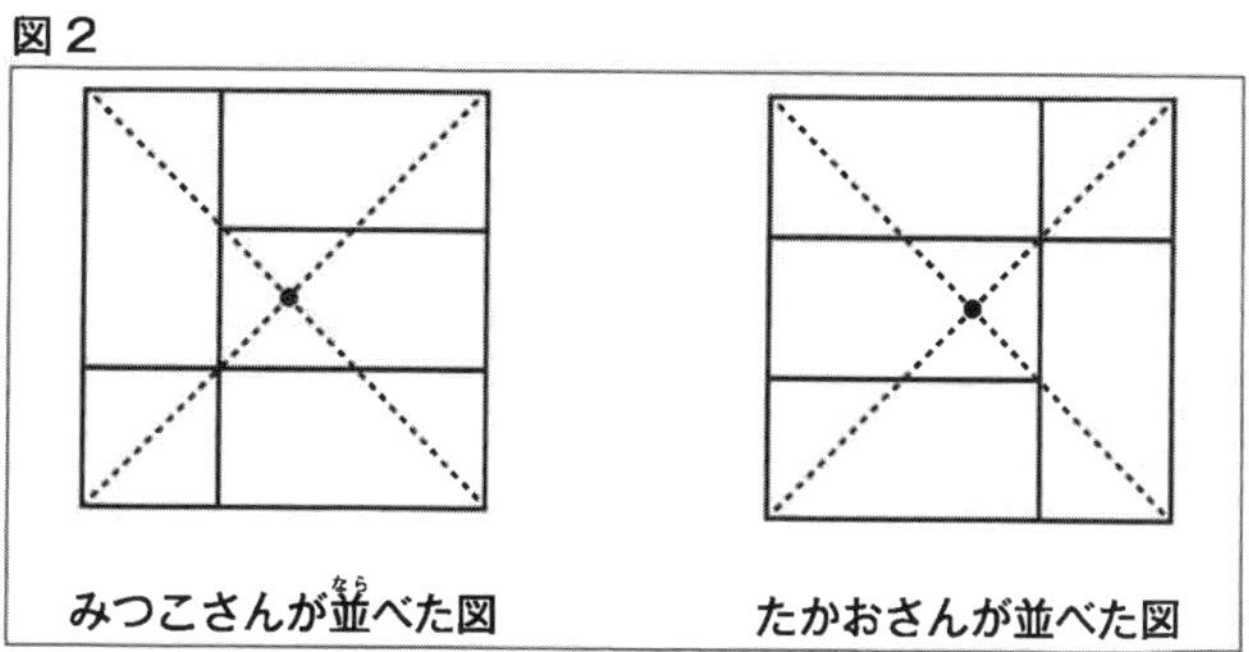

みつこさんが並べた図　　**たかおさんが並べた図**

たかお：５枚の紙を使って正方形の形に並べるときに、２本の対角線が交わった点を中心にして回転させるとぴったり重なる並べ方は同じ並べ方と考えることにしよう。他に並べ方はないかな。

解説

都立三鷹中等教育学校では、適性検査Ⅰ・Ⅱと報告書の成績を換算して合否を決めます。

適性検査Ⅰは100点満点を換算して300点満点とします。適性検査Ⅱも100点満点ですが換算して500点満点とします。報告書は680点満点を200点満点に換算します。合計1000点満点の総合成績で合否を判断します。適性検査Ⅱの比重が大きくその半分を占めるわけです。ただし、詳細は９月に発表されますので、かならず確認してください。

独自問題の適性検査Ⅰでは、文章を深く読み取り、さらに、自分の考えをわかりやすく伝える表現力をみます。この春は出題傾向が大きく変わり、文章と詩という構成に。問題も例年は２文それぞれについての読解と作文でしたが、今春は文章と詩の両方を読み、共通する点の読解と作文という形式でした。作文は１題に減った分、字数が325字以上350字以内へと長くなりました。

適性検査Ⅱでは、国語・算数・社会・理科の考え方を組みあわせた出題で、課題や資料の内容を正しく分析し、論理的に思考・判断し、問題を解決していく力をみます。大問①が独自問題、大問②③は共同作成問題です。

東京都立 南多摩（みなみたま）中等教育学校

■中等教育学校
■2010年開校

「心・知・体」の調和のとれた人間教育

東京都立南多摩中等教育学校は、2019年度より文部科学省から「WWLコンソーシアム構築支援事業」の拠点校として指定を受け、全国から注目されている学校です。さらに、東京都教育委員会から2本の指定を受け、多様な教育活動を展開しています。

永森（ながもり） 比人美（ひとみ） 校長先生

さまざまな力を育む手厚い6年間

Q 御校の教育目標についてお教えください。

【永森先生】教育目標には「心・知・体の調和」から生まれる人間力を大切にした教育を行っていくことを掲げています。教員たちは「基礎力のある生徒集団」から「突破力のある生徒集団」へ変革すべく、「やりきらせる」という教育上のキーワードをふまえて生徒の夢の実現を応援しています。

Q 御校の6年一貫教育の特徴をお話しください。

【永森先生】中高の6年間を3期に分け、1・2年を「基礎・基本期」、3・4年を「充実伸張期」、5・6年を「応用達成期」として、発達段階に応じた教育活動を展開しています。また、発展的な学習を行うとともに、総合的な探究の時間ではフィールドワーク活動をとおして、思考力、判断力、表現力を基盤とした創造力を育んでいきます。高校受験はありませんが、3年生の夏には接続テストを実施し

学校プロフィール

開　校	2010年4月
所在地	東京都八王子市明神町4-20-1
TEL	042-656-7030
URL	http://www.minamitamachuto-e.metro.tokyo.jp/
アクセス	京王線「京王八王子」徒歩3分、 JR中央線「八王子」徒歩12分
生徒数	前期課程 男子234名、女子243名 後期課程 男子219名、女子240名
1期生	2016年3月卒業
高校募集	なし
教育課程	3学期制／週5日制（土曜授業年18回）／50分授業
入学情報（前年度）	・募集人員　男子80名、女子80名 計160名
	・選抜方法　報告書、適性検査Ⅰ・Ⅱ

東京
神奈川
千葉
埼玉

ます。中学生として身につけるべき基礎内容を習得しているか確認し、基準に達していない場合は、クリアテストなどを実施して補っていきます。

後期課程の4・5年生は共通履修で学び、キャリア教育を軸としたさまざまな活動をとおして、自分に合った進路を見つけていきます。6年生では、進路に即した選択科目を設定し、進路実現に向け、より高度な学習に取り組みます。進度は速いですが、けっして無理な先取り学習を行うわけではありません。高校受験がない分のゆとりをいかし、基礎力の定着と発展的な学習に時間を費やしています。

また、長期休業や放課後に多くの補習・補講が開かれます。卒業生をチューターとして迎え、放課後に自学自習の支援を行う制度もあり、個の学習到達度に合わせたサポートを行っています。

Q. 御校は、東京都教育委員会から「英語教育推進校」と「Society5.0に向けた学習方法研究校」の指定を受けていますが、それぞれどのようなプログラムがありますか。また、文部科学省から指定を受けた「WWLコンソーシアム構築支援事業」の拠点校としての取り組みについてもお教えください。

【永森先生】 本校では、フィールドワーク活動を中核においた探究学習をとおして、さまざまな事象を多面的・多角的にとらえ、情報を整理し、自分の考えをまとめて発信する力を生徒一人ひとりが身につけられるよう取り組んでいます。2020年度には、本校で実践する探究学習をすべての教員が指導できるよう、独自の探究テキストを作成しました。探究学習の質を高める外部ティーチングアシスタント等も導入しています。

卒業生では太鼓部の生徒が、探究学習である「ライフワークプロジェクト」で取り組んだ論文「和太鼓のバチの寿命予測」で日本学生科学賞東京都大会の奨励賞を受賞し、これをもとに東京大学への推薦合格を果たしました。高校生活で打ちこんだ自らの興味・関心と研究主題、そしてそれが進路・将来へとつながり、まさしく「ライフワークプロジェクト」を体現した例といえます。

「英語教育推進校」では、授業でのレシテーションコンテスト、

Pick up!

1 気づき（課題発見力）を大切にするフィールドワーク活動

５年間をとおして、大学進学後も研究論文を書くことができるスキルを育成します。

１年生で八王子の街を中心とした地域学習をスタートし、２年生でものづくりや伝統工芸の取材・研究、３年生では科学的検証活動を行います。

４・５年生では、１～３年生で身につけた力をいかして個人での研究に取り組み、それを論文に著すことに挑みます。各人がゼミに属し、自ら立てた「問い」に「仮説」を立て、それを立証するという仮説検証型論文という本格的な取り組みです。

３月には、各学年で外部の方を多数招いて、成果発表会を開催します。

フィールドワーク活動（南多摩中等教育学校の探究活動）では、「気付き（課題を発見する力）」「情報収集・整理・分析する力」「論理的に思考する力」「発信する力」「評価する力」を培います。創造力に富んだ、未来に活躍するリーダーの資質を養うためです。

スピーチコンテスト、ディベート、４年生の夏にはオーストラリアへの海外研修旅行、外部の４技能試験の受験、グローバルスカラーズ（※１）を実施します。放課後に、英字新聞からテーマを選んでネイティブスピーカーと討論などを行うReading and Discussion講座も特色ある活動のひとつです。

「Society5.0に向けた学習方法研究校」では、２０１９年度まで指定されていたＢＹＯＤ事業で導入されているＷｉ－Ｆｉ環境をさらに整備し、ＩＣＴ機器や生徒自身のタブレット等の端末、学習支援クラウドサービス等を活用しています。対面授業とオンライン学習を融合した南多摩独自のブレンド型学習を構築し、より深い学びの場を提供しています。

また、文部科学省から拠点校として指定された「ＷＷＬ（ワールド・ワイド・ラーニング）コンソーシアム構築支援事業」（※２）では、２０１９年度に10拠点（現在28拠点）の内のひとつとして指定され、昨年度はコロナ禍においてもオンラインを活用し、企業や大学等外部機関との連携を強めるとともに、海外の高校との交流を進めてきました。文理融合のカリキュラムを開発・実動し、生徒が柔軟な発想力を用いて社会的課題を解決できる力を育成、探究学習の深化をはかっています。

生徒のキャリアにつながる多様な活動の数々

Q. ほかの特色ある教育活動にはどのようなものがありますか。

【永森先生】 保健体育の授業では、２０１８年度から１年生全員のダンスの８時間の授業のなかで「東京五輪音頭２０２０」を用いています。２０１８年度は３名のオリンピアン、パラリンピアンを迎えて体育館で授業の成果発表を行い、東京都教育委員会からオリンピック、パラリンピックアワード校として表彰を受けました。

また、保健体育の授業と関連して、産婦人科医等を講師に招き、「性に関する教育」を行うとともに、ＮＰＯ法人に協力を依頼し「多様な性」についても学習します。「生き方、在り方」に立脚した講演をとおして人権尊重についても学びます。

Q. キャリア教育はどのようなことを行いますか。

※１　世界の10歳から13歳までの生徒を対象にした、Skypeを使っての交流活動
※２　イノベーティブなグローバル人材を育成するため、高校などと国内外の大学、企業、国際機関が協働し、高校生へより高度な学びを提供する仕組みをつくり、そのネットワークを広げていくもの

例年のおもな学校行事

4月	入学式　遠足（5、6年） 宿泊防災訓練（4年）
5月	体育祭
6月	合唱祭
7月	オーストラリア研修旅行（4年）
8月	夏期講習
9月	文化祭 レシテーションコンテスト（1、2年）
10月	宿泊研修（1、3年）　関西研修旅行（2年） TGG（TOKYO GLOBAL GATEWAY）研修（5年）
11月	奉仕活動（4年）　職場体験（2年） 東京都立大学訪問（3年） スピーチコンテスト（3年）
12月	冬期講習
1月	百人一首大会（1、2年）
2月	マラソン大会（1～5年）
3月	TGG研修（3年）　成果発表会

【永森先生】前期課程では職業観や大学での学問についての理解を深め、将来どのように社会に役に立つことができるか体験や講話をとおして考えます。

後期課程ではフィールドワーク活動のほか、東京大学や京都大学など研究室訪問をはじめとする本校の特色ある学習機会をとおして、学びたい分野をしぼっていきます。探究学習とキャリア教育を連動させ、本校で育んだ探究力と、10年後、20年後の各自のキャリアとをつなげてくれる大学、研究開発型の大学への進学をめざします。

Q. 学校行事や部活動についてお話しください。

【永森先生】人間力を磨く土台として、学校行事は欠かせません。例年、1年生から6年生が協力してつくりあげる行事として、南魂祭という三大行事（体育祭、合唱祭、文化祭）を行っています。これらをとおして人間関係調整力、克己心、思いやりの気持ちを育んでいます。

部活動も同様です。スポーツでは、なぎなた部が、文化部では太鼓部、南多摩フィルハーモニー部が全国大会に毎年出場しており、とくに太鼓部は2019年度の全国大会で優勝、なぎなた部は2021年関東大会個人の部で優勝を果たしています。ほかにも陸上競技部は関東大会、全国大会に出場しており、科学部、美術部も東京都教育委員会表彰をはじめ数々の賞をいただいています。部活動をとおしても、生徒は人間力にいっそうの磨きをかけているのです。

Q. 最後に読者にメッセージをお願いします。

【永森先生】素直で明るく意欲の高い生徒たちが、日々切磋琢磨しています。教員はそれに応え、質の高い教育を展開しています。卒業生が「自分の夢の実現のために受験は乗りきりましたが、それ以上に支えてくれた先生がたに恩返しをするために燃えつきるほどに勉強しました」と語るように、生徒と教員が固いきずなで結ばれた文武両道の学校です。

また、WWLコンソーシアム構築支援事業・拠点校の指定を受け、生徒の「AGENCY」の育成に力を入れ、生徒が積極的かつ自主的にさまざまな取り組みを行うようになりました。日本の教育を牽引する存在へと成長している学校です。

太　郎：つつに使う２個の磁石の**N**極と**S**極の向きを変えると、**図6**のように㋐～㋓の４種類のえん筆がついたつつをつくることができるね。

図6　４種類のつつ

㋐のつつ	㋑のつつ	㋒のつつ	㋓のつつ
NS　NS	SN　SN	NS　SN	SN　NS

花　子：㋐のつつを浮かせてみましょう。

太　郎：鉄板を上から見たとき、**図7**の**ア**や**イ**のようにすると、**図5**のように㋐のつつを浮かせることができたよ。

図7　上から見た㋐のつつと、鉄板に置いた４個の磁石の位置と上側の極

ア
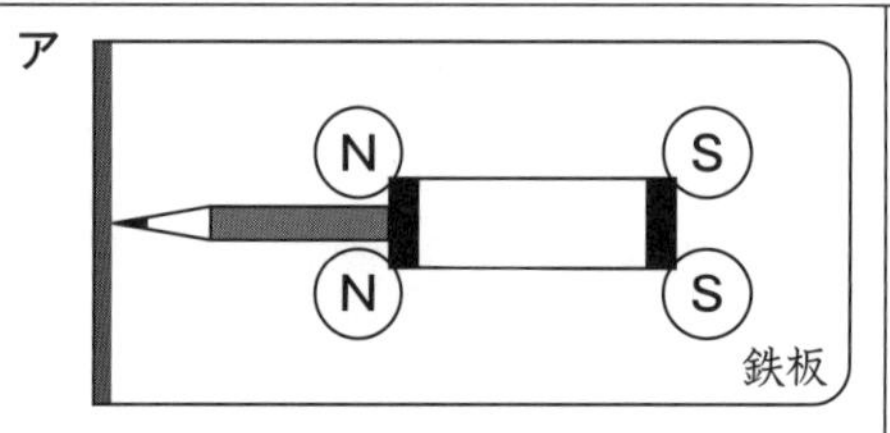

イ
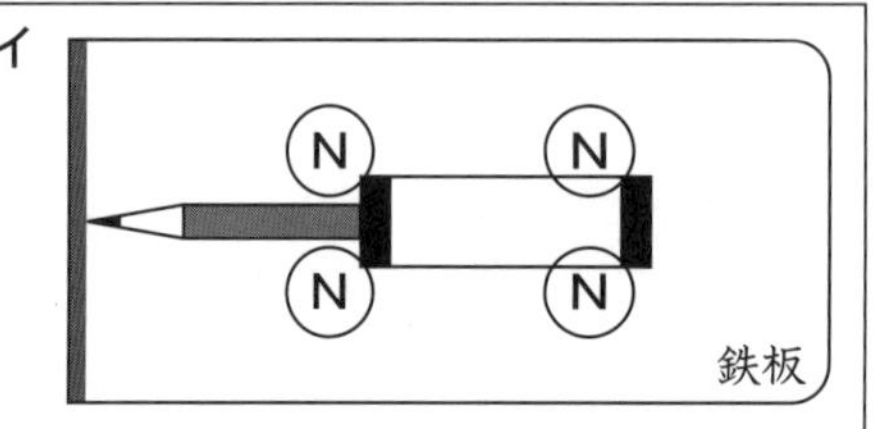

花　子：㋐のつつを浮かせる方法として、**図7**の**ア**と**イ**の他にも組み合わせがいくつかありそうだね。

太　郎：そうだね。さらに、㋑や㋒、㋓のつつも浮かせてみたいな。

〔問題１〕（１）　**実験１**で**図7**の**ア**と**イ**の他に㋐のつつを浮かせる組み合わせとして、４個の磁石をどの位置に置き、上側をどの極にするとよいですか。そのうちの一つの組み合わせについて、解答らんにかかれている８個の円から、磁石を置く位置の円を４個選び、選んだ円の中に磁石の上側が**N**極の場合は**N**、上側が**S**極の場合は**S**を書き入れなさい。

（２）　**実験１**で㋓のつつを浮かせる組み合わせとして、４個の磁石をどの位置に置き、上側をどの極にするとよいですか。そのうちの一つの組み合わせについて、（１）と同じように解答らんに書き入れなさい。また、書き入れた組み合わせによって㋓のつつを浮かせることができる理由を、㋐のつつとのちがいにふれ、**図7**の**ア**か**イ**をふまえて文章で説明しなさい。

POINT

資料を分析し考察する力をみる

実験のなりたちを理解し、的確に解答を導きだす力をみます。今回の入試問題のなかでは得点しておきたい問題です。

POINT

論理的に処理する力をみる

テーマを吟味（ぎんみ）して考察を進める問題です。資料から手順を読み取り、課題に対して論理的に思考・判断する力をみます。

募集区分　一般枠

入学者選抜方法　適性検査Ⅰ（45分）、適性検査Ⅱ（45分）、報告書

2021年度　東京都立南多摩中等教育学校　適性検査Ⅱ（共同作成問題）より

3　**花子**さん、**太郎**さん、**先生**が磁石について話をしています。

花　子：磁石の力でものを浮かせる技術が考えられているようですね。

太　郎：磁石の力でものを浮かせるには、磁石をどのように使うとよいのですか。

先　生：**図1**のような円柱の形をした磁石を使って考えてみましょう。この磁石は、一方の底面が**N**極になっていて、もう一方の底面は**S**極になっています。この磁石をいくつか用いて、ものを浮かせる方法を調べることができます。

図1　円柱の形をした磁石

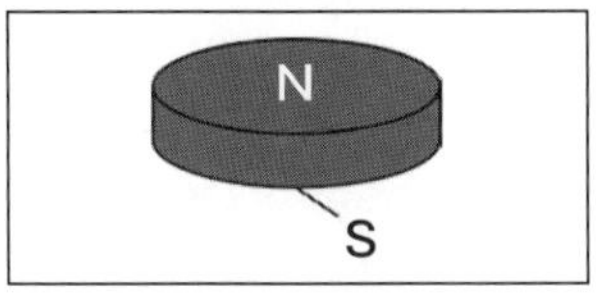

N
S

花　子：どのようにしたらものを浮かせることができるか実験してみましょう。

二人は先生のアドバイスを受けながら、次の手順で**実験1**をしました。

実験1

手順1　**図1**のような円柱の形をした同じ大きさと強さの磁石をたくさん用意する。そのうちの1個の磁石の底面に、**図2**のように底面に対して垂直にえん筆を接着する。

手順2　**図3**のようなえん筆がついたつつを作るために、透明なつつを用意し、その一方の端に手順1でえん筆を接着した磁石を固定し、もう一方の端に別の磁石を固定する。

手順3　**図4**のように直角に曲げられた鉄板を用意し、一つの面を地面に平行になるように固定し、その鉄板の上に4個の磁石を置く。ただし、磁石の底面が鉄板につくようにする。

手順4　鉄板に置いた4個の磁石の上に、手順2で作ったつつを**図5**のように浮かせるために、えん筆の先を地面に垂直な鉄板の面に当てて、手をはなす。

手順5　鉄板に置いた4個の磁石の表裏や位置を変えて、つつを浮かせる方法について調べる。ただし、上から見たとき、4個の磁石の中心を結ぶと長方形になるようにする。

図2　磁石とえん筆

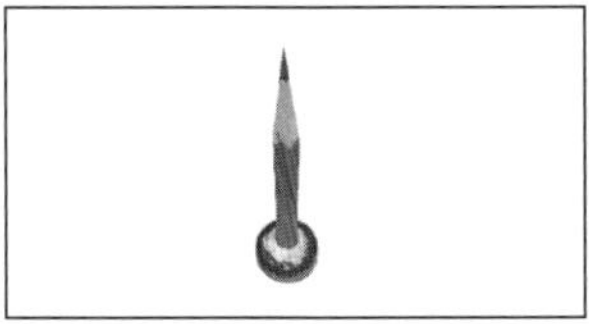

図3　えん筆がついたつつ

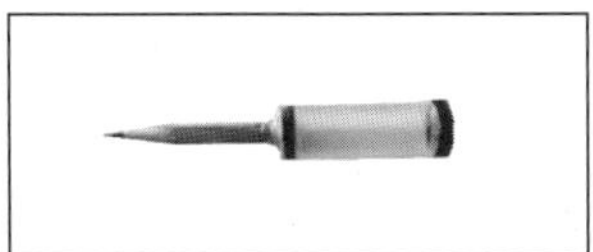

図4　鉄板と磁石4個

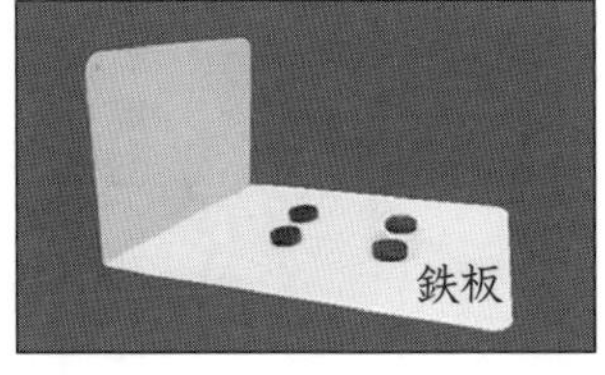

図5　磁石の力で浮かせたつつ

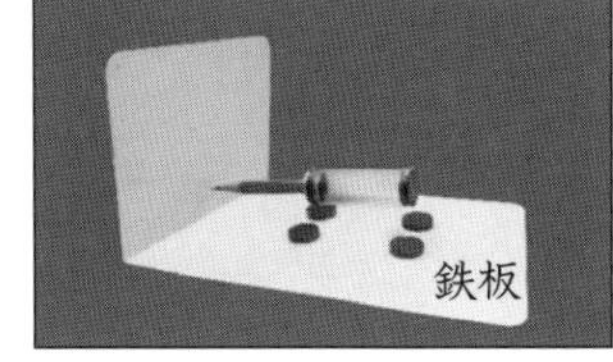

解説

都立南多摩中等教育学校では、適性検査Ⅰ・Ⅱと報告書の換算が複雑です。

適性検査Ⅰは100点満点、適性検査Ⅱは100点満点を換算して200点満点、これを合わせて300点満点とし、さらに合わせて800点満点に換算します。報告書は320点満点ですが換算して200点満点とし、総合成績は、これらを合わせて1000点満点で評価しています。適性検査Ⅱは、Ⅰの2倍の重みがあります。ただし、来年度入試の詳細は9月に発表されます。

独自問題の適性検査Ⅰでは、与えられた文章を深く読み取り、課題に対して自己の経験や体験に基づき、自らの考えや意見を明確かつ論理的に表現する力をみます。いつも作文の字数が多い〔最終問題〕は、今回は300～400字以内の作文でした。残念ながら著作権保護の観点から、適性検査Ⅰをここにご紹介することができません。同校HPにてご確認ください。共同作成問題の適性検査Ⅱでは、具体的資料を深く読み取り、分析・考察する力や、課題に対して思考・判断し的確に処理する力をみます。また、身近にある事象に対して興味・関心を持ち、自然や社会現象を調べ考察する力もみます。

東京都立 **武蔵（むさし）高等学校附属中学校**

■併設型
■2008年開校

中高一貫の6年間で育てる 国際社会に貢献できる知性豊かなリーダー

南（みなみ） 和男（かずお） 校長先生

伝統ある東京都立武蔵高等学校の附属校として、2008年に産声をあげた武蔵高等学校附属中学校は、中高一貫の6年間を有効に使ったカリキュラムと進路指導で未来のリーダーを育てます。

幅広い教養教育で未来のリーダーを育成

Q 御校の沿革および、教育理念についてお話しください。

【南先生】東京都立武蔵高等学校に附属中学校が設置されたのが2008年度です。開校から13年目を迎え、今年、8期生が卒業しました。

教育理念として、幅広い教養教育の上に問題解決能力を育成するということを掲げています。

そして、都立武蔵高の理念を継承するかたちで「豊かな知性と感性」「健康な心と体」「向上進取の精神」の3つの教育目標があります。

こういった教育理念、目標のもとで、「国際社会に貢献できる知性豊かなリーダー」を育てていきたいと考えています。

Q 御校のカリキュラムの特徴をお教えください。

【南先生】本校は併設型ですので、都立武蔵高と連動して年間行事を組んでいます。また、中・高ともに発展的学習を取り入れていて、

学校プロフィール

開校	2008年4月
所在地	東京都武蔵野市境4-13-28
TEL	0422-51-4554
URL	http://www.musashi-fuzoku-c.metro.tokyo.jp/
アクセス	JR中央線・西武多摩川線「武蔵境」徒歩10分、西武新宿線「田無」・西武池袋線「ひばりヶ丘」バス
生徒数	男子187名、女子212名
1期生	2014年3月高校卒業
高校募集	なし（2021年度より高校募集停止）
教育課程	3学期制／週5日制／50分授業
入学情報（前年度）	・募集人員　男子80名、女子80名　計160名
	・選抜方法　報告書、適性検査Ⅰ・Ⅱ・Ⅲ

上位学年の内容を先取りで学習します。たとえば数学などでは、高2の2学期でおおむね高2の内容を終え、3学期から高3の分野や問題演習に入ります。

授業では、将来の難関大学進学にも対応した教養教育を進め、実践的で発展的な内容を多く取り入れるとともに、中学では地球規模の環境問題や社会問題を考える「地球学」という講座を設定しています。

また、高校では、道徳・奉仕・キャリアの一体化を大きな柱とし、地球上の諸課題を見出し、持続的な課題解決の方法と国際社会への貢献を模索する探究活動を展開しています。

Q. 2021年度から高校募集が停止されました。それによって、1学年の募集人員やクラス編成はどう変わりましたか。

【南先生】 これまでは1学年120名を40名ずつ3クラスに分けていましたが、高校募集の停止によって2021年度入試からは、1学年の募集人員を160名に変更、クラスも40名ずつの4クラスになりました。男女の比率はこれまでと変わらず、おおむね半々となっています。

さらに高3から類系制で選択科目を設定し、理系の大学・学部を志望する生徒は理系科目を多く選び、文系の大学・学部を志望する生徒は文系科目を多く選ぶというかたちで分かれていきます。

Q. 習熟度別授業や補習、土曜授業などは行われていますか。

【南先生】 3学年とも国語の一部と数学、英語で1クラスを2展開した少人数・習熟度別授業を実施しています。

補習は考査や小テストのあとなどに行いますが、毎朝始業前の10分間は朝学習・朝読書を行っています。その時間に自分に必要な学習ポイントをチェックしたり、選んだ本を読んだりしています。

そして、本校では各教科でポートフォリオ課題をつくり、これに基づいた各単元ごとの水準を教師が各生徒にしめしています。定期考査でクリアできなかった場合には、課題や補講などで、学習のつまずきをできるだけ速やかに補充指導しています。

土曜日は年間で10回程度授業があります。

土曜授業は午前中4時間で、生

Pick up!

1 教材はさまざま 環境問題や社会問題を学ぶ「地球学」

武蔵のユニークな取り組みのひとつに「地球学」があります。総合的な学習の時間を使い3年間で体系的に行われるもので、自然・人間・社会にかかわる内容を総合的にあつかい、さまざまな問題への解決法などを学びます。対象は「地球」に関することなので、森羅万象いろいろなことがらがテーマです。

中1では基礎講座として講義形式が中心となりますが、中2ではグループ研究になり、ディベート形式の学習に取り組むこともあります。

中3ではこれまでの学習をふまえて個人で研究テーマを設定し学習します。たとえば、近隣の雑木林で生物観察をしたり、身近にいる魚の解剖など、ほんとうにいろいろなものごとを教材にして学んでいきます。

中3までにたくさんの知識を得て、高校からはそれをふまえて、自分はなにができるのかを考え、実践していきます。

中3の3月にはこれまでの集大成として地球学発表会を実施します。

2 勉強の習慣づけや大学入試対策 節目で行われる行事

武蔵には中1のサマーキャンプを筆頭に、さまざまな宿泊行事があります。これらの宿泊行事をとおして生徒は学習習慣を身につけ、生徒同士のきずなを深め、大学入試へ向けた学力を養成していきます。

中1のサマーキャンプでは、体験学習や、キャンプファイヤーなどが行われ、自然のなかでクラスの友好を深めます。中2では農家に宿泊して田植えなどの農作業体験をする「結い」農業体験学習があります。中3の修学旅行では、京都・奈良の文化遺産に触れ、伝統文化を学びます。また、班別行動の計画を立て、実践することで自主自律の態度を養います。

高1ではスプリングセミナーがあります。これは、高校からの学習についての習慣をつける場として用意されたものです。

高2のウィンターセミナーは4日間で行われます。これは難関大学対策の学習で、この期間中に自分の限界まで挑戦することで真の学力を伸ばすことが目的です。

徒は全員参加します。高校の教師が中学生に教えるなどいろいろなかたちがあり、特設単元を設定して中学で学んでいることを発展させたものとなっています。なお、2022年度から新しい教育課程を検討しています。

また、放課後等には国・数・英を中心に講習を行っています。それまでの学習の補習的なものと発展的なものの両方があり、さらに希望制と指名制の講習があります。

中3生には、中だるみを防ぐ目的で、夏休みに課題テストも兼ねて外部の模擬試験を行っています。高校から入ってくる生徒がどのくらいのレベルの問題を乗り越えてきているかということを実感してもらうのと、学年としてどのあたりの学習が足りないかをチェックして、2学期にその部分をフォローしていくためというふたつの意味があります。

キャリアデザインは6年を3段階に分ける

Q. 進路・進学指導についてお教えください。

【南先生】本校としては、授業や行事などすべてがキャリア教育につながっていると考えており、具体的な進路指導としては、6年間を「基礎力養成期」（中1・中2）、「充実期」（中3・高1）、「発展期」（高2・高3）の3つに分けてキャリアデザインを行っていきます。

まず「基礎力養成期」から「キャリア・パスポート」や「学級活動ノート」を、6年間さまざまな機会に活用していきます。また、職業調べ、職場体験、「結い」農業体験など、自分の興味・関心はどこにあるかを知ることをおもな目的としています。

「充実期」は、蓄積されたキャリア・パスポートを使いながら、大学教授や企業人、卒業生などを招く進路講演会、大学へのキャンパス訪問などをつうじて自分の得意分野を見つけたり大学や学部を知ったりします。

そして「発展期」では、それまでの4年間をもとに、進路を選び取っていきます。

専門の講師による進路ガイダンスや模擬試験とその分析会、難関大学対策のためのウィンターセミナー、大学入学共通テスト対策などを頻繁に行い、生徒が希望する

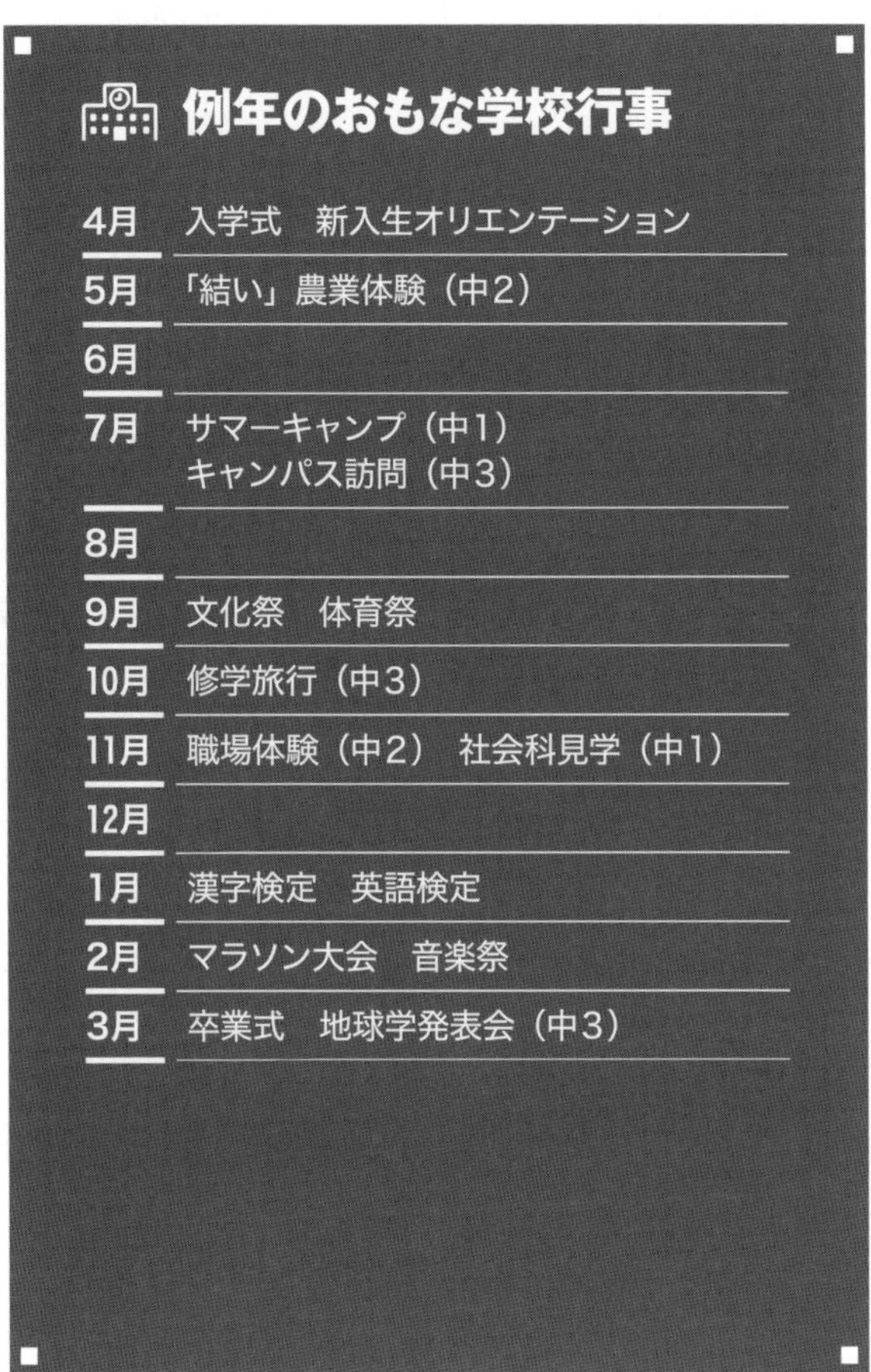

例年のおもな学校行事

4月	入学式　新入生オリエンテーション
5月	「結い」農業体験（中2）
6月	
7月	サマーキャンプ（中1） キャンパス訪問（中3）
8月	
9月	文化祭　体育祭
10月	修学旅行（中3）
11月	職場体験（中2）　社会科見学（中1）
12月	
1月	漢字検定　英語検定
2月	マラソン大会　音楽祭
3月	卒業式　地球学発表会（中3）

進路を選び取れるようバックアップしていきます。

近年、国公立大学や難関私立大学への合格実績が大きく伸びているのは、こういった取り組みの成果だと思います。

中・高合同の３大行事 部活動も非常にさかん

Q.学校行事や部活動についてお話しください。

【南先生】本校には「武蔵祭」と呼ばれる３大行事があります。

第１は文化祭です。中学は学習成果の発表を行っています。中１はサマーキャンプ、中2は「結い」農業体験、中３では修学旅行の事前学習の発表をしたり、文化部に加入している生徒は、部ごとの発表にも参加します。

第2が体育祭です。中・高合わせて開催しており、中学生の種目は中学生の体育祭実行委員が、高校生の種目は高校生の実行委員が考えます。中・高ともに行う種目もあり、高校生と中学生が相談しながらつくりあげていますね。

第３は音楽祭です。中・高合同で、中学生は高校生が歌うのを聞いて感心していますね。総合優勝は高校全クラスのなかから決まります。

部活動も非常にさかんで、兼部を含めて中学生の加入率が１００%を超えています。他校の中学生は中３の夏休みぐらいで引退だと思いますが、本校は併設ですので、中３の後半からは長期体験入部として高校の方で部活動をすることができます。

Q.最後に受検生に向けて、適性検査についてのアドバイスと、メッセージをお願いします。

【南先生】適性検査というのは、小学校での日常の学習をもとにして、そのうえで、図表などの資料から読み取ったことを自分の考えとして筋道立てて表現する問題が多いので、まず小学校の勉強を大切にしましょう。そして、日常で図表などの資料を見たときに、そこから自分の考えを書いて表現してみましょう。

受検生へのメッセージとしては、好奇心旺盛で人や世の中のことを考えようとする生徒さんに来ていただきたいと思います。さきほどの適性検査の部分でも触れましたが、ふだんからいろいろなことを考え、文章に表現する習慣をつけてみてください。

東京都立
武蔵高等学校附属中学校

一般枠
適性検査Ⅰ（45分）、適性検査Ⅱ（45分）、適性検査Ⅲ（45分）、報告書

図5　電灯⑧の位置がCのとき

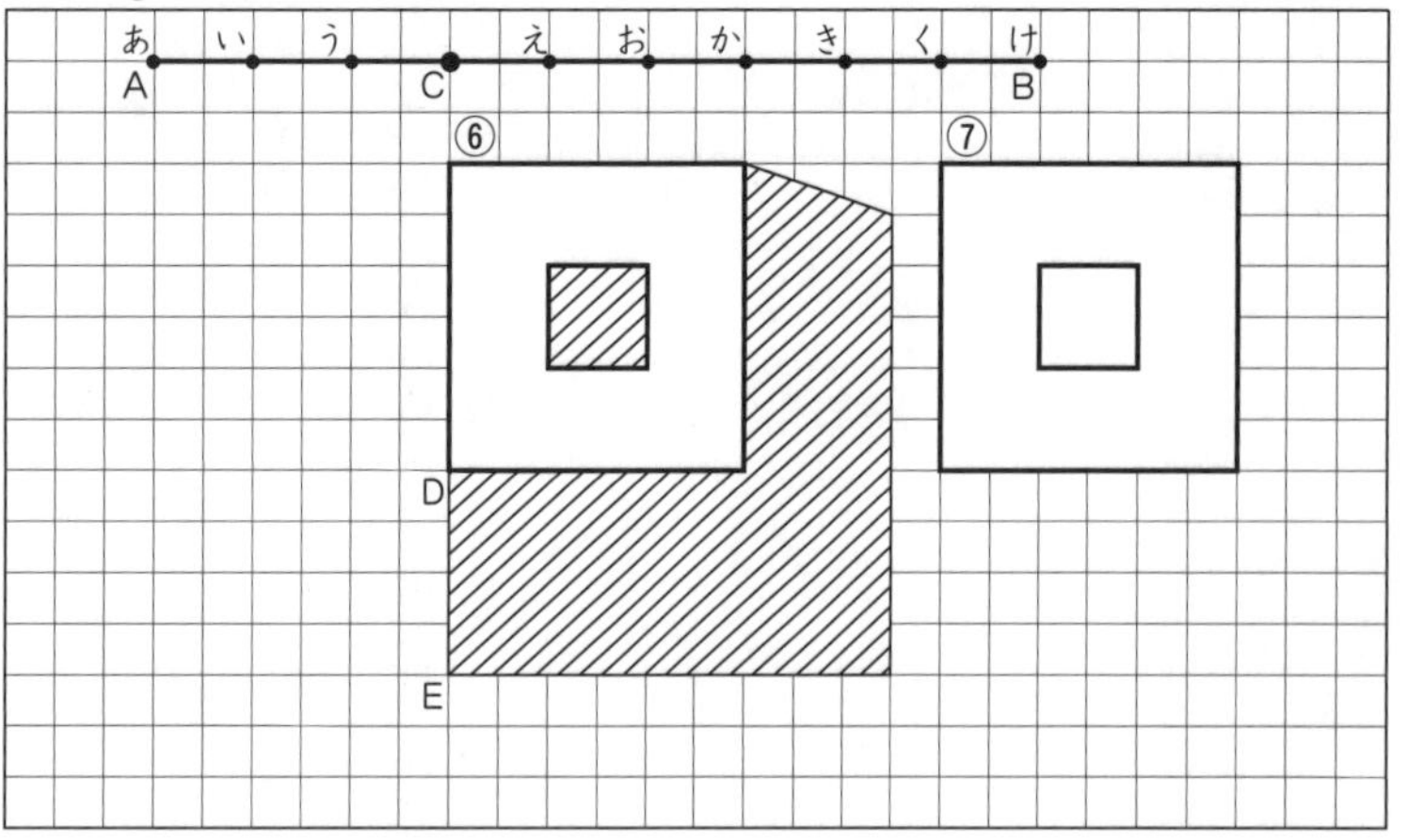

なつよ： C地点に電灯があると立体⑥がつくるかげの長さ（DE）が20cmになったよ。

あきお： 電灯⑧の高さは60cmで、レールと立体⑥は10cmはなれているね。

はるき： あれ、C地点からかげの先端(せんたん)Eまでの長さと、電灯⑧の高さが同じ長さになっているね。また、かげの長さと、立体⑥の高さも同じ長さになっているよ。電灯⑧の位置Gからかげの先端Eを結ぶと直角三角形になるね。

図6

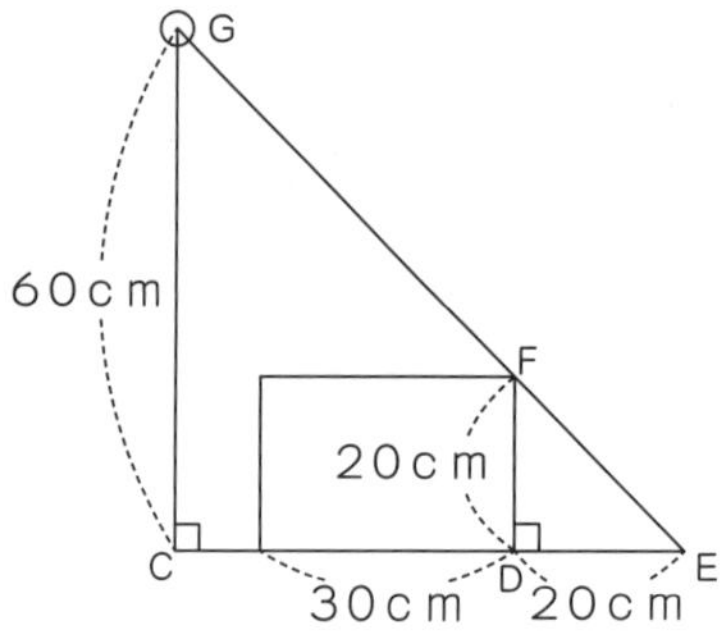

G
60cm
F
20cm
C
D
E
30cm
20cm

ふゆみ： 直角三角形EDFを3倍に拡大(かくだい)すると直角三角形ECGになるね。また、電灯⑧の高さは立体⑥の高さの3倍になっているよ。電灯の高さと立体の高さの比が直角三角形EDFと直角三角形ECGの辺の長さの比になっているようだね。

はるき： 電灯⑧によって立体⑥がつくるかげの大きさについて考えてみよう。

〔問題3〕　かげの大きさが1500cm^{2}以上1800cm^{2}以下となるような電灯⑧の位置をあ～けの中から1つ選びなさい。またそのときの立体⑥がつくるかげの形を**図5**のようにわくで囲み、しゃ線でかきなさい。さらにかげの部分の面積を求めなさい。

POINT

数理的に分析する力をみる

独自問題は私立難関中学の算数・理科の問題と見まがうような問題ですが、身近な事象の観察力や表現力が問われます。

POINT

問題を解決する力をみる

電灯と立体の高さから影がどのように描かれるかまでを想像せねばならず、かなりとまどわされる、むずかしい問題でした。

2021年度　東京都立武蔵高等学校附属中学校　適性検査Ⅲ（独自問題）より

なつよ： 組木の特ちょう的なつなぎ方とお寺でよく使われる５色の絵の具のぬり方が決まったので、発表のための模型を作って展示しよう。

４人は学校から１辺が３０ｃｍの立方体の木材と大きい方眼紙をもらった。展示用の大きな机の上に方眼紙をしき、その上に組木の模型を置くことにした。また、展示物がよく見えるように高さ６０ｃｍの電灯を用意してもらった。

あきお： 電灯を置くと、かげができたよ。電灯の位置によって、かげの大きさが変わるね。
なつよ： 電灯は、大きな机の上にあるレールＡＢ上を移動することができるみたいだね。（**図4**、**図5**）
ふゆみ： 電灯をＡＢ上のどの地点においても、立体⑥の内部の面に囲まれた方眼紙の部分は常にかげになっているよ。
はるき： かげはちょうどよい大きさにすると、展示物がきれいに見えるね。
ふゆみ： 展示の条件を**ルール**にすると下のようにまとめられるね。

ルール
1．立体⑥と立体⑦を**図5**のように一辺が５ｃｍの方眼紙の上に配置する。
2．**図4**、**図5**のようにレールＡＢ上を電灯⑧が１０ｃｍごとに移動できる。
3．電灯⑧の高さは６０ｃｍである。
4．立体⑥がつくるかげは、立体⑦にかかってはならない。
5．かげの面積は１５００ｃｍ^{2}以上１８００ｃｍ^{2}以下とする。
　ただし、かげの面積は方眼紙上のものにかぎる。

図4

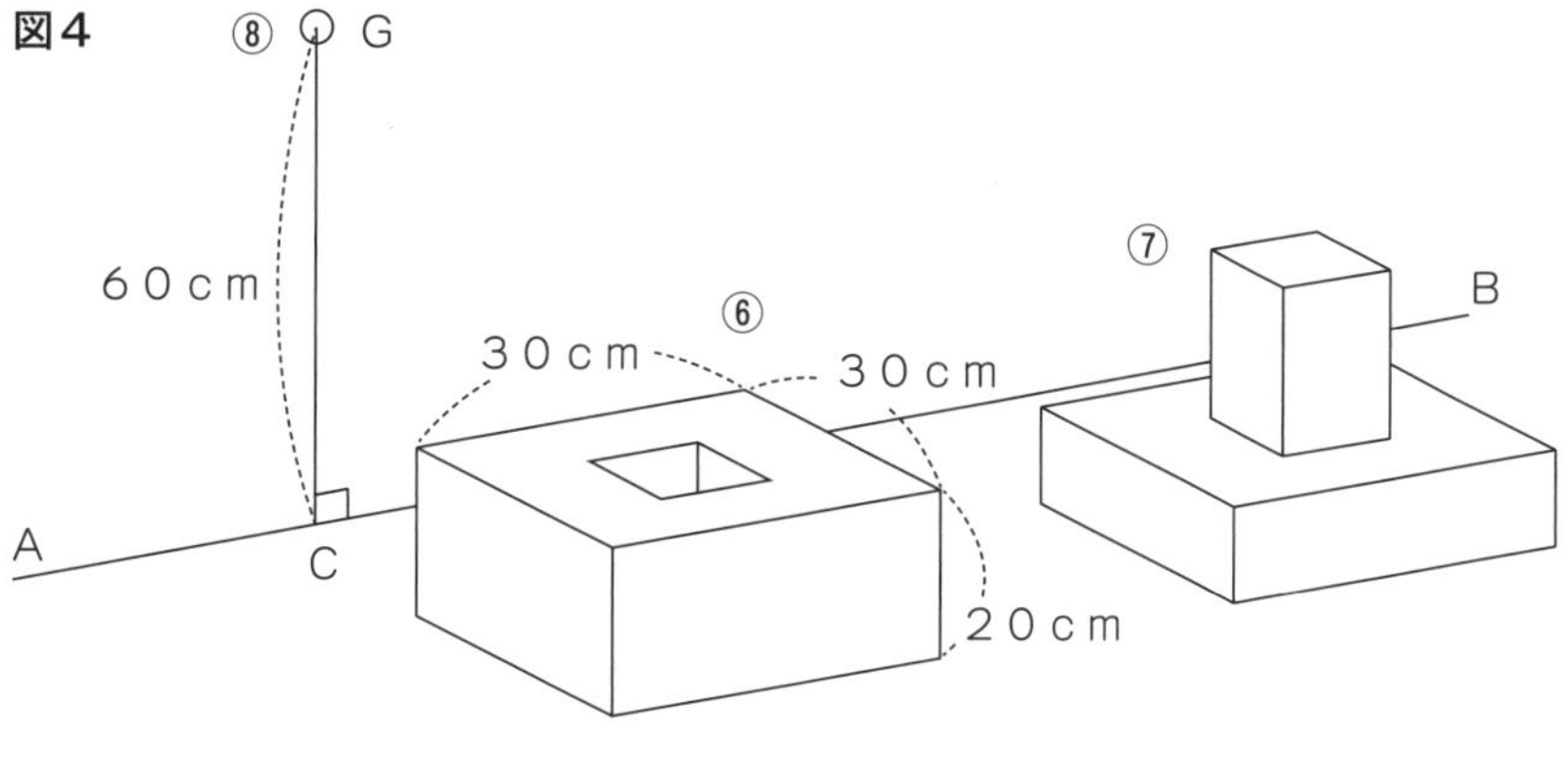

解説

都立武蔵高等学校附属中学校の入学者選抜では、報告書と適性検査Ⅰ・Ⅱのほかに適性検査Ⅲが課されるのが特徴です。適性検査と報告書の評価比率は3:1です。適性検査はいずれも100点満点ですが、それぞれ4倍し1200点満点、報告書は400点満点です。総合成績は1600点満点で選抜します。2021年度の詳細は９月に発表されます。

共同作成問題の適性検査Ⅰではふたつの平易な文章を深く読み取る力をみる読解問題と、読者ふたりの会話に対し自分の考えを含む論理的な文章を400～440字以内でつくる力をみる作文です。

適性検査Ⅱでは資料を分析し考察する力、資料の読み取りに基づいた論理的な思考力、表現力などをみます。大問①と③が共同作成問題、②が独自問題でした。その②は図表やグラフの読み取りから、日本の農業における生産量についての問題を、記述で答えるものでした。

武蔵高等学校附属独特の適性検査Ⅲでは、「紙のサイズ」と「立体模型」をテーマに、問題を解決する力、数理的に分析し課題を見出す力などをみたとしています。適性検査Ⅲは算数と理科の視点を試される問題だったといっていいでしょう。

東京都立 両国(りょうごく)高等学校附属中学校

■併設型
■2006年開校

考えを広く伝えられる力を養成し 高い「志」を実現するリーダーを輩出

独自のキャリア教育「志学」で生徒の探究力を養う東京都立両国高等学校附属中学校。多彩なカリキュラムで、コミュニケーション能力・論理的な思考力・表現力を伸ばし、社会のなかで自身の人生を切り拓ける人材を育成します。

金田(かねだ) 裕治(ゆうじ) 校長先生

自分で考えて学ぶ姿勢を身につける

Q 御校の校訓についてお教えください。

【金田先生】本校の校訓「自律自修」は「自らを厳しく律し、自ら進んで学ぶ」という意味の言葉です。生徒たちにはよりわかりやすいよう、自分で考えて行動し、学ぶ姿勢を身につけてほしいと話しています。

Q 2020年度に着任されてからの1年間、コロナ禍でさまざまなことが例年どおりでない状況でしたが、どのような思いで教育を進められましたか。

【金田先生】2020年の4月、5月の休校期間中は、Zoomを使ってホームルームや三者面談などを実施し、こまめに生徒たちのようすを確認していました。その際、非日常な事態に不安を感じる生徒たちの気持ちが少しでも和らぐよう、われわれ教員も生徒たちに会える日を心待ちにしていることを伝えつづけました。

休校期間が明けたあとは感染症

学校プロフィール

開校	2006年4月
所在地	東京都墨田区江東橋1-7-14
TEL	03-3631-1878
URL	http://www.ryogoku-fuzoku-c.metro.tokyo.jp/
アクセス	JR総武線・横須賀線・地下鉄半蔵門線「錦糸町」徒歩5分、都営新宿線「住吉」「菊川」徒歩10分
生徒数	男子173名、女子186名
1期生	2012年3月高校卒業
高校募集	なし（2022年度より高校募集停止）
教育課程	3学期制／週5日制（土曜授業 年18回）／50分授業
入学情報（前年度）	・募集人員　男子60名、女子60名　計120名
	・選抜方法　報告書、適性検査Ⅰ・Ⅱ・Ⅲ

対策を徹底しながら学年集会や学年ごとのレクリエーションなどを企画し、行事の多くが中止となってしまったなかでも、生徒たちができるだけ充実した学校生活を過ごせるように心がけています。2021年の6月には体育祭の代替行事で、伝統の演目「両中ソーラン」やリレーなどを密にならないよう学年ごとに行いました。

Q 2022年度から高校募集が停止となりますが、教育内容に変更はありますか。

【金田先生】 大きく変更は行わず、教育課程や指導計画などを見直しています。たとえば、2019年に導入したSTEM教育（※1）について、今後は芸術（Art）の要素も取り入れたSTEAM教育にする予定です。

多彩な授業をつうじて3つの力を育てる

Q 御校の学習指導はどのように行われていますか。

【金田先生】 本校では6年間を「基礎学力定着期」（中1・中2）、「応用発展期」（中3～高2）、「確立期」（高3）の3つに大きく分けて指導しています。なお、中2の段階から少しずつ応用力も身につけるカリキュラムになっていきます。文系と理系に分かれるのは高3からで、それまでは幅広い教科を学習し、高3は文理それぞれで進路に沿って選択科目を履修します。

Q 御校の教育の特徴についてお聞かせください。

【金田先生】 本校では教育の柱として「言語能力の育成」「理科・数学教育の充実」「英語によるコミュニケーション」「志学（こころざしがく）―キャリア教育の推進」を掲げています。生徒はこの4つの柱を中心とした教育をつうじて、将来社会のなかでリーダーとして活躍するのに必要な、コミュニケーション能力・論理的な思考力・表現力を伸ばせます。

英語は中1からオールイングリッシュで授業を展開し、「話すこと」に重点をおいた学習で国際的なコミュニケーション能力を養います。校内には4人の外国人講師がいるので、日常的にネイティブスピーカーの英語に触れられる環境です（92ページ・Pick up!参照）。

中2の国語の授業では「考える国語」をテーマにディベートを行い、考えをわかりやすく伝える力や論理的思考力を養成します。1

※1　科学（Science）・技術（Technology）・工学（Engineering）・数学（Mathematics）の４教科を組みあわせて、さまざまな課題解決にいかす教育

Pick up!

1 「英語の両国」ならではの教育で実践的な英語力をきたえる

「英語の両国」ともいわれるほど、英語教育に力を入れている両国。中学校の英語の授業は、ペアワークや場面会話など「話すこと」が中心です。中学校３年間はあえて習熟度別授業ではなく、英語が得意な生徒も苦手な生徒も同じ授業を受け、いっしょに英会話を行います。さまざまなことについて自由に英語で会話を交わすうちに、コミュニケーション能力はもちろん、発想力や表現力も伸ばせます。高校からは習熟度別授業で文法もていねいに学習し、大学入試の問題に対応できる力を養えます。

また、中３ではそれまでの学びの集大成として、アメリカで９泊10日の海外研修を行います。研修中は、現地の大学と連携した教育プログラムで、より英語力を磨くほか、ホームステイで異文化理解にも取り組みます。2020年度は残念ながら、新型コロナウイルス感染症の影響で中止となりましたが、2021年度は代替行事としてブリティッシュヒルズ（福島）での語学研修が実施される予定です。

さらに両国は東京都に「英語教育推進校」として定められているため、ALTは３人、常駐のJET（※２）は現在、入国制限のためひとりですが通常時はふたりと他校よりも多くの外国人講師が配置されています。生徒たちは校内で日常的に多くの外国人講師と接するうちに、自然とネイティブスピーカーの発音にも慣れていきます。その効果も実績として表れているそうで、中学校卒業時には生徒の85％以上が英検準２級以上、高校卒業時には約半数が英検準１級以上の英語力を有しているとのことです。

※２　地方公共団体が外国人の青年を雇い、日本の学校で英語やスポーツを教えたり、国際交流などのために働ける機会を設ける「JETプログラム」の参加者

学期はディベートのルールや議論の進め方などを学び、実際にグループワークなどを行いながら感覚をつかんでいきます。２学期になると教員は見守るだけとなり、生徒たち自身で進行役も務め、クラス全体で賛成・反対、ディベートの内容について採点する係の３つに分かれて実施します。

ディベートをするなかで、生徒たちは自身の意見を相手に伝えるためにはどうすればいいのかを考え、同じく議題に対して賛成または反対している仲間の意見を集約し、より説得力のある意見になるよう熟考します。

中２の理科では「人と自然」というテーマで、ふだんの理科の授業で習う内容を「環境」と関連させて考える取り組みをしています。たとえば、地球温暖化が気候にどのような影響を与えているのかについて、最近のニュースで報じられた事例などから学びます。

Q. 多彩な授業が展開されているのですね。生徒さんは学校の授業や家庭学習と課外活動をどのように両立していますか。

【金田先生】 生徒たちは勉強とそれ以外のことをする時間とで、気持ちを切り替えて両立させています。本校の授業は、基本的に始業のチャイムと同時に始め、終業のチャイムと同時に終わるように教員が意識して進めるため、生徒は学校生活を送るなかで自然と集中力が養われていき、メリハリをつけて勉強することが習慣化します。

加えて、本校では完全下校時刻を他校より早い17時に設定することで、生徒が家庭学習の時間をじゅうぶんに確保できるように工夫しています。定期試験前や高３の受験期は、校内の自習室を17時以降も使用できます。

質問しやすく主体的に学ぶ姿勢が身につきやすい環境も、文武両道が実践できている要因のひとつだと考えています。本校は職員室ではなく教科ごとに教員室があり、勉強でわからないことがあればその教科の教員室を訪ねればいいので、質問がしやすくなっています。さらに、それぞれの教員室近くの廊下にはテーブルが置かれており、そこでも教員にわからないことを質問することができるほか、教員に熱心に質問している上級生の姿が、それを見た下級生たちの学習に対する意識を高める効

例年のおもな学校行事

4月	入学式
5月	遠足　校外学習
6月	体育祭
7月	林間学校（1年）　海外語学研修（3年）
8月	卒業研究（3年）
9月	文化祭
10月	
11月	職業人インタビュー（1年） 職場体験（2年）
12月	
1月	百人一首大会
2月	合唱コンクール
3月	芸術鑑賞教室　球技大会　卒業式 TGG英語研修（2年）

果もあります。

「志学」をとおして探究力を養う

Q. さきほど4つの柱のひとつとしてお話しされた「志学」についてお教えください。

【金田先生】「志学」は開校当初からつづけている、本校独自のキャリア教育です。道徳教育や中2の職場体験、中3の卒業研究などをつうじて、「志」を持ったリーダーを育成しています。

中3の卒業研究では、はじめに研究の進め方を学び、生徒自身が興味のあることについて、1年間かけて行った探究活動の成果をポスター発表で報告します。研究テーマは生徒が自由に設定できるので、たとえば映画で用いられるコンピュータ・グラフィックス（CG）の効果的な使用方法や、東京都をもっと発展させるためにはどうすればいいのかについての研究もありました。なかには大学で習う内容の「流体力学」の研究に挑戦した生徒もいました。

高1・高2では、改めて研究手法を学ぶために、大学の名誉教授などをはじめとするさまざまなゲストティーチャーの講演を聞きます。その後、中3の卒業研究の経験もいかしながら、より高度な探究活動を行います。

なお、「志学」も高校募集停止にともない、6年間を見通した取り組みに変更する予定です。

Q.「志学」をとおして生徒さんにどのような力を身につけてほしいと考えていますか。

【金田先生】生徒たちには「志学」をとおして、多くのものごとに対してつねに学びつづけられる探究力を養ってほしいと思います。高校卒業後の進路だけでなく、これから訪れる人生100年時代をどう過ごしていきたいかを考えながら学習してほしいです。

Q. 御校を志望する生徒さんへメッセージをお願いします。

【金田先生】本校ではさきに話したように、学力だけでなく探究力も養成しています。今後ますます発展し、目まぐるしく変化していくであろう社会のなかで、生徒たちにはここで学習したことを胸に、卒業後も自身の人生を切り拓ける力を持ったリーダーとして、高い「志」を実現してほしいと願っています。

りょう：（図1） をいくつかの正方形に分ける方法はいろいろあっておもしろいね。

みさき： もっといろいろな分け方を調べてみようよ。

〔問題2〕 もっといろいろな分け方を調べてみようよ。とありますが、**（図1）** に方眼紙の線に沿って鉛筆で線を書き加えていくつかの正方形に分けるとき、正方形の数の合計が１０個、１２個となるような分け方を、それぞれ一つずつ解答らんに合わせて答えなさい。ただし、正方形以外の図形ができないように分けることとします。また、定規を用いて **（図2）** や **（図3）** のようにはっきりとした線で書きなさい。

下書き用（ここは解答らんではありません。答えは解答用紙に記入しなさい。）

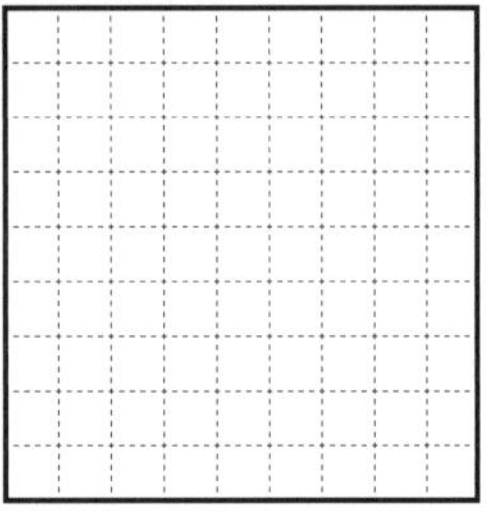
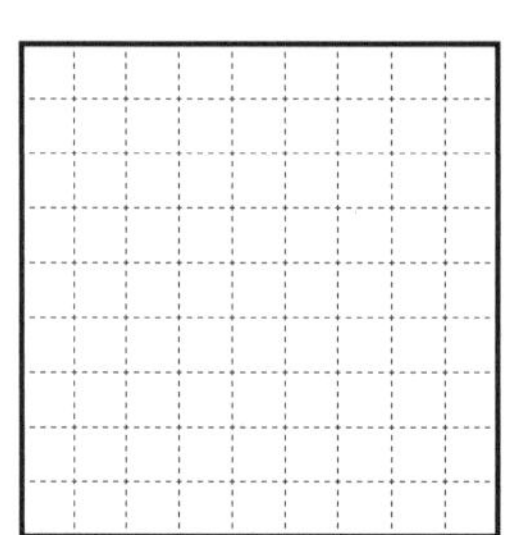
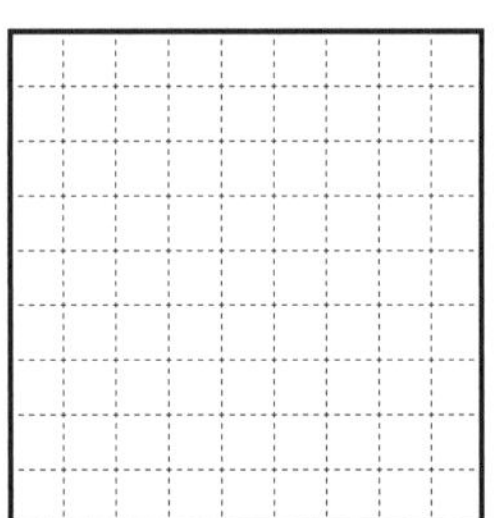
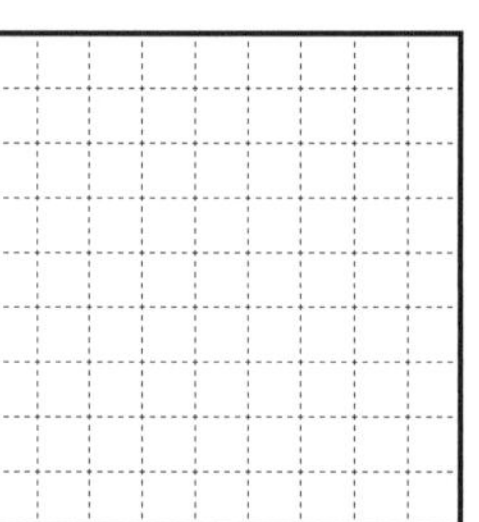

POINT
論理的に考える力をみる

全問で30分しかありません。資料を読み取り、論理的に考え、条件を整理し能率的に処理する力をみています。

POINT
課題を解決する力をみる

根気が必要な出題といえますが、課題、条件を分析する力があれば多くの解を得られます。

2021年度　東京都立両国高等学校附属中学校　適性検査Ⅲ（独自問題）より

1　**りょう**さんと**みさき**さんが、教室で図形についての話をしています。

りょう：（**図１**）は１目盛りが１ｃｍの方眼紙に、方眼紙の線に沿って鉛筆で１辺の長さが９ｃｍの正方形を書いたものなんだ。（**図１**）に方眼紙の線に沿って鉛筆で線を書き加えて、いくつかの正方形に分ける方法を考えているんだよ。

みさき：正方形以外の図形ができないように分ければいいのね。例えばどのような分け方があるの。

りょう：（**図２**）は（**図１**）を１辺の長さが６ｃｍの正方形１個、１辺の長さが３ｃｍの正方形４個、１辺の長さが２ｃｍの正方形１個、１辺の長さが１ｃｍの正方形５個の計１１個の正方形に分けた図だよ。

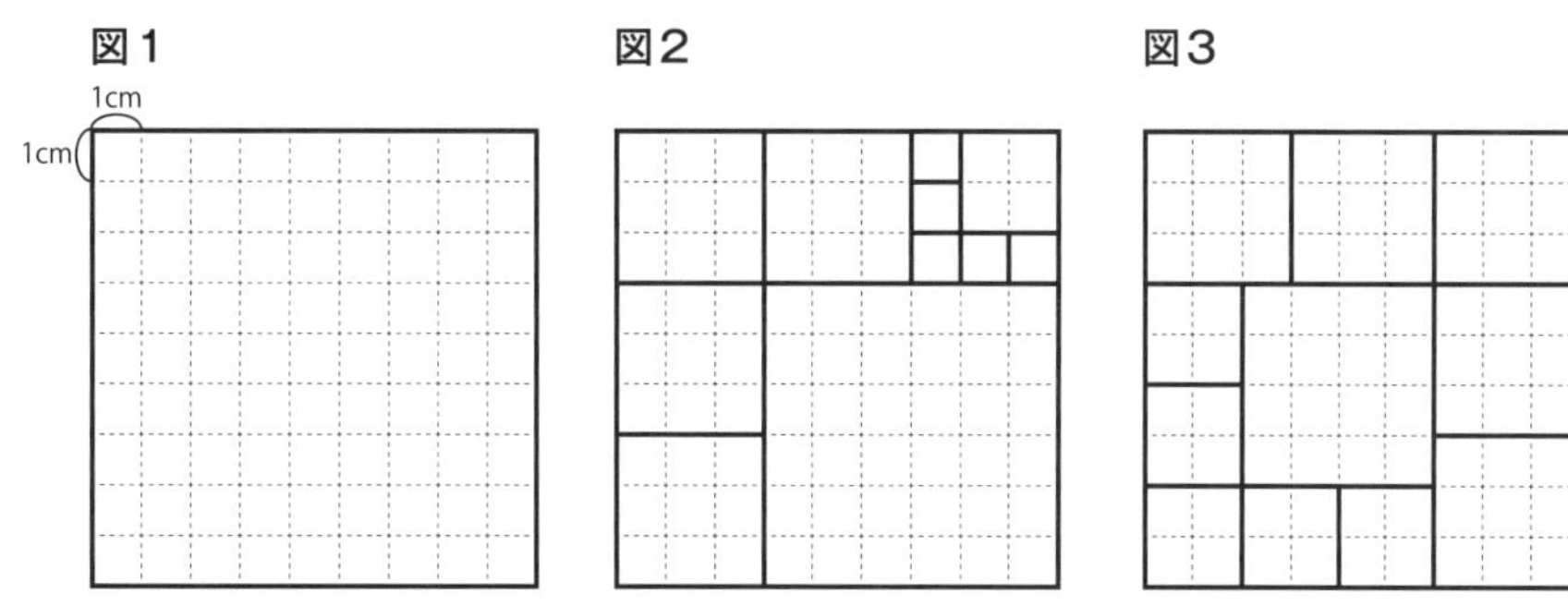

みさき：（**図３**）は（**図１**）を１辺の長さが４ｃｍの正方形１個、１辺の長さが３ｃｍの正方形５個、１辺の長さが２ｃｍの正方形５個の計１１個の正方形に分けた図だね。

りょう：（**図２**）と（**図３**）はどちらも１１個の正方形に分けられているけど、分けるときに書き加えた線の長さの合計には差がありそうだね。

みさき：<u>どれだけ差があるのか調べてみようよ。</u>

〔問題１〕　<u>どれだけ差があるのか調べてみようよ。</u>とありますが、（**図２**）と（**図３**）において、分けるときに書き加えた線の長さの合計が長い方を選んで ◯ で囲み、さらに何ｃｍだけ長いのか答えなさい。

解説

2021年度、都立両国高等学校附属中学校の入学者選抜では、報告書（換算後200点）、適性検査Ⅰ（換算後300点）、適性検査Ⅱ（換算後200点）、適性検査Ⅲ（換算後300点）の総合成績1000点で評価しました。適性検査Ⅲの比重が重いのが特徴です。ただ、2022年度の換算式等は、正式には９月に発表されます。

適性検査Ⅰは2019年度入試より、独自問題から共同作成問題に変わりましたが、文章を読み取る力、自分の考えを適切に表現する能力をみることは変わりません。すべて記述式で、最後の問題は字数が少し増え400～440字の作文を求められました。

共同作成問題の適性検査Ⅱは、問題を分析する力、思考力、判断力、また課題を解決する総合的な力をみます。適性検査Ⅱは算数・理科・社会の３科目がバランスよく融合された出題となっています。ただ、読解力がなければ、問題そのものを読み取れません。

独自問題の適性検査Ⅲは、課題に対して科学的・数理的な分析、考察、判断、解決する力を試したいとの趣旨で作問されました。解答時間は30分しかありませんので、基本的な計算を能率的に処理する力も必要でした。大問②は温度計がテーマでしたが、適性検査Ⅲで理科の問題がだされたのは２年ぶりでした。

神奈川県立 相模原(さがみはら)中等教育学校

■中等教育学校
■2009年開校

論理的に考え、人のために行動する
探究しつづけながら未来を探る

神奈川県立相模原中等教育学校は、「しっかり学び」「じっくり育て」「ゆっくり探る」をキャッチフレーズに掲げ、次世代を担うリーダーの育成に取り組んでいます。

藤原(ふじわら) 敬子(たかこ) 校長先生

学校プロフィール

開校	2009年4月
所在地	神奈川県相模原市南区相模大野4-1-1
TEL	042-749-1279
URL	https://www.pen-kanagawa.ed.jp/sagamihara-chuto-ss/
アクセス	小田急線「相模大野」徒歩10分
生徒数	前期課程 男子240名、女子239名 後期課程 男子222名、女子233名
1期生	2015年3月卒業
高校募集	なし
教育課程	2学期制／週5日制／（前期課程）45分授業（7校時）、（後期課程）100分授業〔3校時〕+50分〔1校時〕
入学情報	・募集人員　男女計160名
	・選抜方法　適性検査Ⅰ・Ⅱ、調査書 ※2022年度については、「グループ活動による検査」は実施しません。

相模原のキーワードは「しっかりじっくりゆっくり」「相模原メソッド」「探究」

Q. 昨年度から校長に就任されましたが、どのような1年でしたでしょうか。

【藤原先生】 本校の教育目標は、次世代を担うリーダーの育成です。そのために「表現コミュニケーション力」「科学・論理的思考力」「社会生活実践力」の3能力を掲げ、とくに「科学・論理的思考力」を重点化しています。その学習手立てとして後述する相模原メソッドがあります。そのことが学校全体に浸透していることに魅力を感じました。

生徒はよく話を聞き、考え、表現します。そのコミュニケーション力の高さにも驚きました。新学習指導要領への移行もあり「継承と進化」に向け、セカンドステージの骨組みをつくり上げることが私のミッションと考え、この1年を過ごしました。

未来の予測が困難な時代のなかで生きていく生徒たちにとって必

要なのは、「課題発見・解決力」と自分で考え行動する「主体性」です。そこで「探究」を見直し、3年生には自学自習「MSS」を導入しました。コンセプトは、集団学習の個別最適化です。

「探究」は、6年間かけて行っていましたが、これを5年までで完結させ、6年では自由選択とし、個別の探究学習ができるようにしました。国公立大学の総合型選抜を視野に入れたもので、かなり深い「探究」を行っている本校の強みになると考えたからです。

また、「MSS」は「まなび、そだて、さぐる」の頭文字をとって生徒が命名した自習時間です。これまでの学習を振り返り、課題克服のための計画を立て、みんなで楽しく自学に取り組んでいます。自由選択の「探究」と「MSS」では、主体性を発揮できると期待しています。

Q. そのほかに、この1年で感じられたことをお話しください。

【藤原先生】 コロナ禍のなかで感じたのは本校の強みです。ひとつは、中高一貫ならではの取り組みとして、6年間の学びを振り返りながら進めていくことができるということです。相模原メソッドがあるので、効果的な学習手立てをすべての生徒が持っていたということです。通常とはちがった課題に対し、生徒自身が手立てを広げ、自分の学びを展開できたことは強みであったと思います。

もうひとつは、自分をどう立て直すかという点において6年3期の考え方が役立ちました。本校は1、2年を「基礎期」、3、4年を「充実期」、5、6年を「発展期」としています。与えられたものを確実にこなし、型を身につける「基礎期」、自分なりの付加価値をプラスする「充実期」、自分の型を生みだす「発展期」です。その変換期を意識しているからこそ立て直しができたと思います。

新入生には相模原メソッドの意義などについて、充実期および後期課程、発展期に入る前に生徒・保護者に向けて説明会を行っています。6年間の各成長段階で、なにが必要かを明確にしてもらうための取り組みです。与えられたものから自分でつくり上げるものに変える、そのための目標修正は不可欠です。さきを見据えて6年を過ごすための重要な手立てとなっ

Pick up!

「STUDENT TASK」を携え、しっかり学び、じっくり育て、ゆっくり探る

相模原中等の教育目標は、「人格の完成をめざし、高い知性と豊かな人間性をそなえ、心身ともに健全な、次世代を担うリーダーの育成」です。人とのかかわりのなかで学び、自分が変わり、そして新しいことにチャレンジする。それによって問題を解決できるような人づくり、社会をよりよくしようという意識を育てる教育をめざしています。

６年間という大きなアドバンテージのなかで、多くの活動も取り入れ、しっかり学んでいきます。英語ではスキット暗唱、理科では数多くの実験があり、分析・考察して成果発表会も行います。日常的に繰り返される学習や体験でじっくり育ち、そして進路選択に向け、6年間を振り返りながらゆっくり自分探しをすることができます。しかし6年間だからこそ迷いを感じるときもあります。そのために「STUDENT TASK」を生徒モットーとし、相模原中等生としての自覚・意識をうながしています。

《STUDENT TASK》

1. Think logically（論理的に思考する）
2. Act globally（人のために行動する）
3. Search for the future（未来を探る）
4. Keep inquiring（探究〈自問自答〉しつづける）

主体的に進める探究学習「かながわ次世代教養」

１年生から６年間かけて、次世代を担うリーダーに求められる「科学・論理的思考力」「表現コミュニケーション力」「社会生活実践力」を体系的・断続的に学習し、自らが設定した課題を解決する探究学習を行います。

相模原中等では、この「かながわ次世代教養」を、前期課程で、「社会」「理科」「技術・家庭」「英語」の授業のなかで学びます。ICTを活用してプレゼンテーション能力を高めるとともに、「日本の伝統文化」や「地球環境問題」への理解を深めます。「英語コミュニケーション」では、英語で意見を述べたり、書いたりできることを目標とします。

後期課程での「総合的な探究の時間」につなげ、これまでの学習をふまえた探究活動を行います。知的好奇心を刺激し、将来にわたって学習しようとする態度を育成し、進路選択、大学での研究活動につなげていきます。

ています。

相模原メソッドから派生した教えあい、学びあい

Q. では御校が行われている相模原メソッドの特徴などについてお教えください。

【藤原先生】 相模原メソッドは「読書・暗唱・ドリル」「発表・質疑応答・レポート」「探究・ディベート」という学習法ですが、本校の最大の特徴は、この相模原メソッドから派生した生徒同士の教えあい、学びあいです。すべての授業で自由発言、自由質疑に取り組んでいます。

授業でクラス全体に向けてある質問をすると、その質問に対するいろいろな答えを生徒は自由に発表します。そして、その答えに対してまた質問したり、自分の意見を言ったりと、自由に発言を繰り返していきます。とくに前期課程の授業では、ワイワイといろいろな意見がでてきます。質問に答えることで思考が整理され、発表することで表現力が知らずしらずのうちに身についていきます。

自然に身についた思考力が後期の放課後の自習へとつながり、教えあい、学びあいとして発展しています。相模原メソッド自体もとても意義がありますが、そこから派生したこれらの取り組みが前述した3能力を育成するための大きな付加価値となっています。

Q. 高大接続について、御校の取り組みをご紹介ください。

【藤原先生】 いまの生徒に求められているのは自分を客観視し、変容のプロセスを理解したうえで、自らの考えを知識・技能を活用して、表現することです。各授業では教科の考え方や見立てを整理し、思考・判断・表現の活動場面を多く取り入れています。

学校生活では、キャリア・パスポートを活用して、学習状況や学校行事、「探究」などを文字化させ、期ごとに振り返りを行い、自分の変容を自己評価できるようにしています。高大接続には、3能力がベースだと思っていますので、その点で本校は先行していると思います。6年次に配置した自由選択の「探究」における課題解決力は、まさに高大接続で求められるものです。

そのほかキャリア教育の一環ですが、社会人講話も大切にしています。本校では1年生から6年生

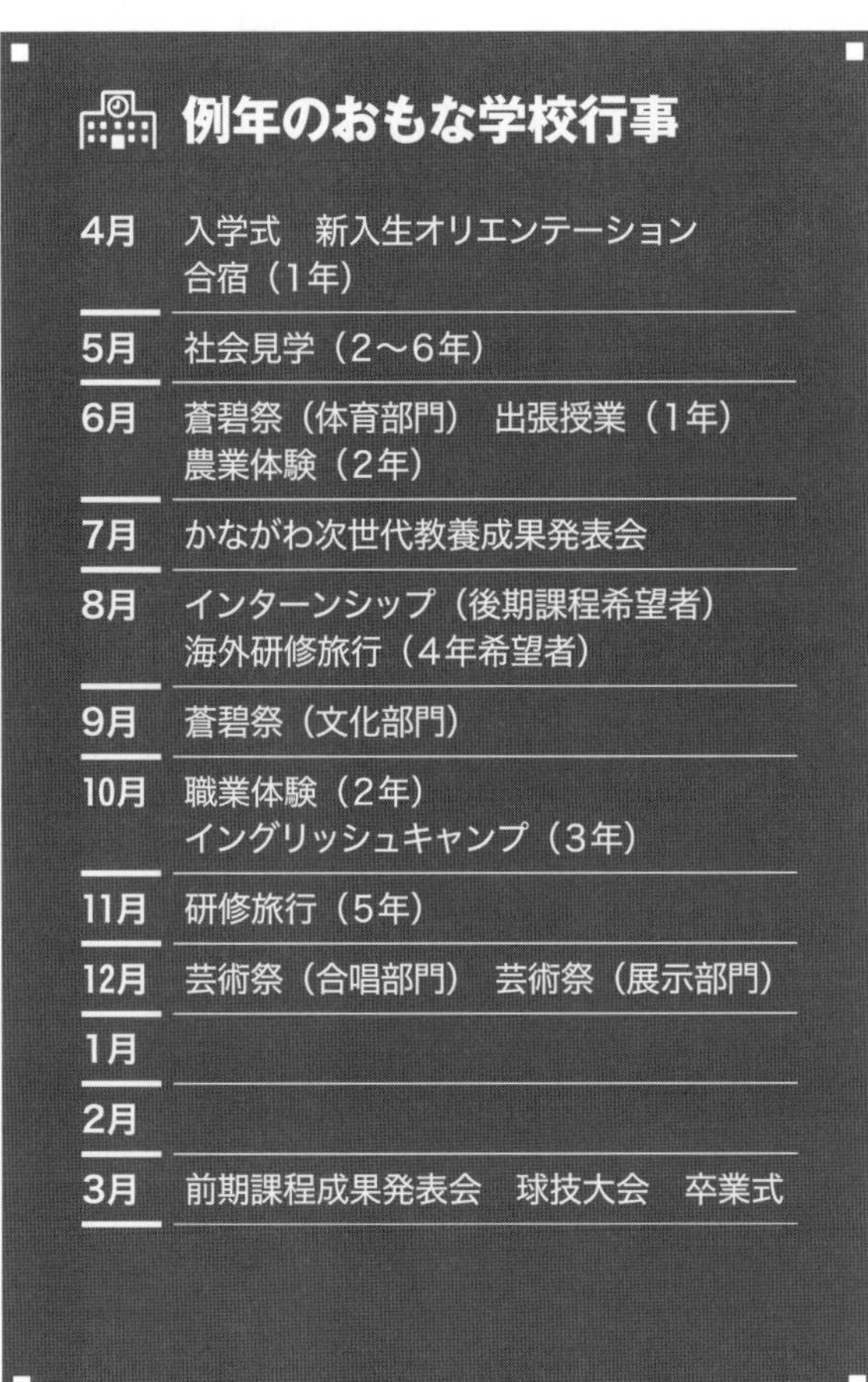

例年のおもな学校行事

4月	入学式　新入生オリエンテーション 合宿（1年）
5月	社会見学（2～6年）
6月	蒼碧祭（体育部門）　出張授業（1年） 農業体験（2年）
7月	かながわ次世代教養成果発表会
8月	インターンシップ（後期課程希望者） 海外研修旅行（4年希望者）
9月	蒼碧祭（文化部門）
10月	職業体験（2年） イングリッシュキャンプ（3年）
11月	研修旅行（5年）
12月	芸術祭（合唱部門）　芸術祭（展示部門）
1月	
2月	
3月	前期課程成果発表会　球技大会　卒業式

までの全員を対象に同じ講師にお話をお願いしています。1年生のときにむずかしいと思った経験が、4年生から5年生で理解できるという経験に変わり、自分の変化に気づくのです。これは変容のプロセスに大きくかかわってくると思います。今年度から、6年生に加えて5年生にも5教科の模擬試験を実施します。授業以外のことも大きな気づきになりますので、大海をみることも大事だと思います。また、うまくいかないことをどうこなすかというメッセージもこめています。

未来を語り、人から学び 新しい自分に変わる

Q. 学校生活における生徒さんのようすなどについてお聞かせください。

【藤原先生】 本校は行事も大変さかんで、生徒会活動も活発です。毎月、委員会の日というものがあり、すべての委員会が開かれます。蒼碧祭（体育部門・文化部門、合唱部門・展示部門）は、1年から6年の実行委員の生徒がすべての企画をつくり上げ運営していきます。「社会生活実践力」にもなり、自分たちで学校生活をつくっているという満足感はとても大きいと思います。

そのなかで、上級生は下級生の指導もよくしています。体育部門の応援合戦では前期生も参加しています。校内はノーチャイム制ですべての授業開始を自己責任で行っています。「与えられたものから自分でつくり上げるものに変える」は学校生活にも深く根づいています。

また、本校独自の取り組みとして、前期課程が終わる段階で、3年生全員と、校長が面談をします。後期が始まる前にいったん自分自身をリセットするためです。生徒自身が答えを見つけることが大切だと思います。

Q. 御校へ入学された生徒さんには、どのような6年間を過ごしてほしいでしょうか。

【藤原先生】 相模原中等生としての自信と自覚をもって日々過ごしてほしいと思います。未来を語りながら学び、人から学ぶ。新しいことにチャレンジして、新しい自分になっていく。そして日常すべてに感謝して、充実した6年間を過ごしてほしいです。

〔会話文３〕

かなこ	「では，カードを１枚ひいてください。」
たろう	「2のカードをひいたので，🚗を〔図３〕の①まで進めます。」
かなこ	「次に，残りのカードの中から１枚ひいてください。」
たろう	「4のカードをひいたので，〔図３〕の②まで進めます。」
かなこ	「３枚めのカードをひいてください。」
たろう	「8のカードをひいたので，〔図３〕の③まで進めます。★のマスを通過したのですが，ゴールとなりますか。」
かなこ	「★のマスにちょうど止まらなかったので，ゴールとなりません。そのまま４枚めのカードをひいてください。」
たろう	「10のカードをひいたので，〔図３〕の④まで進めます。今度は★のマスにちょうど止まりました。」
かなこ	「これでゴールです。2，4，8，10の順に４枚ひいて，🚗は２周しました。」
たろう	「４枚より少ない枚数でゴールする場合や，４枚ひいても３周する場合がありますね。」
かなこ	「それぞれ何通りあるか，調べてみましょう。」
たろう	「何通りあるかを数えるとき，今のように2，4，8，10の順にカードをひく場合と，同じカード４枚を2，4，10，8の順にひく場合では，別のものとして数えるのですか。」
かなこ	「そうです。ひいた順番が異なる場合は，それぞれ１通りと数えます。」

〔図３〕

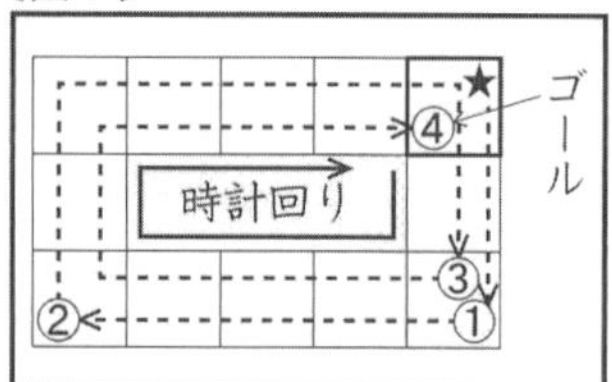

ア　〔ルール〕に従ってカードをひいたとき，２枚ひいてゴールとなるのは何通りか，書きましょう。ただし，ひいた順番が異なる場合は，それぞれ１通りと数えるものとします。

イ　〔ルール〕に従ってカードをひいたとき，４枚ひいて３周し，はじめてゴールとなるのは何通りか，書きましょう。ただし，ひいた順番が異なる場合は，それぞれ１通りと数えるものとします。

POINT

読解力と想像力が試される

条件に沿って考える算数型の問題です。ていねいに想像しながら整理を行い、法則を探しだせれば解ける問題です。

POINT

条件を整理ししっかり考える

条件をていねいに読みこまないとミスにつながります。指示どおりに考えて解き進める力が要求されています。

学校別適性検査分析

神奈川県立

相模原中等教育学校

募集区分　一般枠

入学者選抜方法　適性検査Ⅰ（45分）、適性検査Ⅱ（45分）、調査書

2021年度　神奈川県立相模原中等教育学校　適性検査Ⅱより（神奈川県立共通）

問４　たろうさんとかなこさんは，算数の授業で，カードを使って学習をしています。次の（１），（２）の各問いに答えましょう。

（１）次の〔会話文１〕を読んで，残り１枚のカードに書くことができる数を２つ書きましょう。

〔会話文１〕

先生　「何も書いていない６枚のカードに，それぞれ異なる数を書いてください。ただし，２枚で１組になるように，自分で考えたきまりに従って書きましょう。」
たろう「わたしは，２枚のカードに書かれた大きい数から小さい数をひくと12になるきまりにしました。書いた数は，14と2，17と5，そして18です。残り１枚のカードの数は何かわかりますか。」
かなこ「その数は２つ考えられますね。」

（２）次の〔会話文２〕，〔会話文３〕を読んで，あとのア，イの各問いに答えましょう。

〔会話文２〕

たろう「かなこさんは，どのようなきまりにしたのですか。」
かなこ「２枚のカードに書かれた数をたすと12の倍数になるようにしました。書いた数は，2と10，4と8，11と13です。この６枚のカードを使ったゲームを考えたので，〔ルール〕に従ってやってみましょう。」

〔ルール〕

○　６枚のカードを〔図１〕のように，箱の中に入れます。
○　🚗は，はじめに〔図２〕の★のマスに置きます。
○　箱の中からカードを１枚ひきます。ひいたカードは元にもどしません。
○　🚗を，止まっているマスから，ひいたカードに書かれた数の分だけ，時計回りに進めます。
○　🚗が，★のマスにちょうど止まったときはゴールとなり，ゲームが終わります。ゴールとならなかったときは，次のカードを１枚ひいてゲームを続けます。

〔図１〕箱

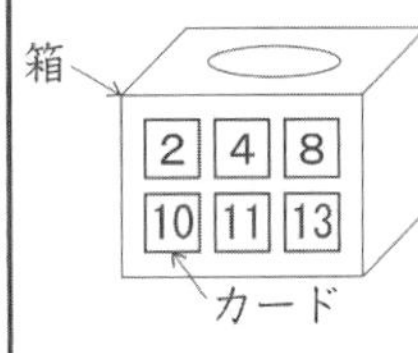

実際には，カードは箱の中に入っているため，外からは見えません。

〔図２〕12マスの紙

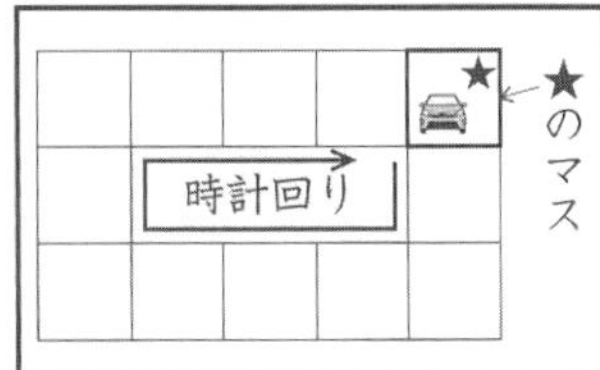

解説

神奈川県立の中等教育学校２校（相模原中・平塚中）は同じ問題で検査をします。適性検査Ⅰ・Ⅱでは、これからの社会に必要な力をはかるとされていて、他者の考えや発言を類推し、わかりやすく表現する力、資料を見ながら論理的に分析し、順序立てて表現、説明する力、身のまわりの事象に対する課題意識の有無などをみます。

適性検査Ⅰ・Ⅱは国・算・社・理、４教科の融合問題で、検査時間に比べてボリュームがあるうえ、計算が必要な問題がでますので、Ⅰ・Ⅱともに時間配分の計画性が大切です。

家庭にあってもふだんから新聞やニュースに触れ、問題点を読み取ったり自分の意見をまとめ、筋道立てて説明できるようにしたいものです。家庭でもさまざまな角度から話しあうような習慣をつけるといいでしょう。

記述問題はかならず出題されます。この春も、適性検査Ⅱで字数120字以上150字以内の記述問題がだされました。自らの経験に照らして書く意見文ふたつでした。

例年実施の「グループ活動による検査」は、新型コロナウイルス感染症予防の観点から2022年度入試では実施されません。

神奈川県立 平塚中等教育学校

■中等教育学校
■2009年開校

君の夢は君の好奇心が大きくする 夢を持って本気で挑戦してほしい

社会を支え、未来を切り拓いていく次世代のリーダーを育成する神奈川県立平塚中等教育学校。「かながわ次世代教養」を教育の柱におき、「3つの力」と「2つのハート」をバランスよく身につける取り組みを行っています。

野村 泰弘（のむら やすひろ）
校長先生

学校プロフィール

開　校	2009年4月
所在地	神奈川県平塚市大原1-13
TEL	0463-34-0320
URL	https://www.pen-kanagawa.ed.jp/hiratsuka-chuto-ss/
アクセス	JR東海道本線「平塚」バス10分徒歩7分または徒歩30分、小田急線「伊勢原」バス18分徒歩5分
生徒数	前期課程 男子240名、女子240名 後期課程 男子235名、女子235名
1期生	2015年3月卒業
高校募集	なし
教育課程	2学期制／週5日制／（前期課程）45分授業、（後期課程）50分授業／年次進行型単位制
入学情報	・募集人員　男女計160名
	・選抜方法　適性検査（Ⅰ・Ⅱ）、調査書 ※2022年度については、「グループ活動による検査」は実施しません。

合言葉は「平塚中等3&2」！

Q. 御校の教育方針についてお教えください。

【野村先生】 本校の建学の目的は、「豊かな人間性とリーダーシップを備えた次世代を担うリーダーの育成」です。大学に合格させることがゴールではなく、日本を支え、未来を切り拓いていくリーダーを育てることが、われわれに課せられたミッションだと考えています。

この目標を実現するために、「3つの力（表現コミュニケーション力、科学・論理的思考力、社会生活実践力）」と、「2つのハート（豊かな人間性、リーダーシップ）」の育成を教育目標に掲げています。今年度からこれを平塚中等の「3&2」という合言葉で呼び、生徒に身につけてほしい力として具体化していきます。

たとえば、「3つの力」を車の性能だとすると、「2つのハート」はドライバーの心です。いくら高性能の車でもドライバーのマナー

が悪ければ事故を起こします。大切なのは、そのバランスなのです。さまざまな教育活動の場で、「3&2」のなかのどの力を伸ばすための活動なのかを生徒に明確にしめし、目的を持って授業、学校行事、部活動などにのぞむことで、バランスよく「3&2」を身につけていけるように指導していきます。

Q 教育カリキュラムに変更などはありますか。

【野村先生】 基本コンセプトは前年度とまったく変えていません。2学期制で、1日7時間、前期課程は45分授業で、後期課程は50分授業の年次進行型単位制です。6年間を2年ごとの3期に分け、それぞれの成長に合わせ「3&2」の育成に取り組んでいます。

1～2年の「基礎・観察期」では興味・関心に基づく将来への夢づくり期間として、学習への意欲・態度の基礎づくりを徹底します。3～4年の「充実・発見期」は、生き方・進路に関する現実的探索を行う期間とし、学習内容の充実・拡大をはかります。5～6年の「発展・伸長期」は将来設計の立案と社会参画への意欲づくりを行い、それぞれの生徒に応じた学習の発展・応用をめざします。

中学校段階では、学習指導要領に定められている標準時間より、週4～5時間多くの授業を行っています。その増えた時間は、国語・数学・英語にあてており、教科によっては高校の内容を学習することもあります。

3年生以降は数学・英語で習熟度別や少人数授業を取り入れています。さらに5年次では、理系・文系に分かれて2クラス3展開の習熟度授業なども行っています。

Q 今年度から校長に就任されて、なにか印象深いできごとはありましたか。

【野村先生】 入学後すぐに2泊3日のオリエンテーション合宿があります。今年は、宿泊はせず、1日目は日帰りのアドベンチャー型体験学習、2日目以降は学校内で実施しました。最終日にはクラスごとに練習して、劇、ダンス、クイズなど工夫をこらしたスタンツ(出し物)を行います。そしてフィナーレはキャンドルファイヤーです。本来なら大自然のなかで本物のキャンプファイヤーをかこみながらのイベントなのですが、今年は体育館で行いました。

Pick up!

「平塚中等3＆2」をバランスよく身につける「かながわ次世代教養」

「かながわ次世代教養」は、かながわの地域の特性をいかしつつ、地球規模で環境や歴史文化、科学技術などを考える視点を持ち、適切に情報を活用し、未知の事態に的確に対応していく力を育成する目的で設置された学校設定教科です。「IT活用」「地域環境」「伝統文化・歴史」「英語コミュニケーション」を中心に、段階をふみながら体系的に学んでいきます。

平塚では、この教科を週2時間設置し、1～3年生では1時間を「英語コミュニケーション」、もう1時間を、1年生は「ＩＴ活用」、2年生は「地球環境」、3年生は「伝統文化・歴史」の時間にあてています。「ＩＴ活用」では自分でプログラミングをしてロボット制作。「地球環境」では、SDGｓ関連の調べ学習などを行っています。「伝統文化・歴史」では、地元の相模人形芝居を体験、平塚市の歴史的遺構を東海大学と連携しながら見学し、「かまくら探訪」などの体験学習を行っています。そして3年生の研修旅行の事前学習として京都の伝統文化や広島での平和学習、研修後には新聞を作成することで振り返り学習も行っています。そして4年生以降では、自ら課題を設定・探究し、最終的には、6年生の卒業論文にまとめていきます。

2　平塚の表現力育成の柱「英語コミュニケーション」プログラム

1年生では希望者対象のイングリッシュワークショップを実施。専門的な英語トレーニングプログラムを3日間行い、最終日には英語プレゼンテーションを行います。2年生ではイングリッシュキャンプ（2泊3日）があり、外国人講師のもと、すべて英語での生活を行い、「英語シャワー」を体験します。3年生の希望者を対象としたイマージョンプログラムでは、都内で1日英語漬けのプログラムを体験し、4・5年生の希望者対象のエンパワーメントプログラムでは、日本に来ている留学生と小グループをつくって意見交換を行います。

さらに4・5年生には希望制のイギリス語学研修も用意されていて、約2週間のホームステイで現地の人びとと交流します。集大成として5年生の海外研修旅行があり、1年生から6年間をつうじて英語力を磨いていきます。

そこで私が「火の神」に扮し、1期生から13年間つづく「友情・希望・勇気・責任・情熱」の5つの火を1年生に授けました。もちろん本物の火ではなく生徒たちがつくってくれた模造の火です。そして最後に、生徒は目を閉じて、平塚中等生となる「誓い」を立てるのですが、その姿がとても印象的でした。本校で自分をきたえていく「覚悟」ができたようです。

また、4年生の勉強合宿が4月にありました。本来ならば代々木の国立オリンピックセンターで2泊3日の日程で実施されるのですが、今年は学内で行いました。1日10時間、ひたすら自学自習をする生活で集中力と忍耐力を磨き、「折れない心」を養ってもらうものです。どんなときも最後まで努力を積み重ねていける精神力と体力が結果につながります。

夢と勇気を持ってチャレンジしてほしい

Q.御校のキャリア教育についてお教えください。

【野村先生】本校では、6年間の「キャリア教育実践プログラム」を実施しています。幅広い年齢構成をいかした学校行事や多彩な体験学習活動をつうじて、将来の夢を見つけ、その夢の実現に向けたさまざまなサポートをするプログラムです。その中心的な取り組みが「かながわ次世代教養」です。前期課程と後期課程に分けて行っていて、前期課程は、「ＩＴ活用」「地球環境」「伝統文化・歴史」「英語コミュニケーション」の学習を中心に、段階をふみながら体系的に学んでいきます。

後期課程に入ると、このプログラムの集大成として全員が課題研究に取り組みます。自ら課題を見つけ、その解決に向けた探究をするのですが、まず探究課題を決めなければいけません。ここがいちばん大事なポイントです。そのため本校では、すでに課題研究に取り組んでいる上級生が、これから探究を始める4年生にどうやって課題を決め探究していくかをアドバイスする「ピアサポート」という取り組みを行っています。教員からではなく身近な先輩から学ぶことで、学びあいの文化が生まれていきます。

スポーツ、歴史、ジェンダー、人権と研究課題も多岐にわたり、

例年のおもな学校行事

4月	入学式 オリエンテーション合宿（1年） 勉強合宿（4年）
5月	かながわ歴史探訪（2年）東京探訪（3年）
6月	翠星祭体育部門
7月	
8月	イングリッシュサマーワークショップ（1年） エンパワーメントプログラム（4・5年）
9月	芸術鑑賞（1～3年）
10月	翠星祭文化部門（1～5年）
11月	かながわ探究（1～3年）、地域貢献デー
12月	相模人形芝居（1年）、イングリッシュキャンプ（2年）、イマージョンプログラム（3年）、研修旅行（3年：国内、5年：海外）、合唱コンクール（1～5年）
1月	百人一首大会（1～3年）
2月	
3月	歩行大会（1～5年） イギリス語学研修（4・5年）

「ゴキブリの生態」を探究した生徒もいました。4・5年生で課題探究をし、6年生で卒業研究として論文にまとめ、研究発表大会も実施しています。こうした活動をとおして「かながわから日本へ、そして日本から世界へ」と羽ばたいていく次世代リーダーが育っていくことを期待しています。

Q. 特色ある学校行事や部活動についてお聞かせください。

【野村先生】 なんといってもユニークな行事は、例年3月に行う「歩行大会」です。本校を出発点として、各学年の発達段階に応じた目的地が設定されていて、グループ別にひたすら歩いてゴールをめざします。

5年生は、最後はケーブルカーを利用しますが、最長距離の大山阿夫利神社までを往復します。生徒たちは「一歩ずつ歩けばかならずゴールにたどり着く」という経験をして学校に戻ってきます。その疲れきった生徒たちをPTAのみなさんが豚汁をつくって待ってくれています。

部活動では、吹奏楽部の活動が活発です。部員も100名を超え、各種コンクールで活躍するのはもちろん、地域のイベント参加や老人介護施設での訪問演奏など幅広く活動しています。昨年度は「全日本ポップス&ジャズバンドグランプリ大会」に出場し、特別賞を受賞しています。また、将棋部の4年生が全国大会に出場するなど、22の部活動・同好会が活発に活動しています。

Q. 御校を志望されている生徒さんへメッセージをお願いします。

【野村先生】 本校の生徒たちには、「夢を持ってどんなことにもチャレンジしてほしい」という話をよくしています。大切なのは、失敗にひるまず勇気を持って目標に向かい前にふみだす力だと思います。それが「2つのハート」にもつながっていきます。

本校にはそのチャンスが山ほどありますので、自分で決めて、自分で実行し、失敗したら自分で責任を取って、さらに高みに向かってチャレンジしてください。目標の実現は、どんなに小さくてもいいですから「夢」を持つことから始まります。

渋沢栄一も言っています、「夢なき者は　理想なし」「幸福を求むる者は　夢なかるべからず」です。

募集区分　一般枠
入学者選抜方法　適性検査Ⅰ（45分）、適性検査Ⅱ（45分）、調査書

（2）たろうさんは，弁当箱を入れるために〔完成図〕のようなきんちゃく袋(ぶくろ)をつくることにしました。〔材料〕を使い，〔つくり方〕に従(したが)ってつくるとき，〔材料〕にある布Aの ア と布Bの イ にあてはまる数を，それぞれ書きましょう。

〔完成図〕

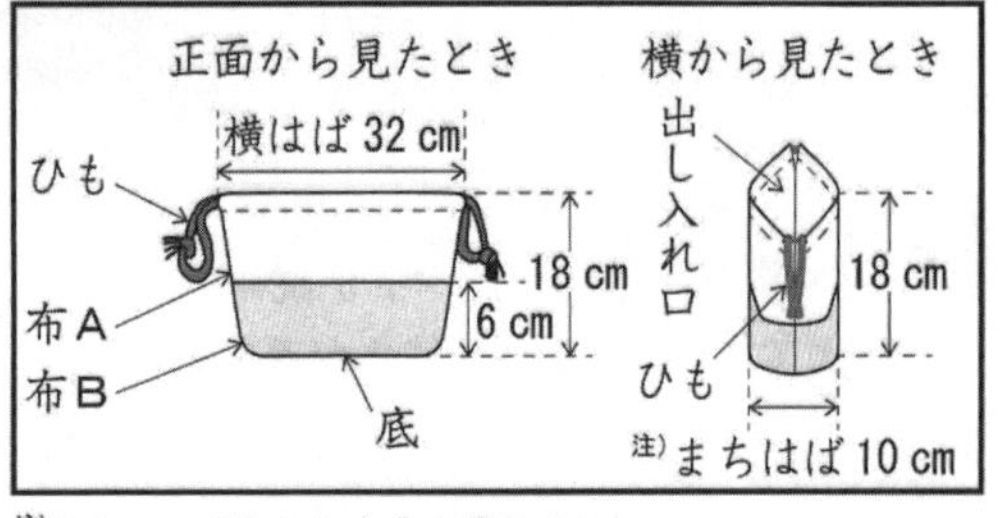

注）まち：かばんやふくろの厚みのこと。

〔材料〕

34 cm
ア cm　布A　を2枚(まい)
34 cm
イ cm　布B　を1枚
※ひもを2本使います。

〔つくり方〕　線（………）：ぬうところ　線（-----）：ぬったところ

① 布A2枚と布B1枚を，ぬいしろ1cmでつなぎます。

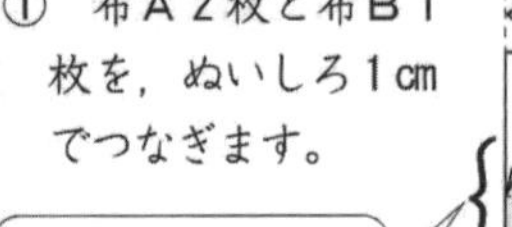
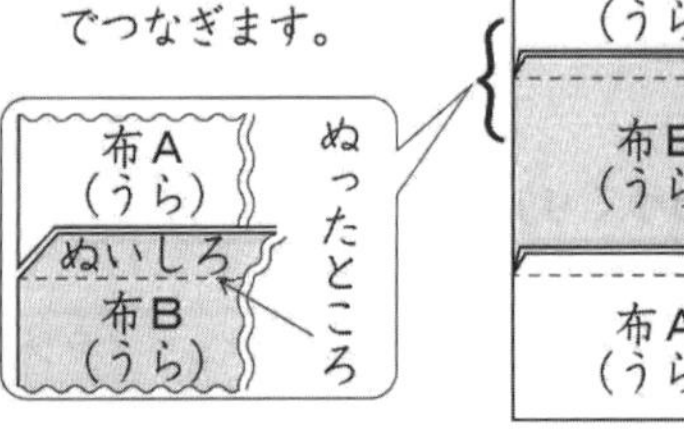

② ①でぬった布をうらが見えるように，図のように半分に折り，ひもを通す部分を残して，線（………）をぬいます。
（ぬいしろは1cm）

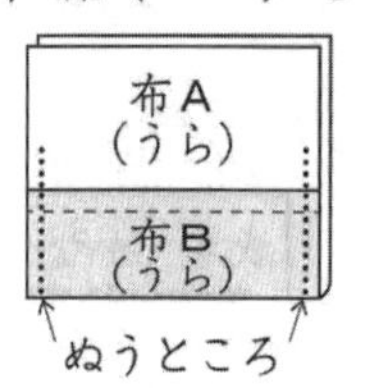

③ 図のように布Aの両はしを折ります。
（反対側も同じ）

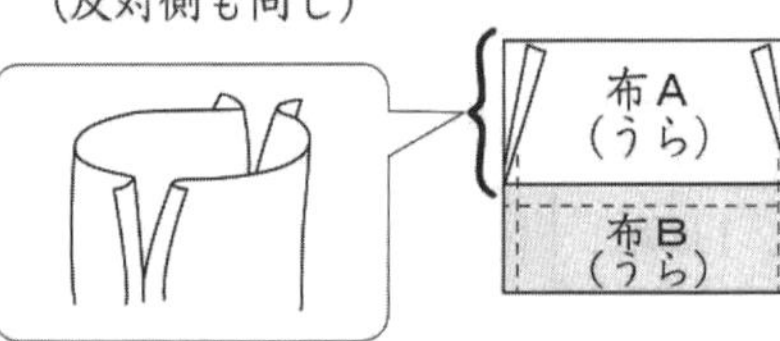

④ 出し入れ口を2cmずつ2回折り，線（………）をぬいます。

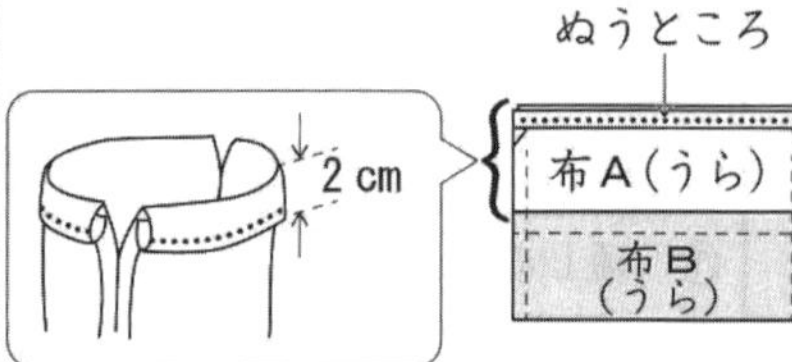

⑤ まちはばが10cmになるように，底の角を三角に引き出して，線（………）をぬいます。

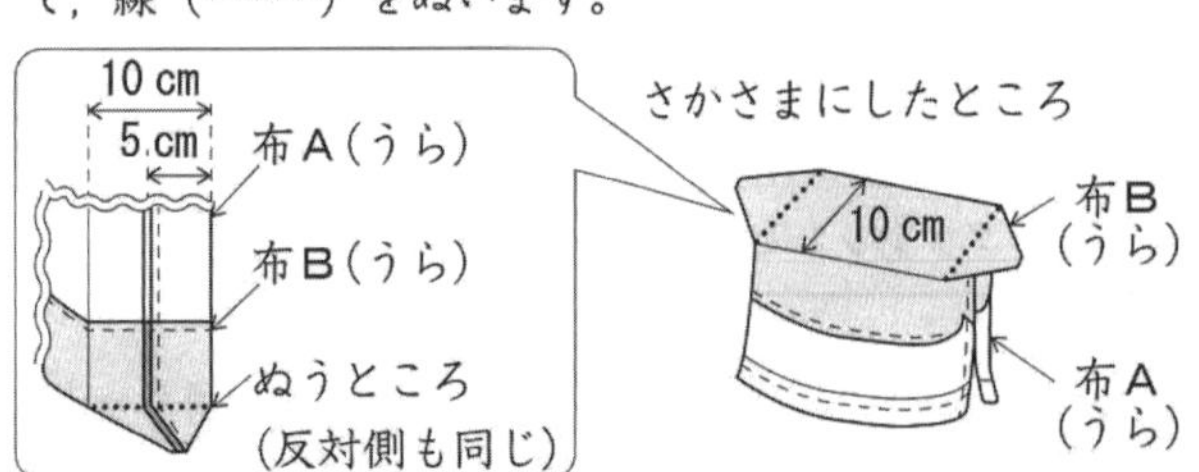

袋(ふくろ)をおもてにし，ひもを通したら完成です。

POINT
試されているのは読解力

会話文をよく読み、持っている弁当箱と、中学生の弁当箱の容量のめやすとの差を計算できれば解答はみえてきます。

POINT
問題を解決するための計算力

「ぬいしろ」や「2回折る」部分などをよく理解して、袋の完成までを想像できる力と計算力が試されます。

2021年度　神奈川県立平塚中等教育学校　適性検査Ⅰより（神奈川県立共通）

問２　かなこさんとたろうさんは，６年生の家庭科の授業で，弁当箱の容量を調べています。次の〔**会話文**〕を読んで，あとの（１），（２）の各問いに答えましょう。

〔**会話文**〕

かなこ　「わたしが持っている弁当箱の容量は〔**メモ１**〕のとおりでした。」
たろう　「わたしが持っている弁当箱には容量の表示がなかったので，内側の長さや深さを測って〔**メモ２**〕に書きました。容量は，内側の体積を求めて，単位をcm^3からmLにするだけで求められるのでしたね。」
先生　「ところで，弁当箱の容量には〔**表**〕のようなめやすがあります。」
かなこ　「わたしは，中学生になって弁当箱を使うときは，今持っている弁当箱を使いたいと思っていましたが，〔**表**〕を見ると容量が足りません。あわせて使うための150 mL分の容器を別に用意します。」
たろう　「わたしは，中学生の男子のめやすに合うように，持っている弁当箱とあわせて使う容器を家で探（さが）してみます。」
先生　「ごはんやおかずをどんな割合（わりあい）で弁当箱に入れるかも大切なのですが，今回は容量を調べましょう。容器が円柱の形をしている場合，『半径×半径×円周率』で求めた底面積に，深さをかければよいですね。」
たろう　「わたしは，容器を見つけたら，弁当箱と容器を入れられるきんちゃく袋（ぶくろ）をつくりたいと思っています。」

〔**メモ１**〕**かなこさんの弁当箱**

容器のうらに「容量 650 mL」と書いてありました。

〔**メモ２**〕**たろうさんの弁当箱**

容器（直方体）の内側の長さや深さ
縦（たて）8 cm，横 20 cm，深さ 4 cm

〔**表**〕**弁当箱の容量のめやす**　※体の大きさや，運動する量によっても増減します。

	女子	男子
小学校５・６年生	700 mL	800 mL
中学生	800 mL	900 mL

（針谷順子（はりがいよりこ）『子ども・成長・思春期のための料理選択型（せんたくがた）食教育　食育プログラム第３版』より作成）

（１）かなこさんとたろうさんは，それぞれ持っている弁当箱に，どの大きさの容器をあわせて使うとよいでしょうか。中学生の弁当箱の容量のめやすにあうように，次の①～⑤の中から最もあてはまるものを，それぞれ１つずつ選び，その番号を書きましょう。ただし，容器には，その容量の分をちょうど入れるものとします。直径や深さ，長さは容器の内側のものとし，円周率は3.14として計算しましょう。

① 底面が直径 5 cmの円で，深さ 4 cmの円柱の形をした容器
② 底面が直径 6 cmの円で，深さ 4 cmの円柱の形をした容器
③ 底面が直径 7 cmの円で，深さ 4 cmの円柱の形をした容器
④ 縦 5 cm，横 11 cm，深さ 4 cmの直方体の形をした容器
⑤ 縦 5 cm，横 13 cm，深さ 4 cmの直方体の形をした容器

解説

神奈川県教育委員会は７月初め、県立中等教育学校２校（平塚中、相模原中）の入試について、「グループ活動による検査」は、新型コロナウイルス感染症予防の観点から2022年度入試では、昨年度につづき実施しないことを発表しました。

残る適性検査Ⅰ・Ⅱは各45分で実施され、各300点が配点されます。調査書は100点。「グループ活動による検査」は例年なら200点ですが、実施されないため配点からは除外されます。

適性検査Ⅰ・Ⅱはともに、算数分野中心に理科、社会など科目を融合した出題となっています。ほとんどの問題で計算力が試されることや、問題文が長く複雑な条件設定となっていることから長文を考えながらていねいに読解する力、集中力が必要になります。いずれの問題でも表現コミュニケーション力、科学的、論理的思考力に加え社会生活での実践力も試されます。

算数分野の出題については、これまでの出題では、割合と比、平面・立体図形、速さと時間、距離など、私立中学受験でも重要となる単元が出題されてきました。資料や課題文をふまえて120～150字程度の記述問題は必須、グラフ作成問題が出題されることもあります。

横浜市立 南高等学校附属中学校

■併設型
■2012年開校

「高い学力」と「豊かな人間性」をバランスよく育てる

今年度、開校から10年目を迎えた横浜市立南高等学校附属中学校。独自につくり上げた特色あるプログラムで、自ら考え、自ら行動できる自主自立の精神を養っています。

遠藤　広樹（えんどう　ひろき）
校長先生

学校プロフィール

開　校	2012年4月
所在地	神奈川県横浜市港南区東永谷2-1-1
T E L	045-822-9300
U R L	https://www.edu.city.yokohama.lg.jp/school/jhs/hs-minami/
アクセス	横浜市営地下鉄ブルーライン「上永谷」徒歩15分、京浜急行・横浜市営地下鉄ブルーライン「上大岡」・横浜市営地下鉄ブルーライン「港南中央」バス
生徒数	男子226名、女子253名
1期生	2018年3月高校卒業
高校募集	あり
教育課程	3学期制／週5日制（月2回程度土曜授業実施）／50分授業
入学情報	・募集人員　男子80人、女子80人　計160名 ・選抜方法　調査書、適性検査（Ⅰ・Ⅱ）

EGGからTRY&ACT 将来の目標を見つける

Q. 御校の教育理念についてお聞かせください。

【遠藤先生】本校の教育理念は、「知性・自主自立・創造」で、これは中高共通です。勉強だけではなく、中高の成長過程のなかで、さまざまな学びを深めることが、あくなき探究心へとつながっていきます。その際、本校が生徒に求めるのは、「自ら考え、自ら行動する」姿勢です。当然それは、そのさきの「未来を切り拓く力」へとつながっていくからです。

本校では、日々の学校生活のさまざまな場面で綿密に計画された教育課程に基づき、自主自立をキーワードに、6年間をかけて「高い学力」と「豊かな人間性」をバランスよく育成していきます。

Q. 今年度から校長に就任されましたが、生徒さんにどのような印象を持たれましたか。

【遠藤先生】明るく素直な生徒が多いというのが最初の印象です。入学したら、こんなことに取り組

んでみたいとか、こんなことに挑戦してみたいという明確な目的を持っている生徒が多くいると感じました。開校から10年目を迎えたこともあり、本校の取り組みが周知されてきたのではないかと思っています。そういう意識の高い生徒をこれからさらに成長させていかなければいけないので、大きな責任を感じています。

生徒には、高い学力をつけるためにも、まずは学習習慣をしっかり確立すること、そして学校行事や部活動などのさまざまな場面で仲間と力を合わせて協働して学ぶ姿勢を大切にしてほしいと、よく話をしています。

Q. 御校独自の教育プログラムについてお聞かせください。

【遠藤先生】 今年度も月曜日から金曜日に週1時間、土曜日は月1回、総合的な学習の時間としてEGG（110ページ・Pick up!参照）を実施しています。

このEGGは、開校時から実施しているオリジナルプログラムで、「世界を幸せにする第一歩」を中学の大テーマとしています。このような活動を主体的に行うなかで、自分たちが生きていく社会の課題を解決または改善するにはどういった取り組みができるだろうか、という視点で考えるように生徒には指導しています。

この総合的な学習の時間を、高校では「TRY&ACT」として、とくに探究活動に力を入れて行っています。高校ではかなり早い段階から課題探究型の学習に取り組んでいましたが、附属中の1期生が高校1年に上がる2015年に、スーパーグローバルハイスクール（SGH）の指定を受けたのを機に、高校での探究活動がさらに活発になりました。現在は、SDGsを前面にだした探究活動を行っています。

探究の成果を大学入試に活用する生徒もいれば、これまでの探究で自分の進路が明確になり、将来の進路を決めた生徒もいますので、このEGGからTRY&ACTの探究活動が本校のキャリア教育の柱になっていることはまちがいありません。

進路指導においても「妥協をしない進路選択」をキーワードに、一人ひとりが目標を高く持ち、仲間といっしょに粘り強く第1志望に向かってがんばろう、という指

Pick up!

1 「EGG」と呼ばれる「総合的な学習の時間」

市立南高附属では総合的な学習の時間を「EGG」と呼んでいます。「EGG」とは「Explore…さがす（学びの追究、課題さがし）」、「Grasp…つかむ（自己の可能性の発見、他者との学びによる確かな理解）」、「Grow…のびる（継続的な人間性の成長）」の頭文字をとったものです。

そこには、中学校の３年間を卵が孵化するまでの過程に見立て、身につけた力を高校で発揮し、卒業後に大空に羽ばたいてほしいという学校の思いがこめられています。

「EGG」でめざされているのは、「『豊かな心』『高い学力』を育成し、自分の力で将来を切り拓く力を育てる」ことです。そのために「EGG体験」「EGGゼミ」「EGG講座」という３つのプログラムが用意されています。

「EGG体験」には、プロジェクトあしがらアドベンチャー21（PAA21）、構成的グループエンカウンター研修、コミュニケーション研修といったプログラムがあります。これらは、人間関係づくりやコミュニケーション能力の育成を目的としたものです。クラスメイトや同学年の仲間と協力しながら課題のクリアをめざしていくなかで、コミュニケーション能力が養われます。イングリッシュキャンプやカナダ研修旅行などの国際交流活動もEGG体験の一環です。

「EGGゼミ」では、「課題発見・解決能力」「論理的思考力」を育成する多様な言語活動（調査、研究、発表活動）が行われます。中３での卒業研究に向け、中１は資料収集、インタビュー、ポスターセッションなどをとおして調査、研究、まとめ方の基礎的なスキルを身につける学習をし、中２ではものの見方を広げ、多様な表現形式を学びます。そして中３では一人ひとりが卒業研究を行います。

「EGG講座」は、幅広い教養と社会性を身につけ、将来の進路への興味・関心を引き出すための多様な講座です。「必修講座」と「選択講座」が用意され、「必修講座」には「JAXA宇宙開発講座」「弁護士による法教育講座」「消防士による防災講座」、「選択講座」には「JAXA相模原キャンパス講座」「NCN（米国大学機構）海外留学講座」など独自の講座が多数開講されています。

EGGで培われた力は、高校進学後、総合的な探究の時間「TRY&ACT」でさらに高められていきます。

導を徹底しています。

学力向上と人間性を高める魅力ある取り組み

Q. 英語学習の「ラウンド制」とは、どんな学習方法でしょうか。

【遠藤先生】「ラウンド制」とは、1年間で教科書を繰り返しあつかう学習方法です。ただし、同じことを繰り返すのではなく、取り組み方を変えながら教科書の最初から最後まで一気に進めます。

たとえば教科書に10のユニットがある場合、最初の「ラウンド1」では、1から10のすべてのユニットについて、まずはイラストを見ながら何度も英文を聞かせてインプットしていきます。そして「ラウンド2」では、またユニット1に戻り、今度は音と文字の一致を目的として、ユニット10まで進みます。そして「ラウンド3」で音読、「ラウンド4」で書く、話す活動を重点的に行います。これにより4技能が自然と身につき、最終的には自分の言葉で自己表現ができる生徒の育成をめざしています。

この「ラウンド制」による英語力の安定感は大学受験でかなりのアドバンテージになっているのも事実ですが、大学に入ってからもとても役に立っているようです。現在、1期生から4期生までが大学で学んでいるのですが、その生徒たちが、ラウンド制で身につけた英語力が大学での研究にとても役に立っていると話してくれています。こうした特色ある取り組みができることが中高一貫教育の強みだと思います。

Q. 具体的にはどのような授業形態を行われているのでしょうか。

【遠藤先生】開校当初から主体的・対話的で深い学びをめざして、「問い」を大事にしたアクティブラーニング型の授業を展開しています。教員からの一方的な授業ではなく、「問い」について自分やグループで調べて書いて、意見を述べることで、人の話を聞く力、自分の考えをまとめ再構築する力、さらに発表する力などが身についていきます。

また、どの教科でも横断的にアクティブラーニング型の授業が展開できるように、生徒のペアや席の配置などをすべて事前に決めていて、効率的に授業が行えるように工夫しています。小学校でもさかんに話しあい活動が行われてい

例年のおもな学校行事

4月	入学式　校外体験学習 (プロジェクトアドベンチャー)（中1） 構成的グループエンカウンター研修(中1)
5月	生徒総会 コミュニケーション研修（中1）　体育祭
6月	合唱コンクール
7月	英語集中研修（中1）
8月	英語集中研修（中2・中3）
9月	南高祭（舞台・展示の部）
10月	イングリッシュキャンプ（中2） カナダ研修旅行（中3）
11月	コミュニケーション研修（中1）
12月	
1月	百人一首大会
2月	構成的グループエンカウンター研修(中1)
3月	卒業式

ますので、中学1年生からアクティブラーニング型の授業に積極的に取り組んでいます。

「高い学力」と「豊かな人間性」をバランスよく身につける

Q. そのほかの学校生活についてお聞かせください。

【遠藤先生】 本校は併設型の中高一貫教育校ですので、高校から38名の生徒が入学してきます。5クラスに7～8名ずつ新しい仲間が増え、高入生はそれぞれの中学校で異なる経験をした生徒たちなので、中入生にとってもよい刺激になっています。

部活動もさかんです。EGGの卒業レポートや日々の学習もありますが、中学3年から高校1年へと継続してつぎのステップへ進んでいけるのも本校の強みではないかと思います。昨年、中学サッカー部が神奈川県中学校サッカー大会横浜Dブロック代表選考会で初優勝しました。高校では、料理部や書道部も全国レベルで、最近はコンピュータ部なども人気の部活動になっています。

今年は6月1日に午前・午後に分かれて、中学と高校の体育祭を実施しました。久しぶりの全体行事でしたので、生徒たちはとてもうれしそうに取り組んでいました。また、今年は中止になりましたが、6月の合唱コンクールも本校では人気の行事です。学校外のホールを借りて中学1年から高校3年まで1日かけて実施します。

Q. 御校を志望する生徒さんにメッセージをお願いします。

【遠藤先生】 本校は自らを成長させるチャンスがたくさんある学校です。そのチャンスを主体的につかみ、いかしていってほしいと思います。そして「高い学力」と「豊かな人間性」をバランスよく身につけてください。

いま1期生が教育実習で学校に戻ってきてくれています。本校で学んだことをつぎの世代に伝えてくれることはとてもうれしいことです。

本校に入学すること、そして卒業後の進路実現をはかることもひとつの目標ですが、本校で学ぶ目的をしっかりと持って入学してほしいと思います。

みなさんの将来の目標をしっかりと見据えて、学びつづける生徒を育てていきます。

【資料】

平年を３６５日、うるう年を３６６日とする。
（1）西暦の年が4でわり切れる年はうるう年とする。
（2）ただし、（1）のうち、１００でわり切れる年はうるう年とせず、平年とする。
（3）ただし、（2）のうち、４００でわり切れる年はうるう年とする。

みなみさん：去年の西暦２０２０年は、４でわり切れるからうるう年ですね。西暦２０００年は、１００でわり切れますが４００でもわり切れるので、うるう年です。このグレゴリオ暦は、いったいどのようにして決められたのでしょうか。

先　　生：ローマ教皇（きょうこう）のグレゴリウス１３世が、当時の学者たちを集めて、覚えやすく、暦と季節のずれができるだけ生まれにくいものを定めたようです。

みなみさん：暦を定めるのにも、きっと大変な苦労があったのでしょうね。

問題１　①＿＿＿＿＿について、西暦２００８年を1回目のうるう年とします。現在のグレゴリオ暦を使い続けたとき、２０回目のうるう年は西暦何年になるか答えなさい。

問題２　②＿＿＿＿＿について、１年をつねに３６５日とした場合、初めに決めた５月１日と３００年後の５月１日では、およそ何日分、暦と季節のずれが生まれますか。１太陽年を３６５.２４２２日とし、小数第１位を四捨五入（ししゃごにゅう）して答えなさい。

POINT

課題や条件を正しく分析する

数理的な問題について会話文を分析し考察する力や、解決に向けて思考、判断し、的確に理解する力をみます。

POINT

情報を素早く理解する力をみる

両問とも算数ですが、会話文の内容を理解していないと解決にはいたりません。素早く解くことも要求されています。

横浜市立

南高等学校附属中学校

募集区分　一般枠（横浜市内在住、県内生で市外在住者は30％以内）

入学者選抜方法　適性検査Ⅰ（45分）、適性検査Ⅱ（45分）、調査書

2021年度　横浜市立南高等学校附属中学校　適性検査Ⅱ（独自問題）より

2　みなみさんは、うるう年について興味をもち、調べています。【みなみさんと先生の会話文】を読み、あとの問題に答えなさい。

【みなみさんと先生の会話文Ⅰ】

みなみさん：①わたしが生まれた西暦（せいれき）２００８年はうるう年で、１年が３６６日でした。そもそも、うるう年は何のためにあるのでしょうか。

先　　生：もし１年をつねに３６５日にしてしまうと、カレンダー上での日付、つまり暦（こよみ）と実際の季節に、毎年少しずつずれが生まれてしまいます。そのため、うるう年で暦を調整する必要があるのです。

みなみさん：どうしてずれが生まれるのですか。

先　　生：地球が太陽のまわりを回って１周するのにかかる時間が、ちょうど３６５日ではないからです。この日数を調べると、平均でおよそ３６５.２４２２日ということがわかっていて、この日数を「１太陽年」とよんでいます。

みなみさん：そうなんですね。暦と季節のずれを調整しないと、どうなるのですか。

先　　生：古代エジプトを例に考えてみましょう。古代エジプトで用いていた暦では、１年をつねに３６５日としていました。すると、農業をするうえで大きな問題が起こりました。たとえば、毎年５月１日に種をまくという農業のスケジュールを組んでいたとしましょう。３００年後には、どのようなことが起こるでしょうか。

みなみさん：②初めに決めた５月１日と、３００年後の５月１日では、季節に大きなずれが生まれてしまいます。これでは、種をまいても作物が育たないかもしれません。

先　　生：こういった問題を解決するために、人類は暦をできるだけ１太陽年に近づける必要があったのです。古代ローマでは、紀元前４６年ごろから「ユリウス暦」という暦が使われていて、１年を３６５日として、４年に１度うるう年をもうけました。

みなみさん：③１年の平均日数は、（３６５＋３６５＋３６５＋３６６）÷４と計算できるので、ユリウス暦での１年の平均日数は、３６５.２５日であるといえそうですね。それでもまだ、１太陽年の３６５.２４２２日と比べるとほんの少しずれがあります。

先　　生：現在はこのずれをさらに小さくするために、「グレゴリオ暦」という暦が広く用いられており、次の【資料】のしくみでうるう年が決められています。

解説

横浜市立南高等学校附属中学校の入学者選抜は、適性検査ⅠとⅡ（各45分）で実施されています。そのうち適性検査Ⅰは、同じ横浜市立の横浜サイエンスフロンティアと共通問題になっています。

共通問題となった適性検査Ⅰは、会話文で展開される内容について、図・表・地図やデータの情報を読み解き、分析して表現する力を試しました。文章読解問題とはいえ、会話文の空欄に当てはまる数字や言葉を、図・表などの資料から読み取り、理解したうえで選ぶといった出題です。

作文ではさまざまなデータをもとに360字以内にまとめるという、時間を要する出題で、記述の仕方も３つの構成を指示されていました。

適性検査Ⅱは、「点と多角形」「暦」「手作り電池」「弦と音」など算数の問題と自然科学的な問題の融合で、分析し考察する力や、解決に向けて思考・判断し的確に表現する力が試されました。

算数、理科の問題が半々に出題されている印象ですが、問題部分が冊子の約18ページ分を占めるほど、非常に多いのが特徴で、時間内に全問解くのはむずかしいでしょう。解ける問題、解くべき問題を見極めることが大切です。

横浜市立 横浜サイエンスフロンティア高等学校附属中学校

■併設型
■2017年開校

未来の「サイエンスエリート」を育てる新しい中高一貫教育がスタート

2017年4月、「サイエンス」を武器に活躍する人びとを輩出する横浜市立横浜サイエンスフロンティア高等学校に附属中学校が開校。未来の「サイエンスエリート」を育てる新しい中高一貫教育がスタートしています。

永瀬 哲 校長先生

〝ほんもの〟を体験し「驚きと感動」を得る

Q 中学校設立の背景についてお聞かせください。

【永瀬先生】横浜市立横浜サイエンスフロンティア高等学校は2009年に開校し、今年13年目を迎えました。教育理念は、「先端的な科学の知識・智恵・技術、技能を活用して、世界で幅広く活躍する人間の育成」です。サイエンスの考え方や、グローバルリーダーの素養を身につけさせ、それらを武器に世界中の人たちとコミュニケーションを取りながら活躍できる人材を育てています。生徒たちは恵まれた環境のなかで伸びのびと成長し、良好な大学進学実績だけでなく、卒業後もサイエンス分野の研究を中心にさまざまな成果を生みだしています。

こうした順調な歩みを早期から進めることが、中学校設立のねらいのひとつです。また、中学3年間でベースを築いた生徒たちが高校へあがり、高校から入ってくる生徒たちと融合することで生まれ

学校プロフィール

開校	2017年4月
所在地	神奈川県横浜市鶴見区小野町6
TEL	045-511-3654
URL	https://www.edu.city.yokohama.lg.jp/school/jhs/hs-sf/
アクセス	JR鶴見線「鶴見小野」徒歩3分
生徒数	男子120名、女子120名
1期生	高校2年生
高校募集	あり
教育課程	3学期制／週5日制／50分授業（一部2時間連続授業あり）
入学情報	・募集人員 男子40名、女子40名 計80名
	・選抜方法 適性検査Ⅰ・Ⅱ、調査書

る効果にも期待しています。

Q 御校がめざす教育についてお教えください。

【永瀬先生】 本校がめざすのは、「サイエンスエリート」の育成です。ここでいう「サイエンス」とは、幅広い分野においてものごとを論理的に考えることを意味します。文・理を超え、政治、経済、医学、薬学などあらゆる分野で役立てられる力です。一方、「エリート」とは、社会に貢献したり、自分がお世話になったかたがたへの恩を返したりする意識をもつことを意味します。それらをサイエンスの力によってかなえられる人を、「サイエンスエリート」と呼ぶのです。

その実現には、「驚きと感動による知の探究」が必要であると考えています。「驚きと感動」と「知の探究」のサイクルにより、生徒の成長をうながします。野球の練習をイメージしてみてください。基礎として素振りの練習（＝知の探究）はとても大事です。しかしながら、そればかりでは伸びません。試合にでたり、プロのプレーを観たりして得られる「驚きと感動」により成長できるのです。

本校には、この「驚きと感動」が得られる〝ほんもの〟を体験できる機会がたくさんあります。高校の課題探究型授業「サイエンスリテラシー」では、大学教員や企業の研究部門のかたのサポートのもと、生命科学をはじめとした先端科学5分野が学べます。また、全員参加のマレーシア海外研修をはじめとした国際交流プログラムも充実しています。〝ほんもの〟に触れることで「驚きと感動」と「知の探究」のサイクルが回る。そんな教育を展開しています。

学びを深く掘り下げ知識を智恵に変える

Q カリキュラムにはどんな特色がありますか。

【永瀬先生】 最大の特色は、授業時間数が多いことです。標準と比べ、中学3年間で国語・数学は140時間、英語は105時間、理科は35時間多く学べます。時間数が多い分は、新しい知識を先取りするのではなく、学んだ内容を深く掘り下げるのにいかします。なぜなら、本校は知識量を増やすことより、知識を智恵に変えるサイクルを重要視しているからです。

また、その手法のひとつとし

Pick up!

1 自由に自分を開拓する時間「フロンティアタイム」

「フロンティアタイム」は、教科の授業ではなく行事でもありません。生徒一人ひとりが主体的に自分自身を開拓する時間です。生徒自身が興味・関心のあるテーマを選択し、「フロンティア手帳」に記入した計画をもとに進めます。たとえば、プログラミングを勉強する生徒もいれば、生物や植物を育てる生徒、図書館で調べものをする生徒もいる、といった時間です。なかには、「フグを２匹捕まえてきて、環境のちがいによりどんな成長のちがいが見られるか」というユニークな実験を行う生徒も。テーマ決めから進行まで、自ら積極的に取り組みます。担任は面談をとおして相談に応じますが、指示・指導などは行いません。この時間の最大の目的は、生徒の自立をうながすことです。ゆっくり時間をかけて自分と向きあったり、周囲を見渡したりすることで、多様な社会を知り、多様な価値観に気づくことができます。また、自分を開拓することは、キャリア形成にもつながります。生徒各々がこの時間を自由に活用し、未来の自己実現へとつなげていくのです。

2 ５つの力を段階的に高める「サイエンススタディーズ」

「サイエンススタディーズ」は、いま世の中から求められている読解力・情報活用力・課題設定力・課題解決力・発表力の５つの育成を目的とした、課題探究型の学習です。「日本を知る」を共通テーマに、校外研修を交えながら段階的に進めます。

まず、中学１年生は科学館、博物館、近隣工場の見学や城ヶ島地層観察のフィールドワークを体験し、それらをとおして発見した課題に基づいて、個人研究のテーマを検討します。

つぎに、２年生になると、「エコアイランド」をめざす宮古島での宿泊研修をとおして、課題意識を高めたり、視野を広げたりしたうえで、本格的な個人研究にとりかかります。ここで研究の基礎を身につけるのです。

最後に、３年生になると、チームで協働研究を行います。国内研修旅行においては、研修先の学校で研究内容を発表。その後、高校で行われる「サイエンスリテラシー」へいかしていきます。

て、「DEEP学習」を取り入れています。「DEEP」とは、ものごとを正確にとらえて考察し討議する「Discussion（考察・討議）」、仮説を立てて論理的に実証する「Experiment（実験）」、フィールドワークなど実体験から学ぶ「Experience（体験）」、自分の考えや意見を正確に相手に伝える「Presentation（発表）」の頭文字を取ったもの。基礎基本の知識をもとに思考を働かせ、自らの考えを発表し、仲間と協働する力、改革が進む大学入試に耐えうる力を身につけていける授業が展開されています。

さらに、生徒が自らを開拓する時間「フロンティアタイム」や、課題探究型の学習「サイエンススタディーズ」（上記参照）も大きな特色となっています。

Q.カリキュラム以外に特徴的なこと、御校で学ぶ魅力について教えてください。

【永瀬先生】 特色あるカリキュラムを展開するのに欠かせない、充実した施設・設備です。天体観測ドームや生命科学実験室、環境生命実験室など、〝ほんもの〟が体験できる、大学にも劣らない恵まれた学習環境が整っています。顕微鏡やタブレットはひとり1台用意されており、パソコンも各階のPCラウンジなどで自由に使えます。

また、中学生と高校生との交流機会が多いことも本校の魅力のひとつです。生徒会活動や体育祭などを中高合同で行うほか、教室も同じフロアに配置しています。ふだんから同じ授業時間で動き、日常的にコミュニケーションを取りやすい環境です。部活動については、高校の部活動のなかから、中学生を受け入れられるものを選出し、可能なかぎりいっしょに活動できるようにしています。

世界で大切にされるサイエンスエリートに

Q.生徒さんの雰囲気はいかがですか。

【永瀬先生】 今春も非常に多くのかたに受検してもらいました。結果として、本校に魅力を感じ、「この学校で学びたい」と強く望んでいる生徒たちが入ってきてくれた印象を持っています。とくに、サイエンスを学ぶための施設・設備の充実、専門家の支援があることに魅力を感じている生徒が多いよ

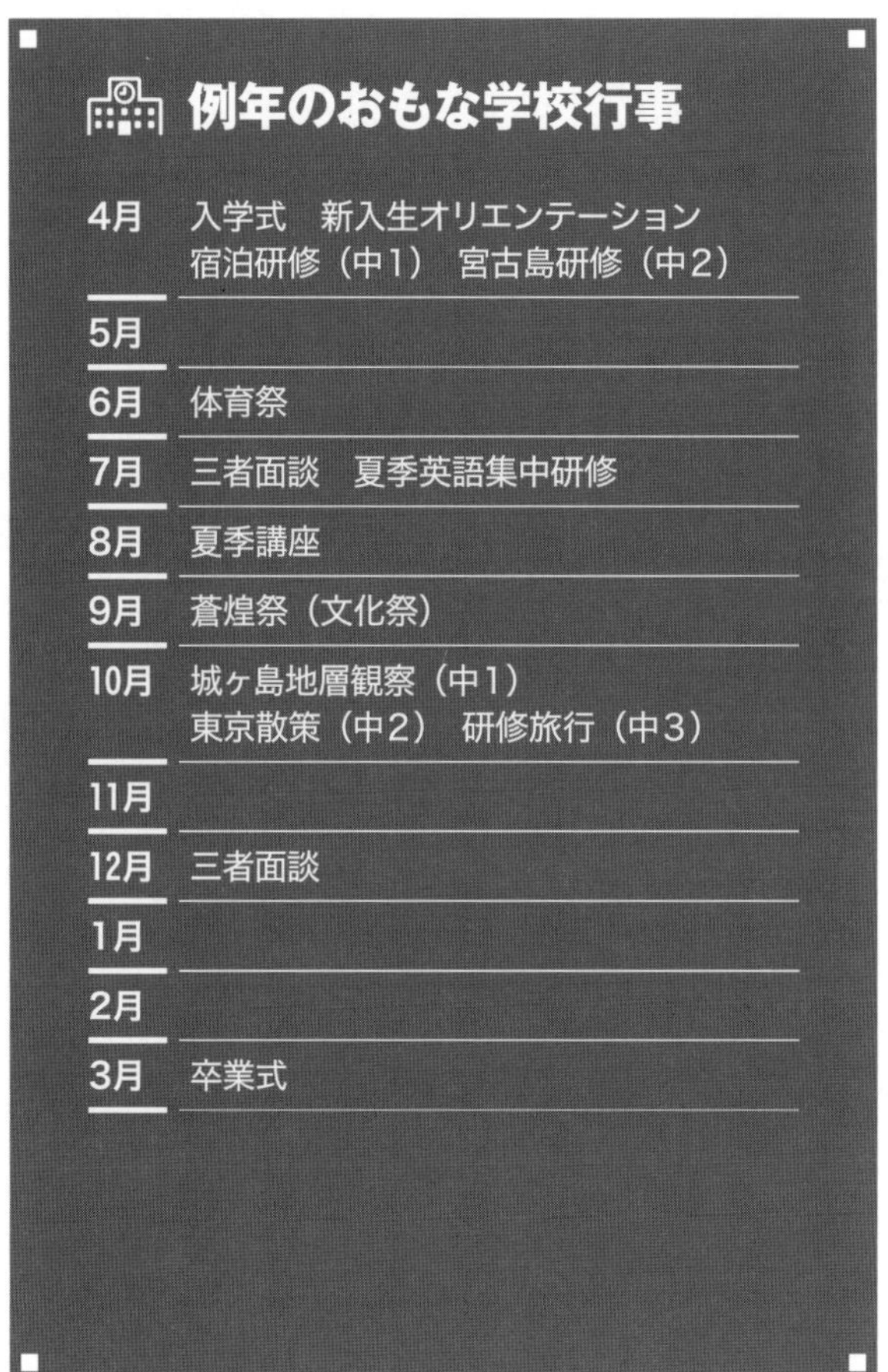

例年のおもな学校行事

4月	入学式　新入生オリエンテーション 宿泊研修（中1）　宮古島研修（中2）
5月	
6月	体育祭
7月	三者面談　夏季英語集中研修
8月	夏季講座
9月	蒼煌祭（文化祭）
10月	城ヶ島地層観察（中1） 東京散策（中2）　研修旅行（中3）
11月	
12月	三者面談
1月	
2月	
3月	卒業式

うです。なにごとにも積極性をもち、いきいきと生活しているようすがうかがえます。基本的に高校生と同じ授業時間で動くため、実験・実習などは2時間連続授業と長時間になるのですが、集中力を切らすことなくタフに取り組んでくれています。

また、保護者のかたからは、「こういう学校があるなら、自分が通いたかった」という声をいただいています。受検を検討されるにあたっては、大学進学実績をみて安心して選んでくださった面もあると思いますが、なにより本校の掲げる理念に共感されたことが大きかったようです。

Q. 中高合同の体育祭の雰囲気はとてもいいそうですね。

【永瀬先生】高校生は各学年6クラスを縦割りし、6チーム編成に。中学生は全員を6グループに分け、高校生の各チームに入れてもらいました。じつは、初年度は中高合同実施にとまどう高校生もいたのですが、「新しい体育祭をつくる」という発想に変え、応援団やパフォーマンスにも快く中学生を受け入れてくれました。中学生も一生懸命取り組み、後日、「先輩がたが私たちを応援してくれてうれしかった」「来年、後輩たちに同じように接したい」などの感想を寄せています。本校には、目標となるすばらしい先輩たちとであえる場も用意されています。

Q. 最後に受検生へのメッセージをお願いします。

【永瀬先生】現在、本校にはさまざまなことに興味を抱き、チャレンジできる生徒たちが集まっています。つねに視野を広く、視点を高く保つことのできる教育環境も整っています。ですから、みなさんにも、「やりたいことを仲間といっしょにやろう」という高い意識をもって入ってきていただきたいです。先輩・後輩も含め、いっしょに学べる仲間にであう学校だと思います。

組織とは、上に立つリーダーだけでは成り立ちません。仲間とともに行動することを意識し、状況によって立場を変え、リーダーを支える経験も大事です。グローバルに活躍するための自己主張と、日本人特有の調和の双方を持ちあわせてほしい。そうして、世界で大切にされるサイエンスエリートをめざしてほしいと思います。

はなこさん：おもしろいですね。等脚台形は①の**直線あ**、**直線い**のような２本の切り取り線で切って動かすと、長方形に形を変えることができるのですね。

問題２　**【資料１】**では、等脚台形を長方形に形を変えるために、どのように２本の切り取り線である**直線あ**、**直線い**をひいたと考えられますか。最も適切なものを、次の**1**～**6**から一つ選び、番号を書きなさい。

1　切り取られた４つの部分の面積が等しくなるようにひいた

2　２本の切り取り線の長さが等しくなるようにひいた

3　２本の切り取り線が垂直（すいちょく）に交わるようにひいた

4　それぞれの辺に垂直になるようにひいた

5　向かい合う辺のそれぞれを２等分する点どうしを結ぶようにひいた

6　合同な四角形の組が２つできるようにひいた

課題や条件を正しく分析する

これから始まる問題の導入部であり、読解力が試されます。思考、判断し、的確に理解する必要があります。

情報を素早く理解する力が必要

簡単な問いですが、つづくこのあとの問題がハイレベルとなりますので、ここでの理解を誤ると得点できなくなります。

2021年度　横浜市立横浜サイエンスフロンティア高等学校附属中学校　適性検査Ⅱ（独自問題）より

【会話文】の続き

たろうさん：ところで、こんな資料をみつけました。【資料１】を見てください。

【資料１】※1 等脚（とうきゃく）台形を長方形に形を変える方法

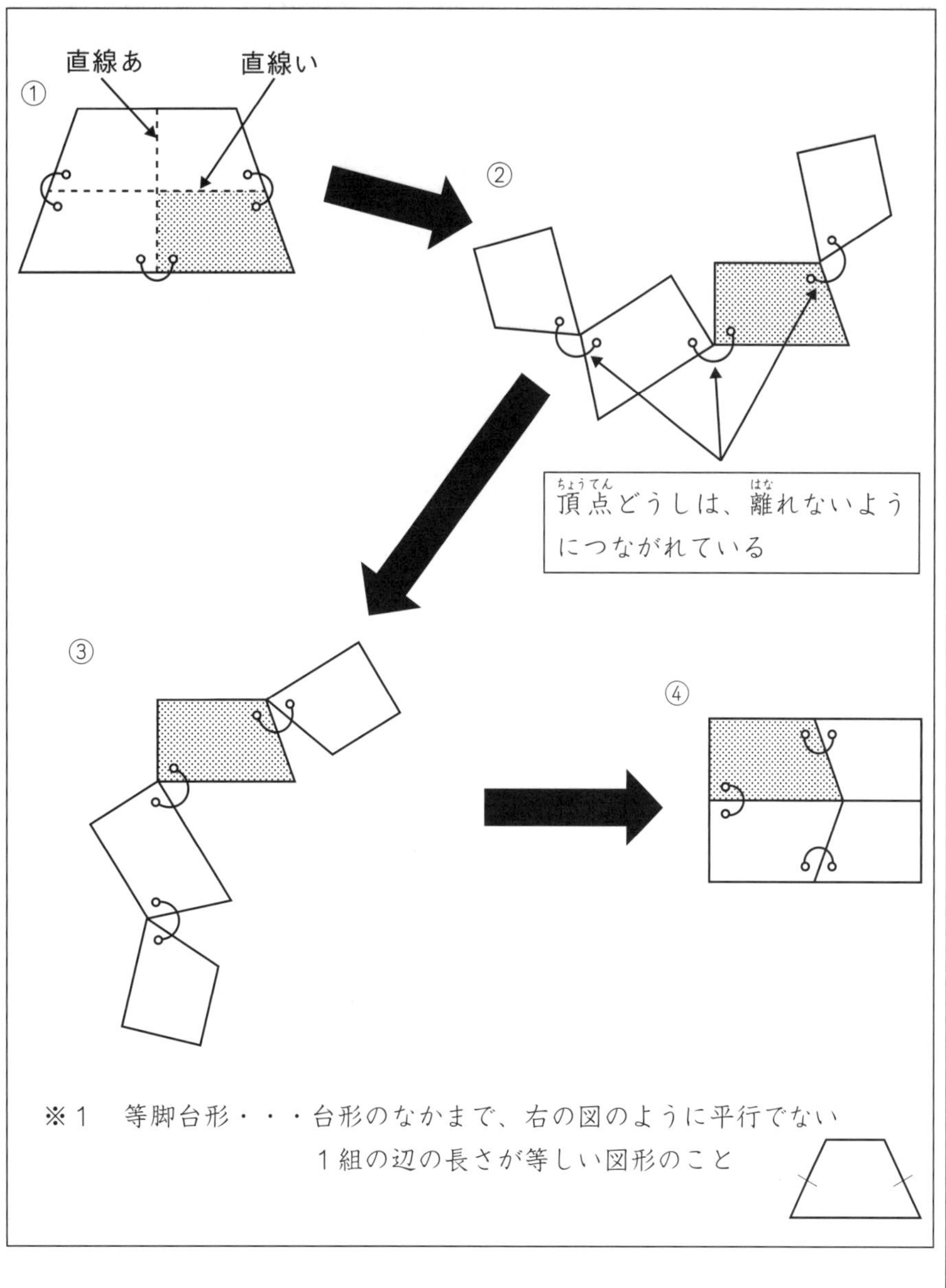

※１　等脚台形・・・台形のなかまで、右の図のように平行でない1組の辺の長さが等しい図形のこと

解説

横浜市立横浜サイエンスフロンティア高等学校附属中学校は、2017年度に開校した学校で、今春、１期生が高校２年生になりました。調査書の小学校５、６年生の８教科の評定を160点満点でのＡ値とし、適性検査Ⅰ、Ⅱの評価をＢ値（200点満点）とし、Ｂ値重視のＳ値を導き選抜します（※Ｓ値＝Ａ値÷160×100×1＋Ｂ値÷200×100×3）。

まず第１次選考では、Ｓ値で募集定員全体の90％が合格します。Ｓ値は400点満点で、内申のＡ値は100点満点に、適性検査のＢ値は300点満点に換算しますから、適性検査ⅠとⅡに75％が配点されているという高い割合です。

適性検査Ⅰは、同じ横浜市立の南高校附属と共通の問題です。その適性検査Ⅰは地図や文章の分析能力が問われました。その内容については、113ページの下に記してあります。

適性検査Ⅱも問題量、質ともに高い内容となっています。昨年度の問題は算数と理科で自然科学的な「考える力」を問うものでした。初めて見る語句も多いため、問題を読むだけでも根気が必要でした。なお、上記に掲げた問題は導入部であり、やさしい部分といっていいでしょう。

川崎市立 川崎(かわさき)高等学校附属中学校

■併設型
■2014年開校

生徒一人ひとりの夢の実現をめざす「かわさきLEADプロジェクト」

学校教育目標に「こころ豊かな人になろう」を掲げる川崎市立川崎高等学校附属中学校。独自の「かわさきLEADプロジェクト」で、生徒の夢の実現をサポートするとともに、川崎市の未来をリードするたくましい人を育てます。

植村(うえむら) 裕之(ひろゆき) 校長先生

相手を尊重できる豊かな心を持つ

Q 学校教育目標「こころ豊かな人になろう」についてご紹介ください。

【植村先生】 とてもシンプルな目標ですが、人間として大切なことだととらえています。どんなに多くの知識を持っていたとしても、どんなに正しいことをしていたとしても、そこに豊かな心がなければ、人を感動させたり人の気持ちを動かしたりすることはできないのではないでしょうか。

Q ほかにも、「人権感覚豊かで高い志を持って学び続け、国際都市川崎をリード(LEAD)するたくましい人を育てることを目指す」を理念とされています。とくに「人権感覚豊か」というフレーズにはどのような思いがこめられているのでしょうか。

【植村先生】 これは開校当初からの理念です。現代はグローバルな時代ということもあり、異なる文化を持つ人びとと協働することが求められます。そこでいちばん大

学校プロフィール

開校	2014年4月
所在地	神奈川県川崎市川崎区中島3-3-1
TEL	044-246-7861
URL	http://www.kaw-s.ed.jp/jh-school/
アクセス	京浜急行大師線「港町」徒歩12分、JR東海道線・京浜東北線・南武線「川崎」徒歩20分またはバス
生徒数	男子117名、女子240名
1期生	2020年3月高校卒業
高校募集	なし(普通科)
教育課程	2学期制/週5日制/45分授業
入学情報	・募集人員　120名
	・選抜方法　適性検査Ⅰ・Ⅱ・面接

切なのは相手を尊重する気持ちなので、人権感覚豊かであることが重要だと考えています。

この考えはふだんの学校生活においても変わりません。隣にいる友人を大切にする、がんばっている人を応援する、そんな気持ちを持つように生徒には伝えています。

Q 植村先生は開校当初は教頭として教育に携わり、昨年校長として戻ってこられました。開校当時と比べて変わった点はありますか。

【植村先生】 学校の雰囲気は開校当時と変わらず、自分の意見を積極的に発言できる生徒が多く集まっていると感じます。これは、1期生のがんばりがいきているということでもあると思います。学校説明会などで生徒のようすを見て、本校の雰囲気を理解したうえで後輩たちが入学してきてくれたのでしょう。

教育内容の面では、2021年度入試から普通科の高校募集を停止したことが大きな変更点です。今後は中高のつながりをさらに意識、強化して日々の教育活動を行っていきます。また、今後は平和教育やリーダーシップ教育にも注力していく予定です。

Q これまで同様、中高の6年間を2年ごとに分けて教育活動をされていくのでしょうか。

【植村先生】 そうですね。中1・中2は学ぶ楽しさを見つける「定着期」、中3・高1は学びを広げる「充実期」、高2・高3は学びを深める「発展期」と位置づけることに変わりはありません。とくに意識しているのは、中3と高1の接続部分です。これまでも中高で協力してきましたが、今後は教員同士の話しあいの時間をさらに多く設けることで、教科ごとにどのような指導に力を入れるべきかを話しあい、よりスムーズに高校の学びに入れるようサポートします。

そして独自の「かわさきLEADプロジェクト」も引きつづき実施します。これは「Learn（学び）」「Experience（体験）」「Action（行動）」を大切にした教育で生徒の「Dream（夢）」の実現をサポートし、また川崎市の未来をリードする人材の育成をめざすものです。

3つのキーワードで生徒の力を伸ばす

Q 「かわさきLEADプロジェクト」について具体的にお教えくだ

Pick up!

1 自ら学ぶ力や探究力を育む 独自の「農業体験」

川崎市の未来をリードする人材の育成をめざす「かわさきLEADプロジェクト」。その柱のひとつ「体験・探究」における取り組みをご紹介しましょう。

「体験・探究」のなかでも、中１の農業体験は大豆を育てる独自のプログラムです。種まきから始め、大豆になる前の段階である枝豆の収穫、味噌づくりまで１年間をかけて体験します。

特徴的なのは、千葉県のJAきみつと連携した君津市での露地栽培と校舎屋上での庭園栽培、ふたつの異なる環境で同時に大豆を育てていくことです。どのようなちがいが生まれるのか、その理由はなにか、生徒は体験をとおして学んでいきます。

こうした体験をする一方、その過程で一人ひとりが持った疑問について、それぞれが探究を進めていきます。大豆そのものに興味を持つ生徒、日本の農業について調べる生徒など、それぞれの気づきがいかされたテーマが設定されます。探究の成果は、保護者も訪れる発表会で披露します。

農業体験をはじめとした探究活動で自ら学ぶ力や探究する力を身につけ、高校では「川崎よい町づくりプロジェクト」に取り組みます。たとえば川崎市内のレンタサイクル事業について調べたところ、ある地域で利用者が少ないことがわかりました。それは坂が多い地域のため、自転車での移動がむずかしいということが原因でした。電動自転車の導入を市に提案すると、実際にそのアイディアが取り入れられたそうです。自分たちの住んでいる川崎市をよりよい町にしようと、生徒はやりがいを持って学びを深めています。

さい。

【植村先生】 キーワードとなるのは「体験・探究」「ICT活用」「英語・国際理解」の3つです。

「体験・探究」では、中1で農業体験（上記参照）、中2で職場体験、中3で川崎市を外部に発信するという取り組みを用意しています。これらは総合的な学習の時間で実施していますが、体験をとおして学ぶことはとても多いと考えているので、理科では実験を多く実施するなど、教科学習でも体験を重視した授業を展開しています。

ふたつ目の「ICT活用」については、本校は開校時からひとり1台ノートパソコンを所有し、教室にはプロジェクターが完備されているので、それらを各教科で使用しています。

鉛筆やノートといったほかの文房具と変わらないかたちでノートパソコンを使いこなす生徒の姿を見て、私の方が驚くほどです。例年4月に中1が参加する「自然教室」の新聞を作成したり、農業体験での発表資料をつくったりと、さまざまな場面で活用しています。

最後の「英語・国際理解」においては、英語の授業はもちろん、イングリッシュキャンプ、イングリッシュチャレンジといった行事も大きな役割を果たしています。

イングリッシュキャンプは中1・中2対象です。中1は7月に通学形式で、20名ほどのALTとともに英語漬けの3日間を過ごします。中2になると、2月に宿泊形式で行い、英語で自分の意見や考えを発信する力を向上させます。

イングリッシュチャレンジは全学年が参加するもので、英語を使ってのスピーチや歌、劇などに挑戦します。スピーチの原稿や劇の小道具なども生徒たち自身の手でつくり上げるので、仲間と協力しながらとても楽しそうに取り組んでいます。

ふだんから英語の授業もできるかぎり日本語を使わずに指導していますし、ペアワークなどの機会も多いので、生徒は英語を話すことに抵抗がなく、こうした行事にも積極的です。

夢に向かってたくましく がんばれる素地をつくる

Q. 生徒さんには中高の6年間をどのように過ごしてほしいとお考

例年のおもな学校行事

4月	入学式　自然教室
5月	体育祭
6月	
7月	農業フィールドワーク（中1） イングリッシュキャンプ（中1） 職場体験（中2）
8月	
9月	生徒会選挙　文化祭
10月	合唱コンクール
11月	川崎市学習診断テスト
12月	イングリッシュチャレンジ
1月	
2月	イングリッシュキャンプ（中2） 修学旅行（中3）
3月	フィールドデイ 学習発表会　卒業式

えですか。

【植村先生】 高校受験がないという中高一貫校のメリットをいかして、自分の人生についてゆっくり考えてほしいです。高校に上がると大学受験に向けた勉強で大変になりますから、そこでがんばれる素地をつくるのが中学校の役目だと思っています。

Q 御校の適性検査ではどのような力を重視していますか。

【植村先生】 これまでに体験してきたことや学んできたこと、持っている知識を、どんなことに応用できるのか、どのようにいかせるのかといったことを受検生自身の言葉で表現する力をみています。

表現力を磨くのにおすすめなのは本を読むことです。本校は読書好きの生徒が多く、彼らをみていると、読書をつうじて語彙を増やし、表現力を磨いているのを感じます。

Q 読者に向けて、志望校選び、そして入学後の学校生活の過ごし方についてのアドバイスをお願いします。

【植村先生】 まずは自分に合った学校を見つけることが大切です。各校をよく研究して自分がしたいことができる学校を探しましょう。説明会などで学校を訪れると雰囲気もよくわかると思います。

入学後は、目標や将来の夢を持ってさまざまなことに一生懸命に取り組んでください。たとえ失敗したとしてもかまいません。まずは挑戦してみて、うまくいかなければ、つぎはどうすれば成功するかを考えて、その後にいかせばいいんです。

夢はなかなか見つからないかもしれません。しかし夢を持てば、夢に向かって自分から行動することができるはずです。もしその過程でつらいことや失敗があったとしても、主体的に行ったことであれば、途中で諦めたり、だれかのせいにしたりすることはないでしょう。生徒には何度でも立ち上がれる強さとたくましさを身につけてほしいです。

生徒がいろいろなことにチャレンジして大きく成長する、そのために学校はあります。

そして、仲間との時間も大切にしてください。豊かな心は人と人とのかかわりのなかで育まれていきます。中高時代は心を耕す期間です。

募集区分：一般枠（川崎市内在住）

入学者選抜方法：適性検査Ⅰ（45分）、適性検査Ⅱ（45分）、調査書、面接

はなこさん：夏の暑い日に炭酸飲料を外に出していると、すぐにシュワシュワがなくなってしまうのは気のせいでしょうか。

たろうさん：気のせいではありません。二酸化炭素も水の温度によって、水にとける量が変わる性質があります。

はなこさん：砂糖のように、温度が高ければ高いほど水にとけやすくなるのとはちがって、二酸化炭素は、温度が高ければ高いほど、水にとけにくくなるということなのですね。

たろうさん：そうですね、温度を高くすると、炭酸飲料の中から出るあわの量が増えていきます。

はなこさん：そういえば、液体の中からあわが出るといえば、水がふっとうするときも同じですね。あれも同じ二酸化炭素なのでしょうか。

〔資料５〕

たろうさん：〔資料５〕のように、水を加熱して、あわをふくろに集める実験をしたことを覚えていますか。

はなこさん：加熱した水から発生するあわをろうとで集めて、その先に取り付けてあるふくろにためてから冷やすという実験ですね。覚えています。でも、どんな結果だったかは忘れてしまいました。

たろうさん：もし、はなこさんの言うようにあのあわが二酸化炭素ならば、火を消してふくろを冷やすと、ポリエチレンのふくろはどうなるでしょうか。

はなこさん：ふくろは［　　（う）　　］はずです。

たろうさん：でも、実際は、ふくろは［　　（え）　　］のです。

はなこさん：つまり、水の中のあわの正体は、水が気体になった水蒸気ということですね。

（4）［（う）］、［（え）］にあてはまる言葉を次のア～カの中からそれぞれ１つずつ選び、記号で答えましょう。

ア　あまりしぼまず、液体は出てこない
イ　あまりしぼまず、液体が出てくる
ウ　ほとんどしぼんでしまい、液体は出てこない
エ　ほとんどしぼんでしまい、液体が出てくる
オ　さらにふくらみ、液体は出てこない
カ　さらにふくらみ、液体が出てくる

POINT

会話文から内容を読み解く

「近道的（ちかみち）」な手法を習得していることよりも、小学校での学習事項を本質的に理解しているかどうかが問われています。

POINT

日常的な事象を考察する力をみる

ふだんから身のまわりのいろいろなことに関心と疑問を持っているか、「日常をふまえた考え方」が問われます。

2021年度　川崎市立川崎高等学校附属中学校　適性検査Ⅱ（独自問題）より

たろうさん：ところで、身の回りにあるさまざまな液体は、水にさまざまなものがとけこんででできているのは知っていますか。
はなこさん：お店で売られているスポーツドリンクやジュースにはたくさんの砂糖がとけていると聞いたことがあります。
たろうさん：そうですね、あまくておいしい飲み物にはたくさんの砂糖がとけているから、飲み過ぎに気をつけなければいけないと教わりました。
はなこさん：炭酸飲料のシュワシュワは何がとけてできているのでしょうか。
たろうさん：それは二酸化炭素という気体が水にとけているそうです。
はなこさん：炭酸飲料をふると中身が勢いよくふき出すのは、とけていた二酸化炭素がとけきれなくなって、一気に液体から出ることが原因なのですね。
たろうさん：その通りです。その原理を利用して、「ラムネ」という飲み物ではふたを閉じているのを知っていますか。

〔資料４〕ラムネのびん

（トンボ飲料ウェブサイトより引用）

はなこさん：ラムネはよく銭湯やお祭りで売られていますね。確か、容器の中にビー玉が入っていたと思います。
たろうさん：ラムネは〔資料４〕のようにぎりぎり外には出ない大きさのビー玉で中からふたをしているのです。
はなこさん：外に出ないのは分かりますが、どうして、ビー玉でふたができるのですか。
たろうさん：ラムネにとけている二酸化炭素を利用しているのです。
はなこさん：あの炭酸のシュワシュワの力を利用するのですね。
　　　　　　ということは［　　（い）　　］のではないですか。
たろうさん：その通りです。

（３）［（い）］にあてはまる、ラムネのびんがビー玉でふたをしているしくみを答えましょう。

※川崎高附属中の出題にある写真はすべてカラー写真でしめされます。

解説

川崎市立川崎高等学校附属中学校の入学者選抜では、適性検査ⅠとⅡが行われます。適性検査Ⅰでは、「文章や図・表・データの内容を的確にとらえ情報を読み解き、分析し表現する力をみる。また、作文も含む」ことを、適性検査Ⅱでは「自然科学的な問題や数理的な問題を分析し考察する力や、解決に向けて思考・判断し、的確に表現する力をみる」ことを出題の基本方針としています。

このほかコミュニケーション能力などを探る面接（集団、７名）も行われます。初めに質問に挙手してひとりずつ答え、つぎに７人のディスカッションになります。※2021年度は実施せず。

この春の出題をみると、適性検査Ⅰは国語的要素の問題で作文（「新聞記事を書く」ことを前提に自分の小学校を紹介するための工夫を文字数300字以上400字以内で記述）があり、この作文表現では３段落以上の構成を求められました。

適性検査Ⅱは算数、社会、理科の融合問題で、データや表を読み取る力が試されました。また、ここでも記述式で答える問題が多くでています。答えがでればいいというわけではなく、長い説明を含んだ問題文の読解力が求められています。問題量が多いため処理のスピードも試されます。

千葉県立 千葉中学校

■併設型
■2008年開校

深く学べる柔軟なカリキュラムで学問の本質を学び自主性を身につける

県内トップ校のひとつである千葉県立千葉高等学校に併設された千葉県立千葉中学校。受験だけを考えた知識偏重のカリキュラムではなく、生徒の自主性を重視した、学問の楽しさを味わえる授業が展開されています。

加藤 俊文 校長先生

生徒の成長を支える「三つの協同」

Q 教育方針についてお教えください。

【加藤先生】本校は「千葉から、日本でそして世界で活躍する心豊かな次代のリーダーの育成」を教育理念に掲げています。現代社会では、AI（人工知能）の発達も含めて「モノと人」とのかかわり方が問われていると思います。そんななか、他者と協力しながら0から1を生みだしていく、そんな力が必要です。本校ではそうした能力を持った人材を「リーダー」として、さまざまな資質を養っています。

とくに「きょう」という音がキーワードになっていて、「共」感、「協」働といった観点を大切にしています。なかでも本校が重要視しているのは、人間力を培うために掲げる「三つの協同」です。まず「学びの協同」は生徒同士が校内で協力する学びあいをさします。つづいて社会とのかかわり方を学ぶ「社会との協同」。最後に保護者のかたとともに生徒を支え

学校プロフィール

開校	2008年4月
所在地	千葉県千葉市中央区葛城1-5-2
TEL	043-202-7778
URL	https://cms1.chiba-c.ed.jp/chiba-j/
アクセス	千葉都市モノレール「県庁前」徒歩9分、JR外房線・内房線「本千葉」徒歩10分、京成千葉線「千葉中央」徒歩15分
生徒数	男子120名、女子120名
1期生	2014年3月卒業
高校募集	あり
教育課程	3学期制／週5日制／50分授業
入学情報	・募集人員　男子40名、女子40名 計80名
	・選抜方法　（一次検査）適性検査（1-1・1-2）（二次検査）適性検査（2-1・2-2）、集団面接、報告書

る「家庭との協同」です。

　卒業後、生徒がいろいろな人と協力して活躍していくためにも、こうした観点から学びをサポートしていきます。

Q. そうした学びが生徒の身についていると感じたエピソードはありますか。

【加藤先生】 昨年、コロナ禍で外部との接触を絶たざるをえなかった時期に、生徒から「近隣の社会福祉施設になにかできないか」との声が上がりました。ちょうどマスクが不足していた社会情勢だったため、家で余っているものや手づくりのものを寄付したいと。学校側としては衛生的な観点から慎重な意見もでましたが、寄付したところ施設からは大変助かったとのお話があり、生徒にとっても、いい成功体験になりました。

　こうした意見が生徒から自発的にでたのも、従来から委員会活動や部活動で近隣の施設に出向いて交流してきたことが影響しています。社会とのかかわりを大事にしてきた本校の教育が、生徒の視野を広げていると実感しました。

Q. カリキュラムの特徴をお教えください。

【加藤先生】 水曜日と金曜日は7時間授業として授業時数を多めに設定しつつ、全体的にバランスよくカリキュラムが組まれているのが特徴です。基礎基本を大切にしながらも、発展的な内容まで深く学んでいきます。

　本校ならではの特色としては「スパイラル学習」という手法が用いられている点があげられます。これは、同じ題材について学年をまたいで繰り返し学んでいくスタイルです。

　たとえば社会科の歴史分野で、ある単元を学習したあと、学年が上がってから再び異なる題材で同じ単元を学びます。生徒が成長していることで視点がちがってきますし、さらに深く理解ができるという仕組みです。国語で同じ作者の作品をあつかうにしても、読解力や思考力がきたえられているため、発展的な学びに取り組むことができます。

　また、数学と英語では中1からクラスを半分に分けて少人数授業も行っています。通常、数学と英語は週4時間ずつ設定されますが、本校では隔週でそれぞれ授業を行う時間をつくり、週4・5時

Pick up!

1 人間力育成のための総合的な学習の時間 「学びのリテラシー」「ゼミ」「プロジェクト」

千葉中学校では、県内トップレベルの千葉高校の伝統をいかした「学びのリテラシー」「ゼミ」「プロジェクト」という人間力育成のための独自プログラムが展開されています。

「学びのリテラシー」とは、探究学習の基礎となる力を育てる学習です。「ゼミ」や「プロジェクト」で必要となる技術を学んでいきます。情報処理のための技術を数学・理科の教員が、話しあいの技術を国語の教員が、プレゼンテーションの技術を英語の教員が指導します。

こうした技術をもとに「ゼミ」では個人もしくはグループで、関心のあるテーマの研究を進めていきます。年度末にはそれらをまとめて発表、とくに中3では論文にまとめ、卒論発表会も行います。

「プロジェクト」は社会に貢献する力をつけるためのプログラムです。各学年で社会人講演会(中1)、職場体験学習(中2)、夏季ボランティア（中3）を行います。これらは生徒が企画・運営を担当するため、講演者や企業へのアポイントメントを取るところから生徒が行います。

こうした経験が企画力を育み、社会でどんなことができるのか、社会からどのような力が必要とされるのかを理解することにつながるのです。

そして、これら3つのプログラムが、千葉高校へ進学したのちの「千葉高ノーベル賞」という取り組みの土台となっていきます。この「千葉高ノーベル賞」とは、4つの分野（人文科学・社会科学・自然科学・芸術）に分かれて個別に調査・研究し、まとめた作品のなかから最もすぐれたものに与えられる賞で、総合的な学習の時間に行われています。

高校進学後、高1から約2年間かけて研究したものを高3の9月に発表します。各分野で優秀作品に選ばれたものは「千葉高ノーベル賞論叢」として冊子にまとめられ、全校生徒に配られます。

テーマのなかには「東名高速道路の渋滞緩和」に関するものや「北海道新幹線の採算性」など、社会的な視点を持ったものも多くありました。こうして中学校で研究の基礎を学び、高校でのハイレベルな研究につなげていくことができるのです。

間確保しています。

中2、中3にはひとり1台タブレットPCが整備されており、中1にも今年度配付されて3学年分240台がそろう予定です。ICT機器の活用では、各教科で調べ学習などを行うほか、英語では学習ソフトを導入して、リスニングやスピーキングに家でも取り組めるようになっています。

学年ごとにさまざまな学校行事を実施

Q. 特色ある授業や学校行事はありますか。

【加藤先生】 探究学習に取り組む「学びのリテラシー」「ゼミ」「プロジェクト」（上記参照）は本校ならではの授業です。

学校行事では、中1の4月に行うオリエンテーション合宿は人間関係を築くうえで重要な位置づけとなっています。これから6年間いっしょに過ごしていく仲間と寝食をともにし、学習の仕方や教員とのかかわり方について学んでいくというものです。

また、いわゆる修学旅行にあたる「伝統文化学習」が中2で実施されます。奈良に行くのですが、ただ旅行として参加するのではなく、国語や社会の授業で奈良にまつわる作品や歴史についての事前学習を重ねていきます。その知識をふまえて現地で本物の銅像やお寺などを見学し、フィールドワークをするという流れです。奈良から帰ってきたあとの振り返りもしっかり行います。

さらに、中3の卒業式後に希望者は「ボストン研修旅行」に行くことができます。希望者対象ですが、例年ほぼ全員が参加しています。現地で世界トップレベルの大学を訪問して学内を見学したり、お話を伺ったりするほか、ホームステイも行います。新型コロナウイルス感染症の影響で2年ほど中止にはなっていますが、高校進学に向けてのモチベーションアップにつながる、生徒からも反響の大きい行事です。

こうした特色ある行事が用意されているだけでなく、文化祭や体育祭では生徒の自主性が重んじられているのも大きなポイントです。生徒同士で話しあいをしてもらい、教員はその意見を具現化していく仕掛けをつくる、というのが基本的な姿勢となっています。

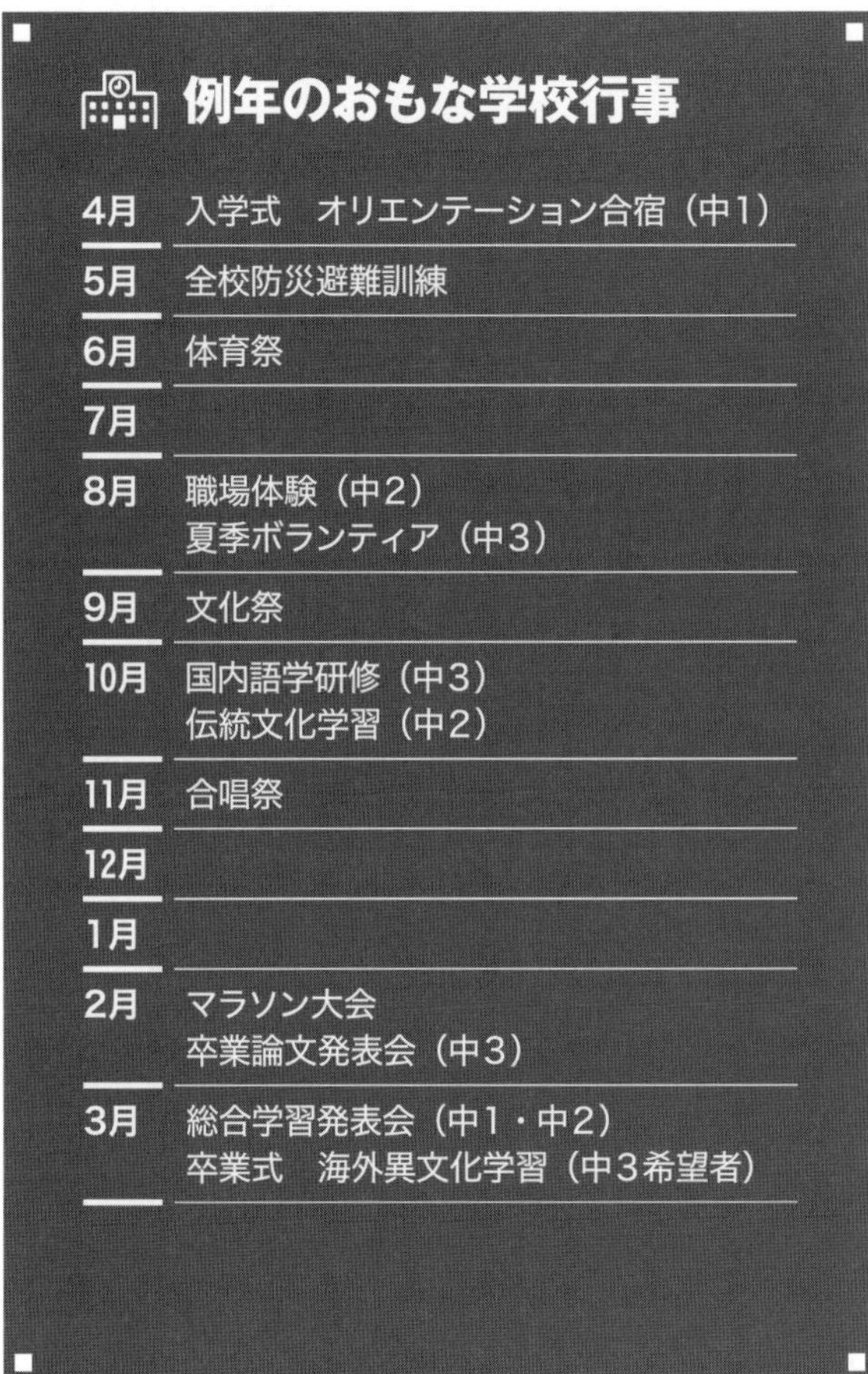

例年のおもな学校行事

4月	入学式　オリエンテーション合宿（中1）
5月	全校防災避難訓練
6月	体育祭
7月	
8月	職場体験（中2） 夏季ボランティア（中3）
9月	文化祭
10月	国内語学研修（中3） 伝統文化学習（中2）
11月	合唱祭
12月	
1月	
2月	マラソン大会 卒業論文発表会（中3）
3月	総合学習発表会（中1・中2） 卒業式　海外異文化学習（中3希望者）

今年からは中高でのかかわりもより強化していきたいと考えており、たとえば文化祭の実行委員会では高校生が中心となって話しあいを進めていますが、そこに中学生も参加して、決まったことをクラスに伝達する、といった取り組みが始まっています。

Q. 生徒さんには6年間をとおしてどんな学校生活を送ってほしいですか。

【加藤先生】 本校のカリキュラムや授業は、中高ともに受験を意識しすぎないつくりになっています。学問の深さ、おもしろさに触れられるような工夫を各教員が凝らしているので、そうした授業を受けるなかで「自分がどうありたいか」「なにを学びたいのか」「そのためになにをすべきか」をしっかり考えてほしいですね。

自ら意思決定をして、主体的に活動していく機会が豊富に用意されていますし、そうしたありようが、世界のリーダーとなるために必要な素養となっていくのだと思います。

Q. 今後どのような生徒さんに入学してほしいですか。

【加藤先生】 本校は併設型中高一貫校ですから高校に進学する際の受検はありませんが、たんに「受検をしなくてすむから」という観点で志望校を選ぶのではなく、将来なりたい自分をイメージして本校に来ていただきたいです。

人とのかかわりを重視し、社会に貢献していく人材を育てたいという本校の理念を理解して、前向きに学んでいけることが重要だと考えています。

Q. 読者にメッセージをお願いします。

【加藤先生】 コロナ禍で人とのかかわりが薄くなりがちですが、だからこそ家族や友人、学校の先生との生活を大切にして過ごしましょう。本校は学問のおもしろさや、人と協力してものごとを成し遂げる楽しさを体験したい、というかたにはぴったりの学校だと思います。そのなかで意欲を持って将来について考えていってほしいです。

ここまで述べたとおり魅力あるカリキュラムを用意してみなさんを待っていますので、本校を訪れたり、資料を取り寄せたりしてそれをしっかり知ったうえで、本校を選んでいただけるとうれしいです。

先生：そうですね。さらに，水にとけた砂糖の粒が広がっていく様子を考えたときと同じようにして，二重線の左側と右側それぞれの，とけた砂糖の粒が動ける位置の組み合わせの数を考えていきましょう。

まい：図８で二重線がＪにあるときは，左側は８通り，右側は６通りです。二重線をＧ，Ｈ，Ｉ，Ｋにずらしてそれぞれ数えることで，表をうめることができました。

表

二重線の位置	G	H	I	J	K
左側の砂糖の粒の位置の組み合わせの数〔通り〕	2	4	6	8	10
右側の砂糖の粒の位置の組み合わせの数〔通り〕	45	28	エ	6	1

先生：よくできました。今度は二重線の左側と右側を１つとして，全体で考えましょう。もう一度図８を見てください。二重線がＪにあるとき，全体での砂糖の粒の位置の組み合わせの数は，二重線の左側の○が左下にあるとき，右側の２つの○の位置の組み合わせの数は６通り，同じように二重線の左側の○が左上にあるときも右側の２つの○の位置の組み合わせの数は６通り，…と考えて求めることができます。

まい：そうすると，二重線がＧ～Ｋのとき，それぞれの全体での砂糖の粒の位置の組み合わせの数は，表の「左側の砂糖の粒の位置の組み合わせの数」と「右側の砂糖の粒の位置の組み合わせの数」の［カ］で求めることができるのですね。全体で考えると，二重線が［キ］の位置のときに組み合わせの数が最大になります。

先生：よくできました。

まい：あっ，そういうことなのですね。半透膜があるときも全体で考えると，砂糖の粒が動ける位置の組み合わせの数が増えるように水が移動するのですね。水にとけた砂糖の粒が広がっていくことも，両側の浸透圧が等しくなることも，同じ考え方で説明できるのですね。

先生：よく理解することができましたね。

(3)　次の①～④の問いに答えなさい。

①　［エ］にあてはまる数を書きなさい。

②　［オ］にあてはまる最も適当な記号を，図８のＧ～Ｋのうちから１つ選び，その記号を書きなさい。

③　［カ］にあてはまる言葉を４字以内で書きなさい。

④　［キ］にあてはまる最も適当な記号を，図８のＧ～Ｋのうちから１つ選び，その記号を書きなさい。

POINT

資料を読み解く力を試す

与えられた資料と会話文を読み解き、なにを求められているかについて、整理する力と計算力が求められます。

POINT

与えられた課題への理解をみる

分析、整理した情報から、本質を見極める力が試されています。検査全体の問題量が多いのでスピード感も必要です。

千葉県立

千葉中学校

募集区分　一般枠

入学者選抜方法　【一次検査】適性検査１・１（45分）、適性検査１・２（45分）、【二次検査】適性検査２・１（45分）、適性検査２・２（45分）、集団面接、報告書、志願理由書

2021年度　千葉県立千葉中学校　適性検査1－2より（千葉県立共通）

まいさんは，ゾウリムシの浸透圧の調節のしくみに興味を持ち，先生に質問しました。

まい：浸透という現象は，どのようにして起こるのですか。

先生：それでは，浸透という現象を知るために，まず，水にとけた砂糖の粒がどのように広がっていくのかを考えていきましょう。図6のC～Fは，とけた砂糖の粒が時間とともに広がっていく様子を表しています。水をマスで，とけた砂糖の粒を○で表し，1マスには○が1つ入ることができることとします。また，太線の枠（わく）はとけた砂糖の粒が広がった水の範囲（はんい）を表しています。とけた砂糖の粒はC（2マス）→D（4マス）→E（6マス）→F（9マス）と広がっていきます。それでは，それぞれの粒は区別せずに，

図6

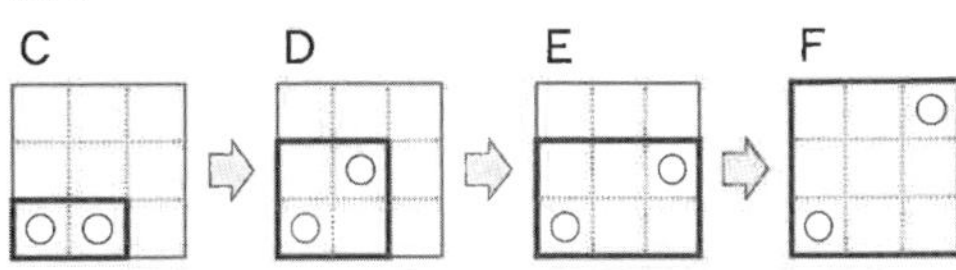

C～Fのときの，とけた砂糖の粒が動ける位置の組み合わせの数を考えましょう。Cは2マスに2つの粒が入っているので，粒の位置の組み合わせは1通りです。Dは図7のように考えることができます。1つの粒を左下に置くと，もう1つの粒は左上，右上，右下の3通りです。次に，1つの粒を左上に置くと，もう1つの粒は右上，右下の2通り，

図7

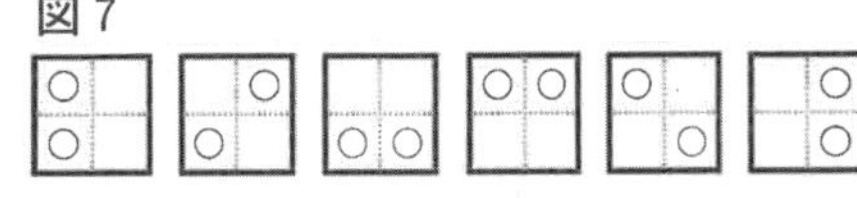

さらに，1つの粒を右上に置くと，もう1つの粒は右下の1通りです。このように数えると，Dは6通りです。同じように考えると，E，Fは何通りですか。

まい：数えてみると，Eは［　エ　］通り，Fは36通りになります。水にとけた砂糖の粒が広がっていくと，砂糖の粒が動ける位置の組み合わせの数が増えていくのですね。

先生：よくできました。次に，浸透について考えていきます。図8を見てください。二重線は半透膜を表しています。水の量は全体で12マスとし，浸透による水の移動は二重線の移動でおきかえます。半透膜の左側と右側は小さい穴でつながっているので，しばらく置いておくと両側は同じ濃さになり，浸透圧が等しくなります。濃さは水の量に対するとけた砂糖の粒の量の割合（わりあい）で考えましょう。両側の浸透圧が等しくなるのは二重線の位置がどこにくるときですか。

図8

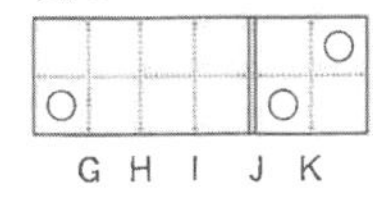

まい：二重線が［　オ　］の位置のときです。

解説

千葉県立千葉中学校は一次検査と二次検査を行います。一次で倍率が4倍程度まで下がるように選抜し、二次で80人（男女40人ずつ）を選抜します。一次の段階で、倍率が30倍を超えると抽選があります。

ただし、なるべく抽選を行わないように「受検希望者を減らす努力をする」ことになっています。2011年度から、受検者数は少し落ちつきをみせ、抽選は行われていません。

2021年度の一次では596人が受検し、二次には304人がのぞみました。

千葉県立中学校（県立中は東葛飾と2校）共通の適性検査は、いずれもよく練られた問題でなかなかの厳しさですが、小学校で学習する内容からの出題にかぎられており、私立中学校入試で求められる学力とは異なります。

その内容は、与えられた文章や資料などを読み取り、課題を発見し、自然科学的な問題、数理的な問題等を理解し、解決に向けて筋道立てて考え、表現する力をみることになっています。

二次の適性検査【2－2】では「聞き取り」をして作文をする問題があります。面接は集団面接です。

千葉県立 東葛飾中学校

■併設型
■2016年開校

ゆるぎない学力と豊かな人間力を育む バランスのとれた学校生活

100年近い歴史を誇る千葉県立東葛飾高等学校に併設されて6年目、中高一貫校としてひとつの節目を迎える千葉県立東葛飾中学校。学力の養成だけに注力せず、広い視野を備えた心豊かな人材を育てている学校です。

篠木 賢正 校長先生

「次代のリーダー」の素養を育む6年間

Q. 御校が掲げる教育方針についてご説明ください。

【篠木先生】千葉県立東葛飾中学校は開校当初から「世界で活躍する心豊かな次代のリーダーの育成」を理念としています。

ひと口に「リーダー」といっても、いまの時代とらえかたはさまざまです。人びとをまとめる統率者、大きな集団の先頭に立つ先達者、新しいものをつくりだすクリエイターも、リーダーといえるのではないでしょうか。本校ではそれらに共通する能力として、今後ますます便利になっていく世の中で「便利さをコントロールできる」力が大切だと考えています。

そこで「豊かな人間力」「ゆるぎない学力」「自己規律力」を学びの柱に設定し、多様な学習プログラムや学校行事をとおして、卒業後も「人生の根っこ」になるような生きる力を育てています。

Q. 生徒さんにはどのような6年間を過ごしてほしいとお考えです

学校プロフィール

開校	2016年4月
所在地	千葉県柏市旭町3-2-1
TEL	04-7143-8651
URL	https://cms1.chiba-c.ed.jp/tohkatsu-jh/
アクセス	JR常磐線・東武野田線「柏」徒歩8分
生徒数	男子120名、女子120名
1期生	高校3年生
高校募集	あり
教育課程	2学期制／週5日制／50分授業
入学情報	・募集人員　男子40名、女子40名（計80名） ・決定方法　（一次検査）適性検査（1-1・1-2） （二次検査）適性検査（2-1・2-2） 面接等、報告書

東京 神奈川 千葉 埼玉

か。

【篠木先生】私は、中学の3年間は「心が育つ時期」、高校の3年間は「頭をきたえる時期」だと考えています。本校は併設型の中高一貫校ですから高校受験はありませんが、教育課程は中学と高校で分かれています。そのほか、高校は制服がない一方で中学は制服があるなど、同じ敷地で学ぶとはいえ生活指導の面でもちがいがあります。

そうした仕組みのなかで、じっくりと心を育て、頭をきたえて、メリハリのある学校生活を過ごしてほしいですね。

視野を広げるプログラム 学校行事が盛りだくさん

Q. カリキュラムの特色をお教えください。

【篠木先生】生徒の主体性を重視した独自の授業展開や、教養講座である「東葛リベラルアーツ」（134ページ・Pick up!参照）などがあげられます。

また、数学と英語ではクラスを半分に分けて少人数授業を行っていますが、たんに人数を少なくするだけでなく、コミュニケーションを中心とした「学びあい」を意識しているのも特徴です。加えて、少人数授業用の教室を含め、単焦点プロジェクターが設置されており、ひとり1台タブレット端末を利用できるなどICT環境も整っています。

Q. ほかに御校ならではの授業はありますか。

【篠木先生】「学校設定科目」「総合的な学習」の時間を使って、キャリア教育を含めた教科横断的なプログラムを展開しています。

まず中1では「柏・地域探究プロジェクト」で学校の周辺地域にまつわるテーマを設定、地域のかたがたへのインタビューなどを行い、探究学習に取り組みます。中2は京都・奈良での伝統文化学習旅行（修学旅行）に向けて、日本の伝統や歴史を学びます。それをふまえて3年生では、各自で決めたテーマに沿って探究し、卒業論文を制作するという流れです。

新型コロナウイルス感染症の影響で行けていませんが、中3ではロサンゼルスへの海外研修も用意しています。学校の周辺地域、日本国内、海外というように対象となる範囲を段階的に大きくしてい

Pick up!

1 教養を高める講座が中高で開講「東葛リベラルアーツ講座」

東葛飾では、受験のための学力だけではなく、教養を身につけることがめざされています。その一助となっているのが、高校で開講されている「東葛リベラルアーツ講座」です。

同講座では、土日を中心に、大学教授や各分野のスペシャリストを招いたり、教員による特別授業を行ったりしてきました。

内容は、「一般教養講座」と「医療系講座」の２構成で、合わせて年間60講座以上の開講が予定されています。過去のテーマは、「iPS細胞を用いた網膜の再生医療」「流星と流星群」「アフガニスタンの人と暮らし」などさまざま。生徒たちは、幅広い分野から受けたい講座を選び、ふだん体験できない真の学び・教養を得ています。

その一部を、中学生も受講できるのです。テーマは、「ロケットを飛ばす」「情報を整理する」「身体をつくる」など、リベラルかつ身のまわりにあることを題材としたものとなっています。

2 ふだんの授業から主体性を育む放課後は学業も部活動もバランスよく

７時間授業を導入し、週31時間の授業のなかでしっかりと学力を養っている東葛飾。教科にかかわらず、どの授業でも「インプット」「シェア」「アウトプット」の３つが意識されているのが特徴です。

まずは知識や技能を習得して「インプット」。それをお互いに確認し、「シェア」します。最後に、身につけたことを自ら表現する「アウトプット」の時間です。これらのステップは教員だけでなく生徒も理解し、「いまはなにをする時間か」を考えて授業に取り組んでいるといいます。また、Wi-Fi環境が整備されており、タブレット端末を活用した調べ学習やプレゼンテーションなども積極的に取り入れられています。こうした授業によって、生徒の主体的な学びが可能となっているのです。

放課後には部活動、委員会活動に加えて補習にも取り組みます。授業の内容を補うための補習だけでなく発展的な内容をあつかう補習も用意されており、自らの状況に合わせて充実した時間を過ごすことができます。

くことで、広い視野を養成するのがこうしたプログラムのねらいのひとつです。

中2～中3にかけて企業探究や職場体験なども実施しており、生涯キャリアを考えるきっかけともなっています。

Q.御校は行事がさかんなことでも知られていますが、どのように運営されているのでしょうか。

【篠木先生】高校の校是が「自主自律」であることからもわかるとおり、本校は自由な校風で生徒の主体性が尊重される学校です。中学には生徒会がなく、行事ごとに委員会を立ち上げて、それぞれ自主的に集まった生徒が中心となって運営をしています。

たとえば、なにかレクリエーションをするとなったら、実行委員として集まった生徒が「どんな係が必要か？」というところから自分たちで考えます。その後、ホワイトボードを廊下に掲示して仲間を集め、企画を進めていきます。教員は、あくまでそのフォローをするというかたちです。

こうした自主的な姿勢には、同じ敷地内で活動する高校生の姿を見ていることが影響していると思います。高校では三大祭といって、「スポーツ祭」「合唱祭」「文化祭」が行われます。これらは企画から当日の運営まで生徒が中心となって進めており、練習場所、時間や衣装の上限金額など、基本的なルールも生徒が考えます。

なお、体力の差がでる「スポーツ祭」以外は中学生も三大祭に一部かかわれるようになっています。合唱祭では中1は見学、中2は学年合唱、中3はクラス合唱で参加、文化祭では各自の研究発表をお互いが見学しあうといった取り組みがなされています。

地域医療を担う人材を医歯薬コースで育てる

Q.高校に医歯薬コースが設置されているのも御校の特徴のひとつですね。具体的な教育内容についてお聞かせください。

【篠木先生】本校の医歯薬コースは、千葉県内の医師不足という現状をふまえて、２０１４年度に設置されました。地元の医師会や医療機関と連携し、将来の地域医療を担っていく人材の育成をめざしています。

医歯薬コースは高2から選択で

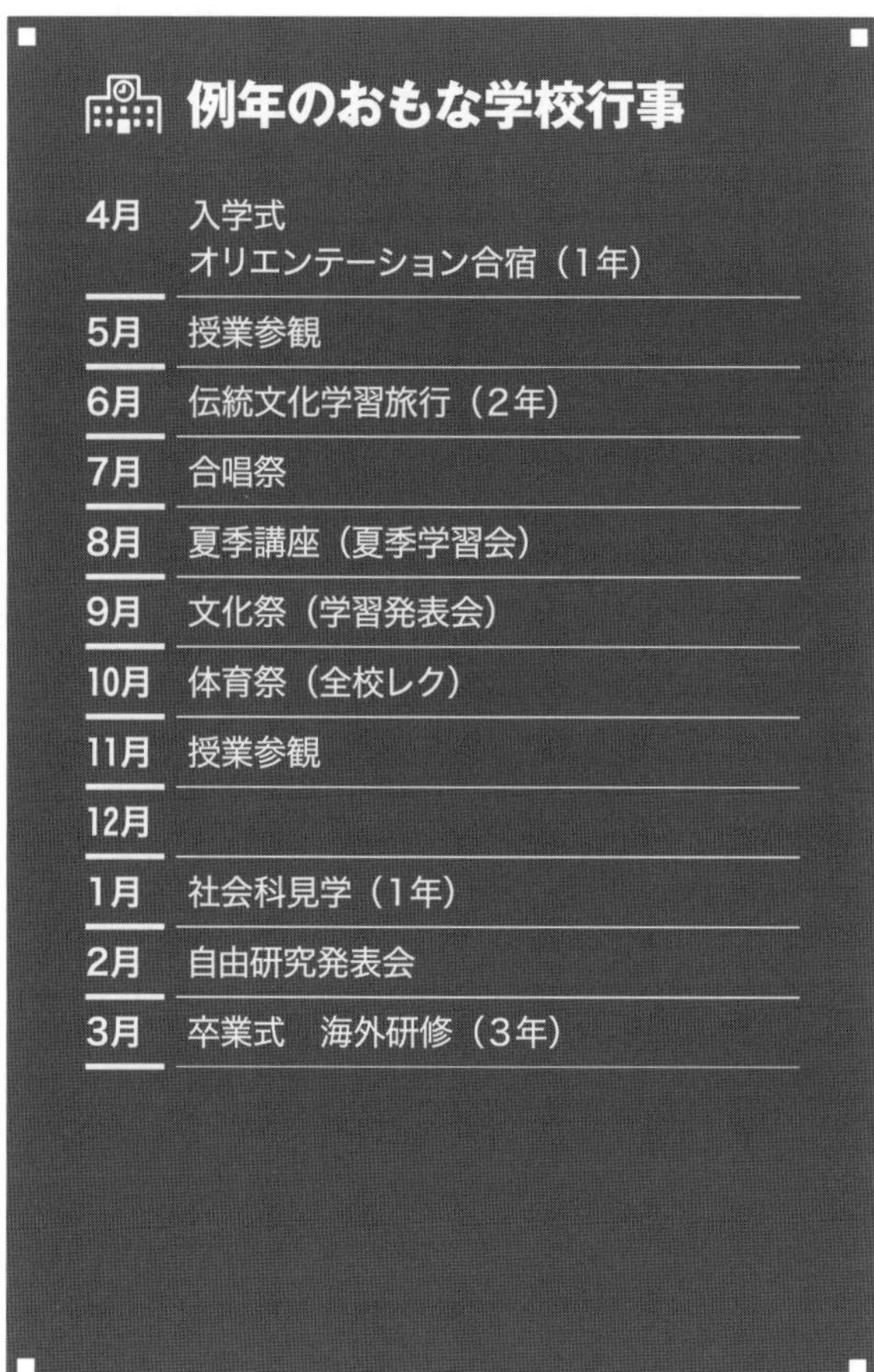

例年のおもな学校行事

4月	入学式 オリエンテーション合宿（1年）
5月	授業参観
6月	伝統文化学習旅行（2年）
7月	合唱祭
8月	夏季講座（夏季学習会）
9月	文化祭（学習発表会）
10月	体育祭（全校レク）
11月	授業参観
12月	
1月	社会科見学（1年）
2月	自由研究発表会
3月	卒業式　海外研修（3年）

きますが、高1から「プレ講座」という位置づけでさまざまな外部連携講座が開かれ、進路決定に役立てることができます。中学生も希望者はその一部に参加することが可能です。

高2では医療現場でのインターンシップ、医療を題材としたテーマ研究にも取り組みます。高3では進路指導として、医療系大学・学部受験に特化した小論文対策や面接対策など充実したサポートが受けられます。

医歯薬コースが設置されているとはいっても、このコースを選択した生徒だけのクラスを編成するわけではありません。コース選択では文系・理系・医歯薬のなかから選ぶことができますが、HRクラスはどのコースの生徒も混ざった状態で編成されます。ふだんは多様な進路をめざす生徒がいっしょに過ごし、選択授業の時間には各自が移動して、興味関心や希望志望に沿った授業を受ける、というかたちです。

本校では高校受験して入学する高入生と中学から進学する中進生が高1から同じクラスで学ぶこともあり、多種多様な境遇の生徒同士が切磋琢磨しながら成長していける環境にあります。

Q. 今後、どのような生徒さんに入学してもらいたいですか。また、御校を志望する生徒さんにメッセージをお願いします。

【篠木先生】 入学生に期待することが3つあります。

まずは、高い志を持って、主体的に学習に取り組めること。ふたつ目はあらゆるものごとについて、試行錯誤してプラスに変えていこうと努力できること。そして最後に、他人を思いやり、積極的に人とかかわっていこうとすることです。いずれも入学後、レベルの高い、かつ深い学びに取り組んでいくために必要な素養だと思っています。

また、本校は学習時間を確保するために学校行事などの時間を削るような学校ではありません。それらの活動が東葛生の豊かな人間性を育てていると自負し、職員も指導にあたっています。

こうした気風や土壌があることを理解して、この学校で学力と人間力を高めていきたい、と考える生徒さんにぜひいらしてほしいです。

先生：そのとおりです。次は，ストーンが連続して衝突する様子を，図4のように3個の球bを，球b_1，球b_2，球b_3として点C，D，Eにそれぞれ置き，球aを滑らせてみましょう。

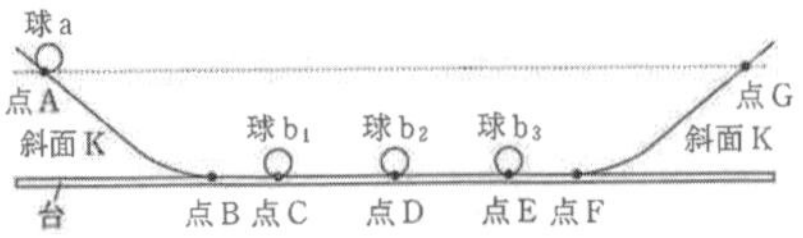

せん：各球が，衝突後に最初に止まった位置がわかりました。

図4

球a
点A
斜面K
球b_1　球b_2　球b_3
点G
斜面K
台
点B 点C　点D　点E 点F

先生：しっかり観察できましたね。次は，図4から球b_1，b_3を取り，図5のように，点Fの右側の斜面Kを，同じ材質のレールで作った，曲がり方の異(こと)なる斜面L，M，Nに変えた装置で，それぞれ球aを滑らせて球b_2に衝突させました。点Fから斜面を滑って一瞬止まる点までの，斜面を滑る距離(きょり)と，どの高さまで上がるのかを調べた結果が表1です。

図5

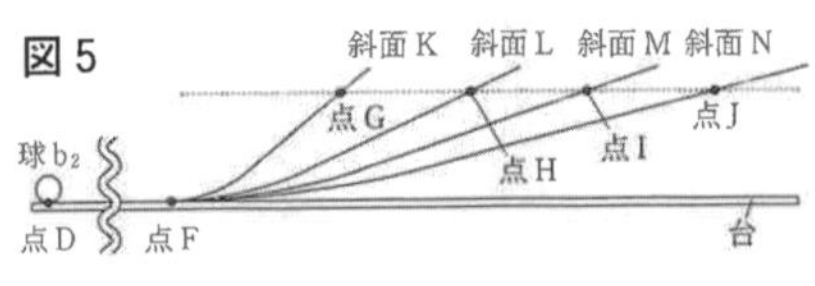

表1

斜面の種類	斜面を滑る距離〔cm〕	滑って止まった点
L	29	H
M	36	I
N	48	J

よう：斜面L, M, Nのように斜面を滑る距離が長くなっても，点Gと同じ高さまで上がったのですね。

先生：そのとおりです。表1よりさらに斜面を滑る距離が長くなり，斜面がゆるやかになっていっても，滑って止まる点の高さについては，同じ結果になります。

けん：つまり，斜面の曲がり方に関わらず，球aを点Aから滑らせて点Dに置いた球b_2に衝突させると，球b_2は斜面を［ウ］高さまで滑って一瞬止まってから下るということですね。

先生：そのとおりです。今回の条件や結果とは異なり，私(わたし)たちの生活の中では，移動するものには移動することをさまたげる力がはたらきます。しかし，その力をコントロールする工夫(くふう)もたくさんあり，生活を豊かにしています。

(1) 次の①～③の問いに答えなさい。

① ［ア］，［イ］にあてはまる言葉をそれぞれ書きなさい。

② 下線部について，球b_1，球b_2，球b_3が衝突後に最初に止まった位置として最も適当なものを，点A～点Gのうちからそれぞれ1つずつ選び，その点を示す記号A～Gを書きなさい。ただし，点A～点Gにちょうど止まらない場合は，最初に止まった位置に最も近い点を選ぶこと。

③ ［ウ］にあてはまる言葉を5字以内で書きなさい。

POINT

数理的な文章を読む力をみる

会話文ですが先生の発言は数理的な長い文章です。読解力とともに初めて見る課題に対する思考力も試されます。

POINT

筋道立てて考える力を試す

全体の問題量が多く、それぞれに時間はかけられません。観察から得た規則性について素早く解答できるかがカギです。

募集区分　一般枠

入学者選抜方法　［一次検査］適性検査1-1（45分）、適性検査1-2（45分）、［二次検査］適性検査2-1（45分）、適性検査2-2（45分）、集団面接、報告書、志願理由書

2021年度　千葉県立東葛飾中学校　適性検査２－１より（千葉県立共通）

1　せんさんたちは，ものが衝突することについて先生と話をしています。会話文をふまえながら，あとの(1)〜(3)の問いに答えなさい。

せん：図１はカーリングのストーンを滑らせている様子だね。

図１

よう：氷の上はよく滑るのに，衝突のとき，投げたストーンが止まることがあるよ。どうしてかな。

先生：とても滑りのよいなめらかな直線上で，同じ材質，同じ大きさ，同じ重さの２つの硬いものが衝突するときは，衝突の瞬間に２つのものの速さが入れ替わると言えます。そのため，投げたストーンが止まることがあります。

よう：実際に滑らせて確かめてみたいです。

先生：氷とストーンの代わりに，とても滑りのよいなめらかなレールと硬い材質の球ａを使った図２の装置で，ストーンが衝突する様子について考えます。

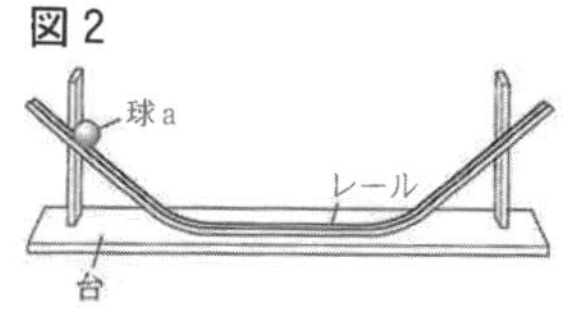

図２

図２の装置を簡単に表したものが図３です。図３で，点Ｂを通過する球ａの速さが毎回同じ速さになるように，球ａは必ず斜面Ｋ上の点Ａから静かに滑らせます。このとき，球ａは点Ａと同じ高さの点Ｇまで滑って一瞬止まってから点Ａに戻ります。その後も球ａはレールの上をくり返し往復するものとして考えましょう。

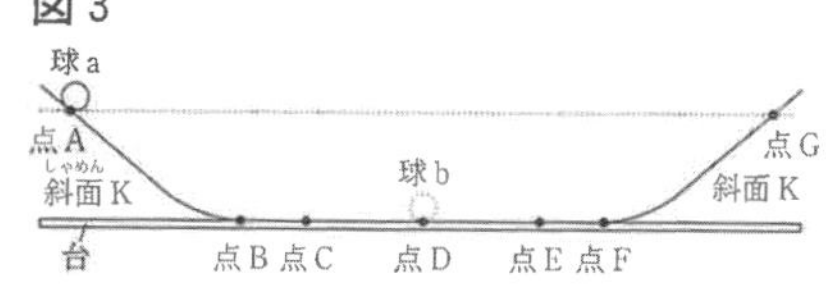

図３

よう：ストーンの衝突を考えるために，球ａと同じ材質，同じ大きさ，同じ重さの球ｂを点Ｄに置きます。球ａを滑らせると，衝突後に球ａは点Ｄ付近で止まり，球ｂは球ａだけを滑らせたときと同じで，点Ｇまで滑って一瞬止まってから下りました。

先生：そうですね。球ａだけを滑らせたときと，球ａと衝突した後の球ｂが，点Ｅを通過する速さが同じ速さなので，同じ高さまで滑ります。止まっている球の速さを秒速０ｍとすると，衝突直後の球ａ，ｂの速さは，衝突直前の球ａ，ｂの速さと，どのような関係があると言えますか。

けん：衝突直後の球ａの速さは衝突直前の［ア］の速さで，衝突直後の球ｂの速さは衝突直前の［イ］の速さであると言えます。

解説

千葉県立東葛飾中学校は、県立千葉と共通問題で一次検査と二次検査を行います。一次で倍率が４倍程度にまで落ちつくように選抜し、二次で80人（男女各40人）を選抜し合格とします。一次で倍率が30倍を超えるときは抽選もあります。ただ、県立千葉と同様に、なるべく抽選は行わないようにする方針です。

2021年度は819人が一次検査を受け、二次は299人が受けました。

出題の基本方針は「①文章や資料等の内容を読み取る力をみる。②課題を明確にし、解決に向けて論理的に思考する力をみる。③自分の考えをまとめ、筋道立てて的確に表現する力をみる」とされています。

一次検査の適性検査では【1−1】と【1−2】がそれぞれ45分、二次検査も【2−1】と【2−2】がそれぞれ45分で行われます。

【2−2】では「聞き取り」が実施され、聞き取った内容と読み取った内容から、課題を明確にし、経験に基づいて、自分の考えや意見を筋道立てて表現します。

集団面接（約５人ずつ）では、ひとり３分ほどのプレゼンテーションをすることになっています。

■中等教育学校
■2007年開校

千葉市立 稲毛国際中等教育学校

※2022年度より千葉市立稲毛高等学校附属中学校から変更

地域・世界の未来を切り拓く グローバル・リーダーの育成

2007年に開校した千葉市立稲毛高等学校附属中学校が、これまでの教育ノウハウをいかし、さらに充実した教育を行うため、2022年、千葉市立稲毛国際中等教育学校として生まれ変わります。県内の公立で初となる中等教育学校です。

伊澤 浩二 校長先生

学校プロフィール

開校	2007年4月
所在地	千葉県千葉市美浜区高浜3-1-1
TEL	043-270-2055
URL	http://www.inage-h.ed.jp/infjuniorhigh/
アクセス	JR京葉線「稲毛海岸」徒歩15分、JR総武線「稲毛」バス
生徒数	男子120名、女子120名
1期生	2013年3月卒業
高校募集	なし
教育課程	2学期制／週5日制／50分授業
入学情報	・募集人員 160名
	・選抜方法 報告書、適性検査（Ⅰ・Ⅱ・Ⅲ）、面接、志願理由書

中学校のきめ細かな指導と高校の教科の専門性を融合

Q 2021年度より千葉市立稲毛国際中等教育学校に移行するねらいについてお教えください。

【伊澤先生】 2007年4月に千葉県内初となる公立の併設型中高一貫校として千葉市立稲毛高等学校附属中学校はスタートしました。開校から15年が経ち、これまでの取り組みを検証すると、非常に成果があがっていると感じます。今後、さらに充実した教育を行うことが移行するねらいです。

教育の成果は数字でははかりにくいものですが、ひとつの側面として進学実績があげられます。附属中学校は1学年の定員が80人と少ないため、一般的な高校の1学年の人数に合わせて過去5年間、約400人の生徒の現役合格実績をみてみると東京大学3人、一橋大学に6人、東京工業大学に5人、地元の千葉大学に38人と国公立大学に98人、私立大学には早稲田大学82人、慶應義塾大学17人などの実績をあげています（のべ人数）。

これは多くの生徒にしっかりと学力が定着していると考えていいと思います。しかも、詰めこみ式で勉強ばかりをしていたわけではなく、行事や部活動なども非常にさかんに行った結果です。

中高一貫校は高校受験がありませんから、部活動の中断もなく、また6年間で生徒を育てていくので、中高の学習における重複もありません。非常に効率的に教育がなされるなかで充実した学校生活を送ることができるのです。こうした教育をもっと徹底するために、中等教育学校というひとつの学校にして、中学校に根づいている一人ひとりの生徒をきめ細かくていねいに指導する取り組みと、高校の教員が持っている教科の専門性を融合し、これからもしっかりと生徒を育てていきます。

グローバル・リーダーに求められる3つの資質

Q グローバル・リーダーの育成について、具体的にどのようなことを重視しているのでしょうか。

【伊澤先生】 本校の校訓は「真摯（しんし）」「明朗」「高潔」です。これは、千葉市立稲毛高等学校が開校した当時からのもので、中等教育学校でも継承します。高校開校当時、グローバル・リーダーという言葉は、ほとんど使われていなかったと思いますが、「真摯」「明朗」「高潔」はリーダーにとって、とても大切なものです。英語が話せることやさまざまな知識、思考力、判断力など、いろいろな要素がグローバル・リーダーには求められていると感じます。

しかし、やはり土台となる人間性や人格、この部分をしっかりと育てなければならないと考えています。これは教育というよりは、生徒と教員がともに磨きあうものかもしれません。互いの人格を尊重しあう関係性を大切にし、理想の自分に近づくため、繰り返し正しい行いを心がけることですぐれた人間性が少しずつ身についてくるでしょう。

リーダーとして大切な寛容性、公平性、責任感、自分の足らざる点を認められる率直さなどは、一日にして育まれるものではありませんが、その価値を理解し、努力できる生徒を育成したいと思います。

そして、いずれ科学の最先端を

Pick up!

1　地域や世界の視点に立ち さまざまな課題を探究する 課題発見・解決型学習

　附属中学校では、開校以来15年間、一貫して「確かな学力」「豊かな心」「調和のとれた体力」を身につけたグローバル・リーダーの育成をめざしてきました。それは総合的な学習の時間において「グローバル・リーダープロジェクト」を実施してきたことにも表れています。

　そして高校は2019年度に、文部科学省から「地域との協働による高等学校教育改革推進事業（グローカル型）」を行う学校に指定されています。これを受け「2030年の持続可能な地域社会を創生するグローバル・リーダーの育成」を研究開発構想のテーマに据え総合的な探究の時間に取り組んできました。

　高１では探究活動「稲高生による千葉市創生プロジェクト」、高２・高３では「SDGsリサーチプロジェクト」の活動を中心に、千葉市内の４つの大学やグローバル企業とコンソーシアムを構築し、グローバルな視点をもって地域の課題を発見し解決策を考え、コミュニティーを支える地域のリーダーとして活躍できることをめざします。

2　持続可能な社会を創生する グローバル・リーダーの育成 独自の探究活動「INAGE QUEST」

　2022年４月に誕生する中等教育学校では、これまでの教育の実践をとおして得られた企業・大学・公的機関などとの連携をいかし、新たに探究活動のカリキュラムが構築される予定です。

　探究活動では、生徒自らが課題を設定し、インタビューやアンケート、現地調査、文献調査などの調査活動を行います。そして、その成果を整理して考察し、発表します。こうした活動に各学年で取り組み、思考力・表現力を身につけていくのです。

　なお、今後は探究活動を「INAGE QUEST」として実践していきます。調査したり発表したりする力を中１から養う一方で、英語で訪日外国人にインタビューするなど、コミュニケーション力もきたえます。地域や世界という大きな視点で身のまわりのさまざまな問題に向きあい、解決方法を探るとともに、ワールドワイドに情報を発信できるよう、高２で実施される海外研修をひとつのゴールに見据え、活動を進めていきます。

担う者や芸術の分野で頭角を現す者、ジャーナリズムの先陣を切る者などさまざまな才能を持つ生徒がともに学ぶことに大きな価値があると感じています

幅広い教養や英語力を身につける

Q. 来年度からのカリキュラムの特徴についてお話しください。

【伊澤先生】グローバル・リーダーとして現代的課題に対応するためには、従来の文系、理系の枠を越えた思考が必要だと考えます。実際の社会においても、分野を横断する複合的な問題が発生しています。そのため中等教育の段階では、教養を養うことが必要だと考え、幅広く学べるカリキュラムを編成します。また、論理的な思考力を身につけることも重要だと考え、前期課程から数学の授業時間数を大幅に増やします。

　加えて、やはり英語力は必要不可欠です。この点、英語圏の人や英語に近似性のある言語を母語とする人と比べ、日本語話者は大きなハンディキャップを負っています。英語習得には相応の時間と努力を要しますが、英語圏の人びと同じスタートラインにできるかぎり早く立たせる、立てるという見通しを持たせることが重要と考え、じゅうぶんな学習時間を確保します。標準的な公立中学校では英語の授業が3年間で420時間のところ、本校は前期課程で595時間と約1・4倍です。さらに、20人の少人数授業や6人のネイティブスピーカーの教員による授業など、質の高い指導を展開します。

　家庭学習も含め6年間で少なくとも3000時間は学習し、本校卒業までに、CEFR B2レベル（英語検定準1級程度）の実力を身につけてほしいと思います。

人生の土台となる力や人間性を養う

Q. 中等教育学校での特色ある取り組みについてご紹介ください。

【伊澤先生】これまで同様、アメリカ、オーストラリア、カナダ、中国、韓国の学校との国際交流プログラムをつづけていきます。

　前述した3000時間の英語学習についても、目的がないとなかなか学習意欲が湧かないと思いますので、その動機づけとして国際

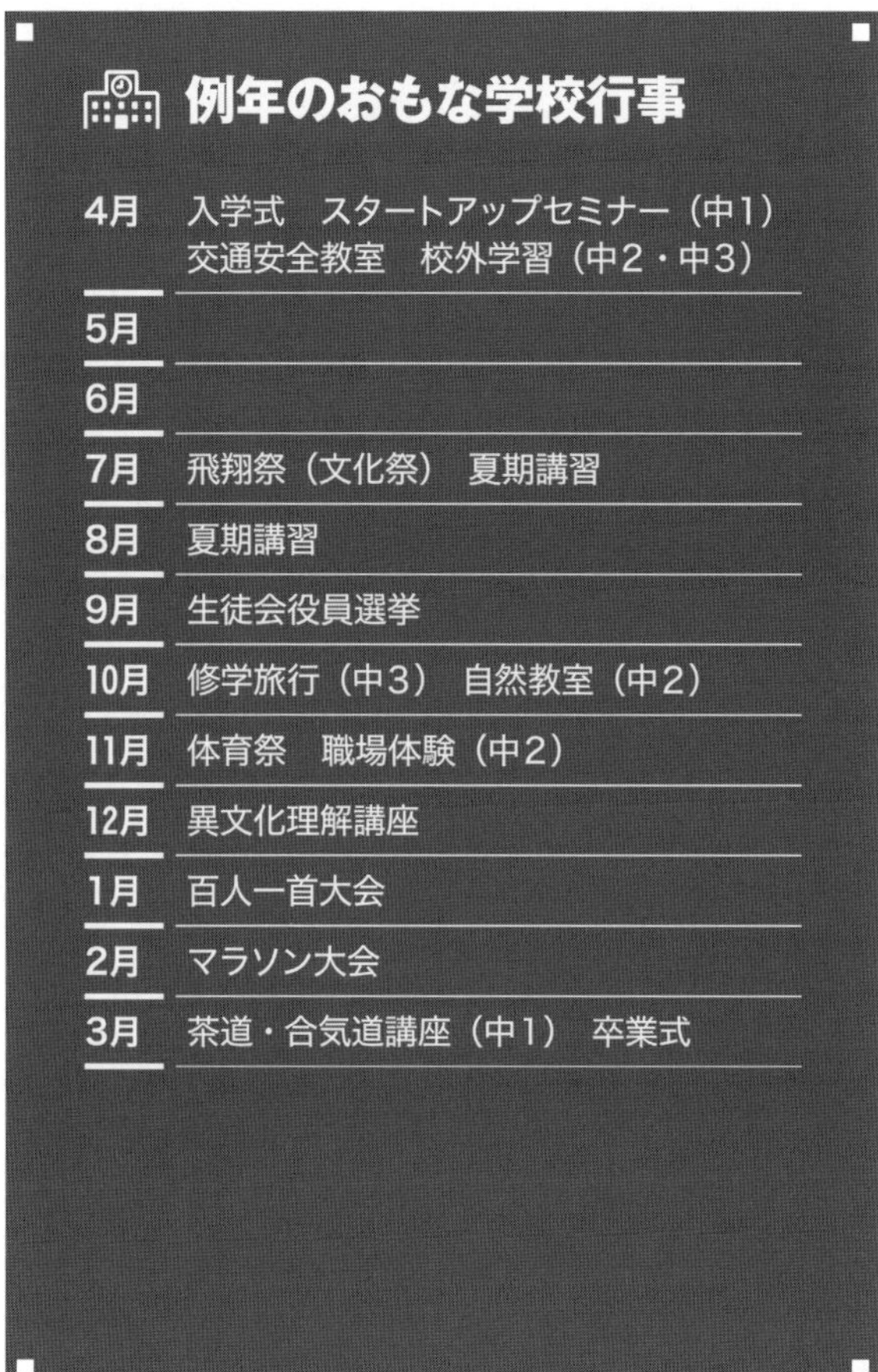

例年のおもな学校行事

4月	入学式　スタートアップセミナー（中1） 交通安全教室　校外学習（中2・中3）
5月	
6月	
7月	飛翔祭（文化祭）　夏期講習
8月	夏期講習
9月	生徒会役員選挙
10月	修学旅行（中3）　自然教室（中2）
11月	体育祭　職場体験（中2）
12月	異文化理解講座
1月	百人一首大会
2月	マラソン大会
3月	茶道・合気道講座（中1）　卒業式

交流は非常に有効です。うまく意思疎通ができなかった悔しさや逆につうじあえたうれしさが学習をあと押しします。また、視野を広げることにもつながるでしょう。

　いま、新型コロナウイルス感染症の影響で国際交流がむずかしい状況ですが、インターネットを活用するなど、工夫しながら活動しています。中等教育学校では、全員、海外語学研修に参加することとし、研修内容をますます充実させていきます。

　また、私自身がこれまでさまざまな人とであうなかで、とくに印象深く、魅力あふれる人に共通していることとして、「読書好きであること」「芸術に関心が高いこと」「年を重ねてもなにかしらスポーツをしていること」があげられます。こうした活動は人生を豊かにし、それが心にも影響しているのではないかと感じます。ですから現在行っている朝読書を継続し、また部活動などで芸術やスポーツに思う存分取り組める環境をより整備していきます。

Q. 中等教育学校開校にあたり、校舎の工事などは行われますか。

【伊澤先生】 校舎はすでに耐震工事が終わっており、じゅうぶんな耐久性があります。そして、もともと蔵書数4万冊を超える立派な図書館、県内有数の設備を誇る工芸棟、国際交流の場としても利用している第2特別教室棟、部活動の合宿に利用している朋友館など、設備が充実しています。もちろん、すべての教室に空調設備が設置されています。これらの施設を1年間かけて全面的に改修し、さらに使いやすくします。工事期間中は仮校舎へ移るかたちです。

Q. 御校を志望する生徒さんへメッセージをお願いします。

【伊澤先生】 本校には現在も大変志の高い生徒が多数集まってきています。それぞれ大きな夢を持っていて、互いに刺激しあい、成長していける環境です。そんな本校が中等教育学校として生まれ変わることで、さらに充実した教育を実現していきたいと考えています。仲間と切磋琢磨しながら6年間を過ごし、これからつづく長い人生の土台となるすぐれた人格を形成していきましょう。ぜひみなさんも本校で学び、地域・世界・未来を切り拓くグローバル・リーダーとして羽ばたいてください。

(2)　9個入りの箱をスケッチすると、**図2**のようになりました。ボールを表した円の直径を 10 cmとするとき、**図2**の色のついた部分の面積は何㎠になるか答えなさい。ただし、円周率は 3.14 とします。

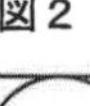

図2

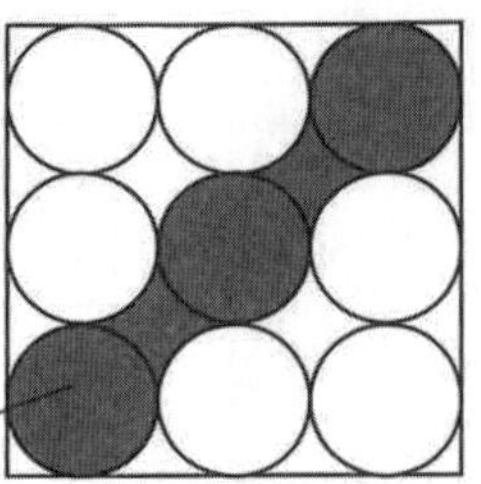

色のついた部分

問3　良夫さんは、学習発表会に必要な衣装を、学校の昇降口から5km 先の千花さんの家まで取りに行くことになりました。次の(1)、(2)の問いに答えなさい。

(1)　良夫さんと千花さんが昇降口で話しています。次の会話文を読んで、□にあてはまる数を答えなさい。ただし、良夫さんの走る速さ、歩く速さは、会話中に示されている速さで一定とします。

良夫：何時までに取りに行けばいいの。
千花：お母さんが、用事があるから、
　　　午後1時までに取りに来てほしいって。
良夫：よゆう、よゆう、1時間以上あるじゃん。
千花：えっ、何言ってるの。ちゃんと時計を見てよ。
　　　鏡に映った時計を見ているよ。
良夫：あっ、本当だ。
　　　でも、1kmを5分で走れるから、何とかなるよ。
千花：1kmを歩いたら、どれくらいかかるの。
良夫：歩いたら、15分だなぁ。
千花：じゃぁ、□km以上は走らないと間に合わないよ。
良夫：わかった、午後1時に間に合うようにがんばるよ。

昇降口の鏡

(2)　この時計の長針が動くときの先端の速さは分速 1.47cm です。長針は短針よりも3cm 長いです。短針の長さを求める計算を「1.47×」に続く1つの式で答えなさい。実際に長さを求める必要はありません。ただし、長針と短針の長さは時計の中心から針の先端までの長さとし、円周率は 3.14 とします。

POINT

与えられた課題の理解度をみる

問いについて、与えられた会話や課題への理解がなければ答えられません。読解力、想像力、検証力も試されます。

POINT

問題の意図を的確に読み取る

問題の意図に合わせて、求められていることを会話や図から的確に読み取って解を導く力が求められます。

募集区分
一般枠（千葉市内在住）

入学者選抜方法
適性検査Ⅰ（45分）、適性検査Ⅱ（45分）、適性検査Ⅲ（45分）、面接、報告書、志願理由書

2021年度　千葉市立稲毛高等学校附属中学校（当時）　適性検査Ⅱより

1　良夫さんと千花さんのクラスで学習発表会が行われます。次の問いに答えなさい。

問１　学習発表会の準備で教室のかべをかざります。１枚（まい）のかべ紙は縦（たて）１ｍ、横５ｍの長方形で、図１のように**ア**、**イ**、**ウ**、**エ**の部分に分かれています。**ア**は直径が 60 ㎝の円、**イ**は直角をはさむ２辺が 60 ㎝と 80 ㎝で、一番長い辺が 100 ㎝の直角三角形、**ウ**は２本の対角線が 60 ㎝と 120 ㎝のひし形、**エ**は縦１ｍ、横５ｍの長方形から**ア**、**イ**、**ウ**の図形を取りのぞいた部分です。かべ紙１枚につき**ア**、**イ**は２つずつ、**ウ**は１つ図形がかいてあります。**ア**を赤、**イ**を青、**ウ**を緑、**エ**を白の絵の具でぬるとき、あとの(1)、(2)の問いに答えなさい。ただし、円周率は 3.14 とします。

図１

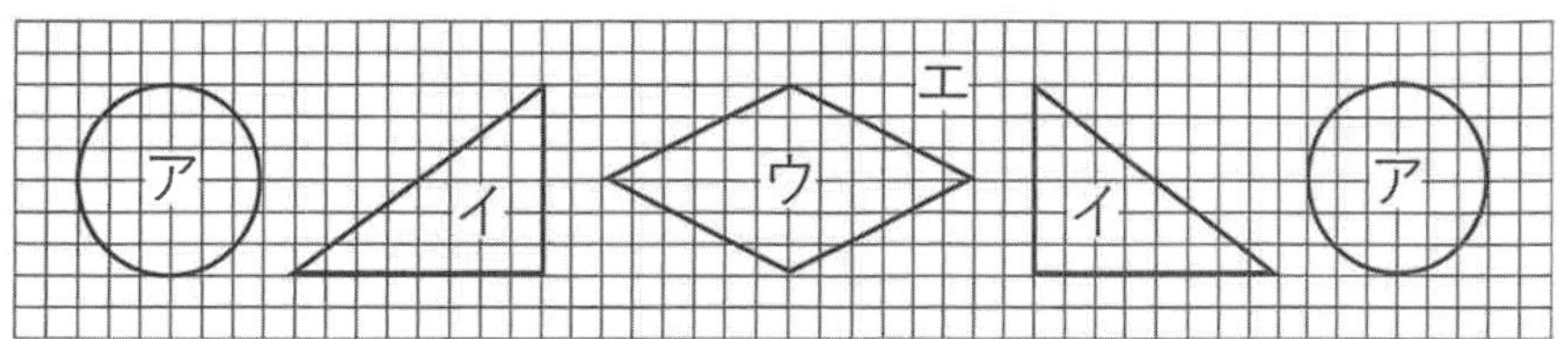

(1)　１枚のかべ紙に色をぬる面積の大きい順にその色を答えなさい。

(2)　１本 200mL 入りの絵の具が、赤と青は２本ずつあり、緑と白は３本ずつあります。どの色も１本で 1.2 ㎡ぬることとします。同じかべ紙を 18 枚作るとき、青の絵の具はあと何本必要か答えなさい。

問２　良夫さんたちは、学習発表会でボールを使うことにしました。お店に問い合わせると、同じボールでも１箱に８個入りと９個入りの商品があることと、ボールは１個ずつ買うことができないことがわかりました。次の(1)、(2)の問いに答えなさい。

(1)　ボールは全部で 175 個必要です。８個入りの商品の箱は送料が無料ですが、９個入りの商品の箱は、縦、横、高さの合計の長さが長い分、送料がかかります。ぴったり 175 個のボールを、できるだけ送料がかからないようにして買うとき、８個入り、９個入りの箱をそれぞれ何箱ずつ注文するとよいか答えなさい。

※「国際中等教育学校」に移行することから問題傾向は改められる可能性があります。

解説

中等教育学校への移行スケジュールは、2022年4月に中等教育学校の１年生が入学し、その後、年次進行で中等教育学校に移行。2025年度には高校募集を停止し、2027年度には６学年のすべてが中等教育学校となる予定です。

定員は１学年160人（4学級）。入学者選抜では、適性検査Ⅰと Ⅱからなる「一次検査」と適性検査Ⅲと面接からなる「二次検査」を実施。一次検査の結果を資料とし、二次検査受検候補者を選抜する。小学校等の校長の作成した報告書、志願者から提出された志願理由書等の書類の審査ならびに一次検査および二次検査の結果を資料とし、志願者の能力、適性、意欲等を総合的に判定して入学者の選抜を行う、とされています。

昨年度までの稲毛高附属中時代の入試では、適性検査Ⅰ・Ⅱともグラフ、地図、表などのデータをもとにした読解に重点がおかれていました。しかし、新規の国際中等教育学校としてスタートする以上、また英語教育で定評があった稲毛高であっただけに、来年度入試では小学校で必修となった英語の出題が加わるなどの改革があるかもしれません（あくまで本誌予想）。なお、適性検査のあと面接が予定されています。

埼玉県立 伊奈学園中学校（いながくえん）

■併設型
■2003年開校

一人ひとりの個性や才能を伸ばす 特色あるシステムが魅力

普通科ながら、総合選択制やハウス制といった特徴を持つ埼玉県立伊奈学園総合高等学校。この高校を母体に生まれた伊奈学園中学校は、幅広く確かな学力を身につけ、生涯にわたり自ら学びつづける人間を育成します。

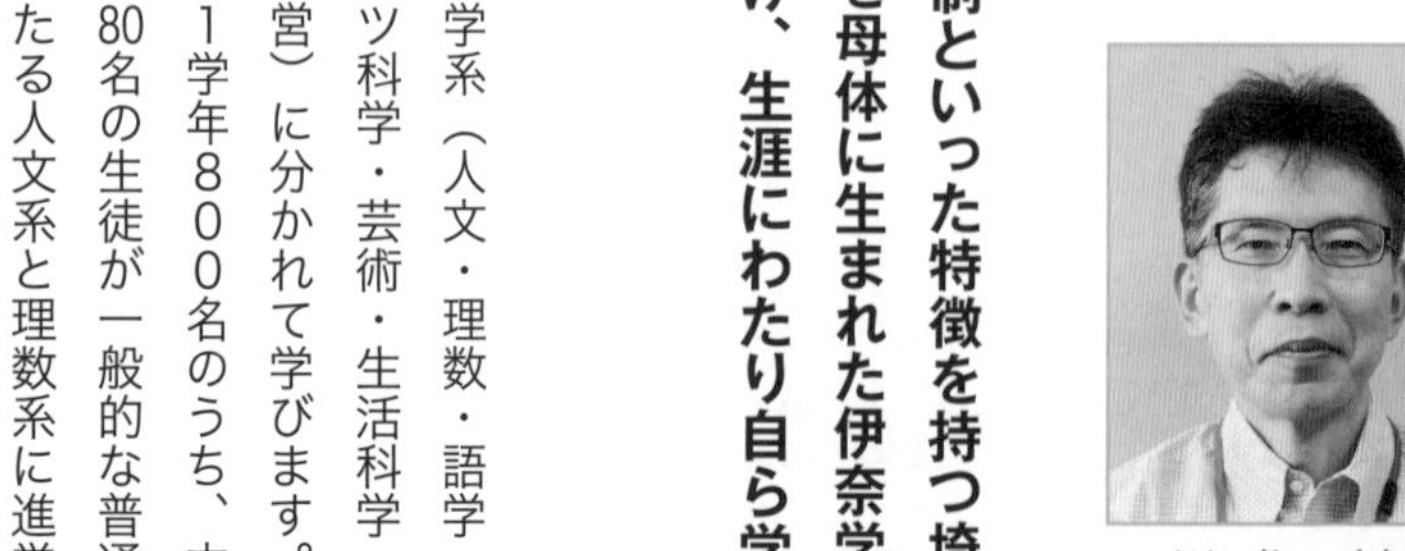

飯田 徹（いいだ とおる）校長先生

学校プロフィール

開　　校	2003年4月
所 在 地	埼玉県北足立郡伊奈町学園4-1-1
T E L	048-729-2882
U R L	https://inagakuen.spec.ed.jp/
アクセス	埼玉新都市交通ニューシャトル「羽貫」徒歩８分、JR高崎線「上尾」「桶川」・JR宇都宮線「蓮田」バス
生 徒 数	男子76名、女子164名
1 期 生	2009年３月卒業
高校募集	あり
教育課程	３学期制/週５日制/50分授業
入学情報	・募集人員　男女計80名
	・選抜方法　第一次選考　作文（Ⅰ・Ⅱ） 第二次選考　面接

超大規模校につくられた併設型中高一貫校

Q. ２００３年に埼玉県内初の併設型公立中高一貫校として開校されました。設置母体である埼玉県立伊奈学園総合高等学校はどのような学校なのでしょうか。

【飯田先生】 伊奈学園総合高等学校は、１９８４年に創立され、現在は在籍生徒数が２４００人にものぼる超大規模校です。普通科ですが総合選択制をとっており、専門学科に近いようなかたちで７つの学系（人文・理数・語学・スポーツ科学・芸術・生活科学・情報経営）に分かれて学びます。

１学年８００名のうち、本校から80名の生徒が一般的な普通科にあたる人文系と理数系に進学します。なお、伊奈学園中学校から進学した生徒（内進生）は、高校から入学した生徒（高入生）とは３年間別クラスを編成します。

総合選択制では、大幅な選択科目を導入しており、大学のように講義を選んで受講することをイメージしていただけるとわかりやす

いと思います。

Q 中学校においても高等学校の校訓「自彊創生（じきょうそうせい）」を継承していますが、この意味についてお教えください。

【飯田先生】 意味は「自ら努め励み、自らをも新しく創り生み出すこと」です。わかりやすく言うと、努力を積み重ねることで個性を開花させ、新しい自分を発見し、育てるという意味になります。そうして高い志を持ち、将来社会の多様な分野でリーダーとなる生徒を育てていきたいと思っています。

本校は高校入試がありません。6年後の大学進学を到達点とするのではなく通過点と考え、社会にでてからの自分の理想の姿を思い描き、つねに将来を見据えて努力しようと生徒には伝えています。

Q 教育のカリキュラムで特徴的なところをお教えください。

【飯田先生】 一般の中学校の授業は週29時間標準で行われていますが、本校では独自の教育課程により、2時間多い31時間で実施しています。

増加分の2時間（3年間で6時間）は、1年生は英語と数学の各1時間、2年生は数学2時間、3年生は国語と学校独自の設定科目の各1時間です。

英語の授業では、すべての学年で1クラスをふたつに分けた少人数指導を取り入れているほか、週1時間はコンピューター教室で授業を行っています。また、ALTと日本人教師とのチームティーチングを実施し、「聞くこと」「話すこと」を重視した授業も展開しています。

数学では、1・3年生は2クラス3展開、2年生は1クラス2展開の少人数指導を実施しています。高校でも、必修教科の数学では2クラス3展開をそのまま継承しています。また中高一貫校のメリットをいかし、数学では中3の2学期から高校の内容を先取りして学習しています。

Q 中3で行われる「総合的な学習の時間」の「表現」「国際」「科学」とはどのような授業なのでしょうか。

【飯田先生】 3年生で行う「表現」「国際」「科学」は、ふたつの教科を融合させた学習の時間です。3年次にこの3つのなかからひとつを選択して学習します。

「表現」は、国語と英語の融合

Pick up!

1 学校のなかに存在する小さな学校「ハウス」で生まれるアットホームな雰囲気

中高合わせて2600名以上もの生徒を擁する大規模校の伊奈学園は、生徒の生活の場が６つの「ハウス」に分かれて構成されています。ハウスは、建物自体が独立し、生徒は学系などの区別なくいずれかのハウスに所属します。同様に、180名を超える先生がたも教科・専門の区別なくいずれかのハウスに所属します。各ハウスにそれぞれ職員室が設けられており、ハウス長（教頭先生）以下30名程度の教員が所属しています。

中学生は６つのハウスのひとつである第１ハウスにおいて生活することになります。高校生は第２～第６ハウスで、伊奈学園中学校卒業生は高校段階で第２ハウスに入ります。高校の各ハウスは１～３年生それぞれ４クラスずつ、計12クラスで構成されます。卒業まで同じハウスで、同じ担任の指導のもと、自主的な活動を展開しています。

また、学園祭、体育祭、修学旅行などの行事や生徒会活動なども、すべてハウスを基本単位として行われます。ハウスごとにカラーが決まっており、体育祭や学園祭、校章などにもシンボルカラーとして使われています。

６つのハウスは、それぞれが「小さな学校」であり、毎日の「生活の場」としての親しみやすいアットホームな雰囲気が生みだされています。

なお、ホームルームと一部の必修授業以外の選択授業や部活動、生徒会活動などでは、内進生と高入生の交流があります。７つの学系の生徒が、生活の場を共有しており、内進生・高入生関係なく、多様な学びの成果を互いに伝えあうことで、刺激を与えあっています。

2 国際性を育てる語学教育と国際交流

ALT（外国人英語講師）とのチームティーチングによる充実した語学研修と積極的な国際交流が行われています。

英語の授業は、NHKラジオ講座を取り入れた学習を実施し、１～３年生全員が「基礎英語」を毎日家でリスニングすることを前提として進められています。

また、夏休みには、オーストラリア・ケアンズの現地校において、中学３年生の希望者30名が２週間のホームステイをしながら、語学研修と異文化交流会を行います。

科目です。ビブリオバトルの実践や英文物語の翻訳などをとおして、コミュニケーション能力やプレゼン能力を身につけます。

「国際」は社会と英語の融合科目です。国際社会の問題を多面的・多角的にとらえ、英語表現によるプレゼン能力を高め、国際理解を進めます。

「科学」は、理科と数学の融合科目です。理科で行った実験について、数学の知識を使って分析をして結果をだします。ＪＡＸＡなどの外部機関と連携して高度な内容を学びます。

「表現」「国際」「科学」のいずれも、複数教科の教員によるチームティーチングで授業を進めます。

また、総合的な学習の時間では企業と連携した探究型授業を実践しており、2020年度は博報堂、丸紅等と実施しました。答えのない問いに対して考えることで、社会で活躍するために必要な「思考力」「感性や創造力」を高めます。

Q. 授業以外での学習の取り組みについてお教えください。

【飯田先生】 朝の10分間をスキルアップタイムとして、新聞記事の読みこみと各種検定（漢検、数検、英検）受験に向けた学習を実施しています。各検定は毎学期1回、学校で受験できます。生徒は目標を設定し、年間をとおして計画的に学習を進めています。

定期考査の前後1週間は、全校で「学び合いタイム」を実施しています。放課後を利用し、学習室での友人同士での学びあい・教えあいや教員への質問を行います。学校全体が一丸となって学びに向かう体制をつくっています。

7月から2月の期間には土曜日の学習講座「サタデーセミナー」を開講しています。基礎から応用、また教科の枠を超えた探究まで幅広い講座のなかから生徒が希望する講座を選択して参加します。

生涯学びつづけることができる資質・能力を育成するためにさまざまな取り組みを行っています。

Q. 体験学習を重視されていますが、どのようなことをされているのでしょうか。

【飯田先生】 まず、1年生は入学直後に2泊3日の日程で長野県に行き、体験研修を行います。本校は埼玉県全域から生徒が集まっており、最初はだれも友だちがいな

例年のおもな学校行事

4月	入学式 対面式 宿泊研修（1年）
5月	授業参観 修学旅行（3年） 実力テスト
6月	三者面談 各種検定試験
7月	自然体験研修（2年） 夏季補習
8月	オーストラリア交流事業 （ホームステイ／3年生30名）
9月	学園祭 体育祭 実力テスト サタデーセミナー開始
10月	
11月	授業公開 ミニコンサート 各種検定試験 実力テスト
12月	
1月	百人一首大会 各種検定試験
2月	実力テスト
3月	3年生を送る会 校外学習（1・2年） イングリッシュセミナー（3年） 卒業式

いという状況ですので、この研修は仲間づくりという意味も兼ねています。

1年生ではこのほかに社会体験チャレンジとして、飲食店、美容院、保育所、消防署などで職業体験を行います。

2年生では、夏休みに群馬県みなかみ町にでかけ、農家に泊めていただきながら、農業体験や自然体験を積む取り組みを実施しています。農と食について考えたり、環境を守ることの大切さを深く認識してほしいと思っています。

3年生では、修学旅行で広島県と京都府へでかけています。平和と日本の伝統および文化を学習することを主たる目的としています。広島における平和学習と京都における日本の伝統文化学習をとおして、人間的成長をうながす取り組みです。

これからも生徒の興味や、そのときどきの社会の趨勢（すうせい）をみながら、体験的な学習を創意・工夫していきたいと考えています。

努力する姿勢を身につけ6年間をかけて伸ばす

Q. 作文試験ではどのようなところを見られるのでしょうか。

【飯田先生】 学力試験ではないので、ただ数字ではかれる知識ばかりを見るわけではありません。これまでに習得してきたものをいかに組みあわせて解答につなげるか、それを自分なりに表現することができるかという総合力を見ています。みなさんが持っている可能性や得意分野などを多面的に見られるような問題にしています。

Q. どのような生徒さんに入学してもらいたいですか。

【飯田先生】 自分でなにかをがんばってみようという意欲があり、これからの伸びしろを感じさせるみなさん、困難なことにぶつかってもそれに臆することなく、つねに前向きに考えられるみなさんに来ていただきたいです。

伊奈学園の特徴は自ら進んで学ぶ生徒をきっちり支えるシステムにあります。本校でがんばることによってどんどん成長してほしいですし、自らの興味・関心にしたがってやりたいことに積極的に挑戦してほしいです。授業見学などの機会に来校した際は、本校の明るく、楽しく、のびのびしたようすをぜひご覧ください。

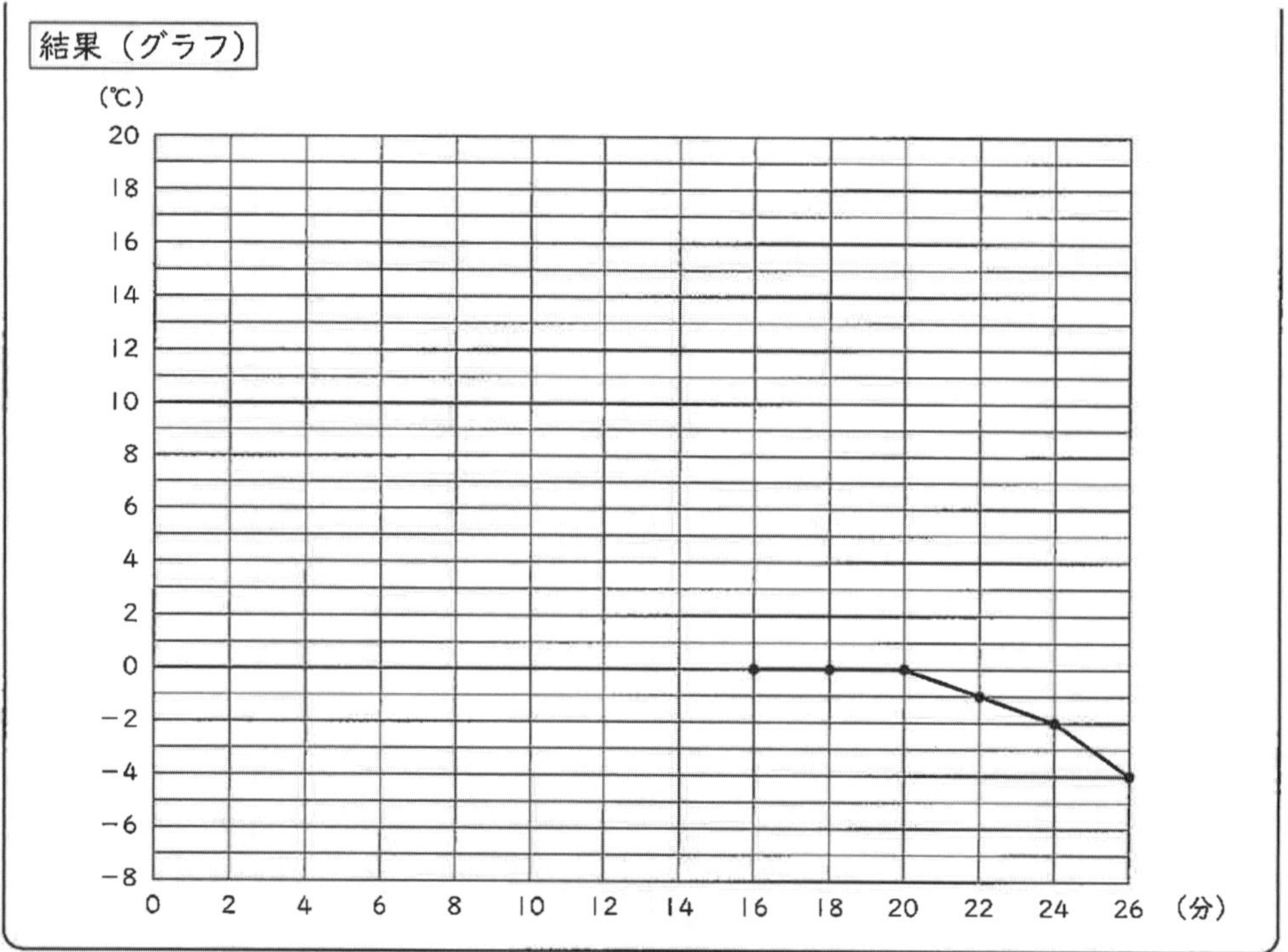

問３　ゆうきさんは、【実験２】の結果（表）をもとにして、温度変化のようすを上の結果（グラフ）に表しました。解答用紙の折れ線グラフにつながるように、以下の（注意）にしたがって、０分から１６分までのグラフを完成させましょう。

（注意）
・それぞれの時間の温度を表すところに•印をかきましょう。
・定規は使わずにかきましょう。

問４　【実験２】の結果（表）に下線部②とありますが、このとき、試験管の中の水はどのような状態になっているか書きましょう。

POINT
状況に応じた見方、考え方をみる

さまざまな場面で現れる課題に対して算数・理科で学んだことの理解度と、具体的な解決能力が試されています。

POINT
学校で学んだことの理解度をみる

これらの答えを求めるための考え方は小学校で学んでいます。その理解の深さをはかり、他者に説明する表現力もみています。

募集区分
一般枠

入学者選抜方法
【第一次選考】作文Ⅰ（50分）、作文Ⅱ（50分）
【第二次選考】面接（10分程度）、調査書

2021年度　埼玉県立伊奈学園中学校　作文Ⅱ（独自問題）より

【実験２】

手順

1　図２のような装置をつくり、試験管に水を入れ、水面の位置に印（しるし）をつけた。

2　ビーカーの中に、たくさんの氷と十分な量の食塩を入れ、氷がひたるぐらいに水を加えて、試験管の中の水を冷やした。

3　２分ごとに水の温度と、観察して気づいたことを記録した。
ときどき試験管を軽くゆらして水の変化のようすを確認（かくにん）した。

4　結果を表とグラフに整理した。

図２

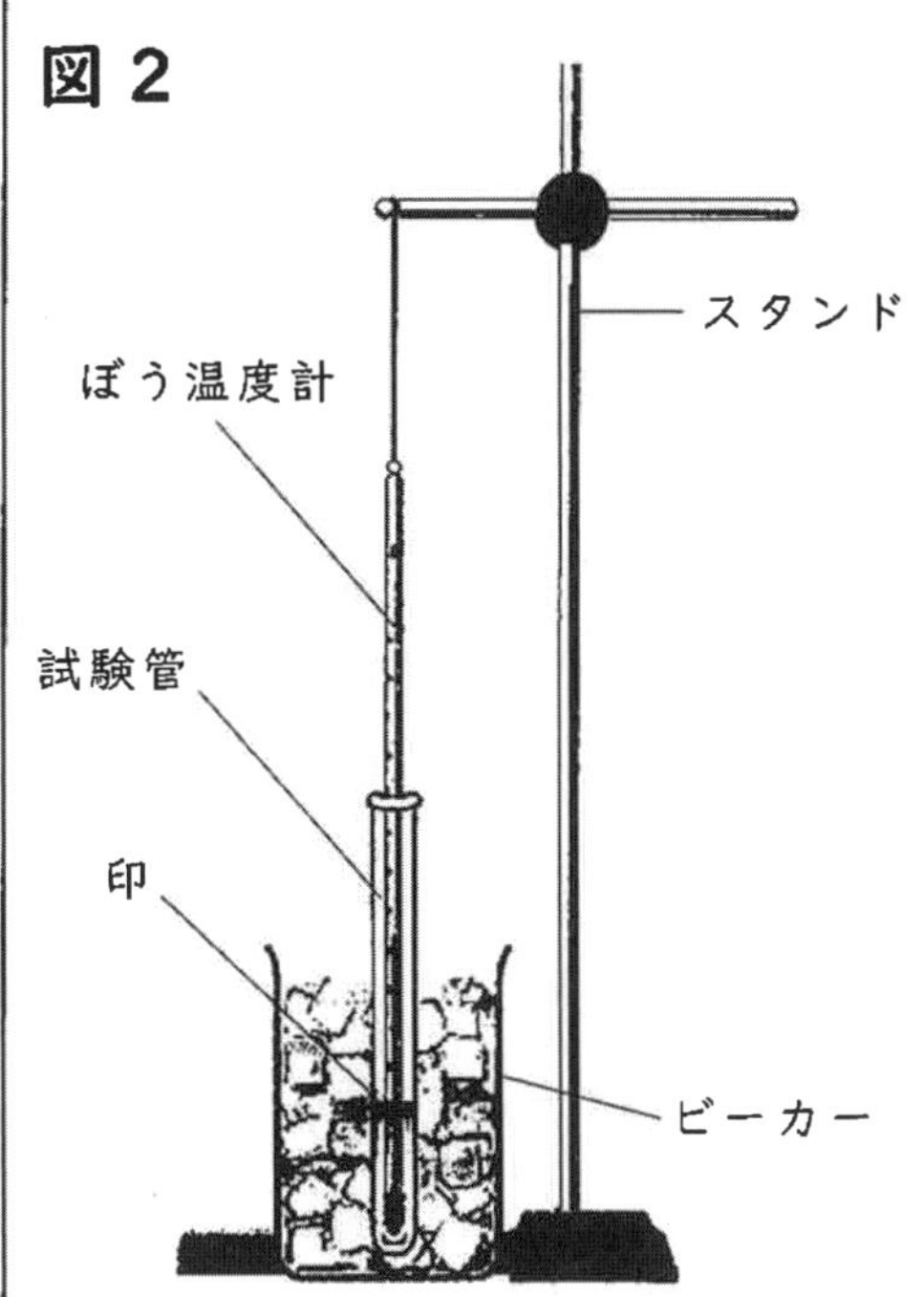

結果（表）

時間（分）	温度（℃）	気づいたこと
0	19	
2	11	水の温度がどんどん下がっていく。
4	8	
6	7	試験管の中がくもった。
8	5	
10	3	
12	1	
14	0	試験管をゆらすと、水が急に白くなった。
16	0	
18	0	②0℃のまま変わらない。
20	0	
22	-1	
24	-2	印よりも上がってきた。
26	-4	

解説

埼玉県立伊奈学園中学校の入学者選抜では、作文ⅠとⅡ（第一次選考）、面接、調査書（第二次選考）によって入学候補者を決めます。

第二次選考の面接は10分程度の個人面接です。

第一次選考の作文は２種類ありますが、首都圏の他都県でいう適性検査の内容をすべて記述式で答えるものという理解でよいでしょう。そのためか他の都県のものより５分多い検査時間（50分）が設けられています。出題にあたって、作文Ⅰは思考力や表現力をみる作文を、作文Ⅱでは課題を発見し解決する力をみる作文を求めています。

作文Ⅰは例年、国語と社会の力を試しながら、資料の読み取りや環境問題への理解度を確認しています。また、例年なら単語をローマ字で書く程度の英語ですが、昨年度は大問①で英会話のリスニング問題が出題されて周囲を驚かせました。

作文Ⅱでは算数と理科の力をみる問題が柱となっていて、課題を発見し、その課題解決の力もみています。むずかしくはありませんが、そのすべてを理由を含めた記述で答えなければなりませんので、表現力、文章力もおおいに問われることになります。

■併設型
■2007年開校

さいたま市立 浦和中学校

6年一貫教育の強みを存分に発揮する さまざまな教育活動

吉野 浩一 校長先生

9期生が卒業した今春も、すばらしい大学合格実績を残したさいたま市立浦和中学校。高校進学後を意識し、併設校の強みを存分にいかした、高校とのさまざまな連携教育が特色です。

生徒が楽しみながら力を伸ばせる学校

Q 御校の教育目標についてお話しください。

【吉野先生】「高い知性と豊かな感性・表現力を備えた国際社会に貢献できる生徒の育成」を掲げています。

Q 開校から15年を迎え、卒業した1～9期生は見事な大学合格実績を残しました。

【吉野先生】そうですね。立派な結果だと思います。これは内進生だけではなく、高入生も一丸となってがんばった結果ですが、内進生の目標に向かって粘り強く努力する姿勢に高入生も刺激を受ける好循環がありました。

Q さいたま市の掲げる日本一の教育都市実現に向けた御校への期待も大きいと思います。

【吉野先生】私がめざす学校のイメージは生徒が一生懸命楽しみ「力を伸ばせる『市立浦和』」です。学校行事や部活動など仲間とともに楽しい学校生活を送りながら、しっかりと勉強し、高い志をもっ

学校プロフィール

開校	2007年4月
所在地	埼玉県さいたま市浦和区元町1-28-17
TEL	048-886-8008
URL	http://www.m-urawa.ed.jp/
アクセス	JR京浜東北線「北浦和」徒歩12分
生徒数	男子120名、女子120名
1期生	2013年3月高校卒業
高校募集	あり
教育課程	3学期制／週5日制（年12回土曜授業あり）／50分授業
入学情報（予定）	・募集人員　男子40名、女子40名 ・選抜方法　（第1次選抜）適性検査Ⅰ・Ⅱ（第2次選抜）適性検査Ⅲ〈作文〉、個人面接・集団面接

東京　神奈川　千葉　埼玉

て志望大学に合格する生徒が集う学校です。現在も、そんな力を持った生徒がたくさんいますから、市民の期待を上回る成長が見られると考えています。

ますます充実する「つなぎ学習」

Q 6年一貫教育の流れについてお教えください。

【吉野先生】 前期課程の中1・中2は「基礎」、中期課程の中3・高1は「充実」、後期課程の高2・高3は「発展」とそれぞれ位置づけ、3期に分けた中高一貫教育を行っています。

Q なかでも中期課程の「つなぎ学習」が特徴的です。

【吉野先生】 中高一貫校の強みをいかして、中学校から高校への移行をスムーズにするための学習です。年々実施科目を増やしながら、いろいろなかたちで充実させてきています。

1期生のときは、まだしっかりと方式が定まっておらず、うまく機能していない部分も多かったようです。こうした反省をふまえて改良を重ね、進化をつづけてきました。

中学は少人数授業やチームティーチング（TT）、双方向の授業も多いですが、高校になれば講義形式も増え、学びが変わります。

また、中学では受け身がちな生徒が多く、学習進度が遅れていたり、未提出の課題がある生徒には教員側からすぐ声をかけますが、高校では生徒が自分から積極的に学んでいくことが求められます。

こうした中高でのちがいに対しても、「つなぎ学習」を実施することで、無理なく対応できます。「つなぎ学習」では、中3の数学、英語など、毎週かならず1時間、高校の先生が授業を受け持ちます。

理科では高校の生物と物理の先生が成績をだすところまで行われていますし、社会科では歴史分野を中心に、実技教科でも家庭科、美術などは高校の先生です。

とはいえ、いたずらに先取り授業を進めているわけではありません。高校の先生による授業は、さらに深く学ぶなど、補充的・発展的な部分を担っています。

Q より専門的な授業内容となるので、生徒の知的好奇心も喚起されそうですね。

【吉野先生】 高校の先生による授

Pick up!

1 独自の教育活動「Morning Skill Up Unit」(MSU)の展開

生徒ひとりにつき１台のノート型パソコンを活用し、週３日、１時限目に60分の時間を設けて国語・数学・英語の各教科を20分ずつ学習します。

国語（Japanese Plusの学習）は、すべての学習の基礎となる「国語力」の育成がはかられます。短作文、暗唱、書写、漢字の書き取りなどに取り組み、基礎・基本を徹底する授業です。

数学（Mathematics Drillの学習）は、日常生活に結びついた「数学的リテラシー」の向上をめざします。四則計算や式の計算といった基礎的な学習、数量や図形に対する感覚を豊かにする学習です。

英語（English Communicationの学習）は、英語での「コミュニケーション能力」の育成が目標です。日常会話やスピーチなどの生きた英語を聞く活動、洋書を使った多読活動、英語教師との英語によるインタビュー活動や音読活動を行うなど、バリエーションに富んだ多彩なプログラムが用意されています。

2 ICT（Information and Communication Technology）教育の充実

生徒それぞれのパソコンは無線LANで結ばれており、いつでもどこでも情報を共有しながら活用できます。調べたものをパソコンでまとめたり、インターネットを使って情報を自分のパソコンに取りこむことができます。

図書室は「メディアセンター」と呼ばれていて、生徒は「メディアセンター」でインターネットを使いながら、必要な情報を探しだしています。

また、このパソコンがより高度なものになり、タブレット端末としても活用ができるようになったことで、情報の共有や生徒間のコミュニケーションがより活発になり、アクティブラーニングの視点に立った授業も展開できるようになりました。さらにさいたま市の嘱託を受けた教育プログラム開発のために、さまざまな学習ソフトを利用して、主要教科だけではなく、実技教科も含めていろいろな場面でパソコンをいかした授業が展開されています。その成果が市にフィードバックされ、さいたま市立中学校全体の教育の質向上にも貢献しています。

業は中学校とはスタイルも変わるので、刺激になり、生徒の学習意欲にもつながっています。

また、夏休みには中高とも夏季講習があります。中学は夏休みの初めに復習的な内容を多く取り入れていますが、発展的な内容の講座も開講しています。さらに、希望者は高1の夏季講習にも参加できるようにしています。

本校では、中高一貫教育を行うメリットが学校全体で認識できています。先生がたも「あれもできる」「これもやってみたらいいんじゃないか」とアイディアをだしあいながら取り組んでいます。つぎの段階に進んでいることが感じられます。

少人数制授業と特徴的な学習プログラム

Q. 少人数制授業も中学の大きな特色ですね。

【吉野先生】 数学、英語で中1から1クラスをふたつに分ける少人数制授業を行っています。

クラスを分けられない教科でも、高校の先生といっしょにＴＴを実施することで、手厚い指導を展開できます。

さらに、中1～中3の英語授業では高校のネイティブ教員に加え、高校のＡＬＴが受け持つ授業を週に1回実施しており、ときには中学校のＡＬＴも加わります。これらをとおして英語力の向上をはかっています。

Q. 自分の言葉で表現する活動が充実していますね。

【吉野先生】 国語や社会では、討論やスピーチ、ディベート、パネルディスカッションなどの学習を計画的に取り入れています。また、こういった積み重ねの集大成は、中3で実施する海外フィールドワークでの日本文化の紹介などにつながります。

英語では、校内で英語のスピーチコンテストを行います。上位の生徒は市や県の大会に参加し、毎年、優秀な成績を残しています。

このスピーチコンテストは、英語の知識や表現力を養うことにつながるのですが、なんといっても、本校では高校でその力をさらに伸ばす場が多く用意されているところが大きいと思います。

もともと高校は英語教育や国際交流に力を入れている学校ですから、中学で得た英語力や興味を高

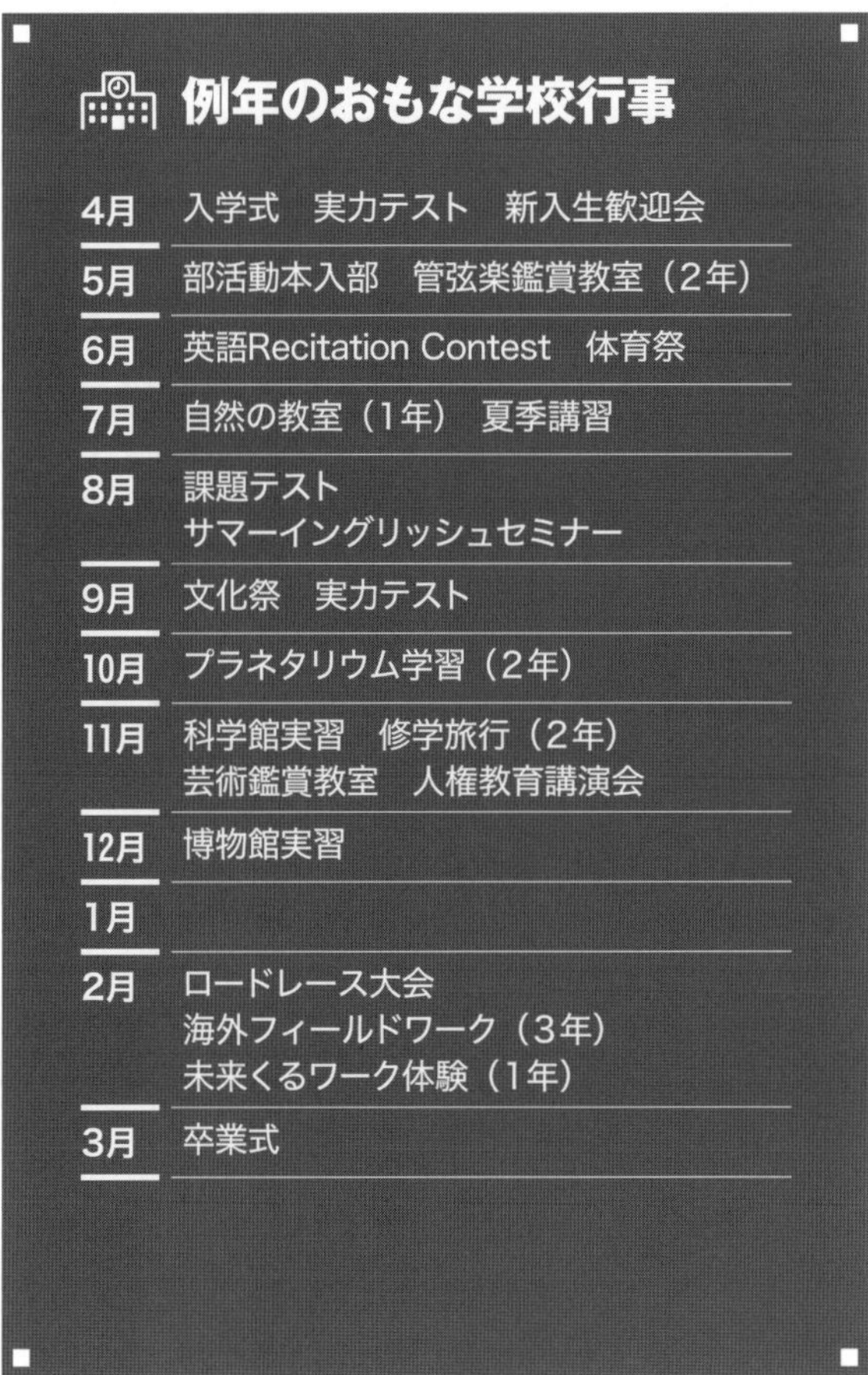

例年のおもな学校行事

4月	入学式　実力テスト　新入生歓迎会
5月	部活動本入部　管弦楽鑑賞教室（2年）
6月	英語Recitation Contest　体育祭
7月	自然の教室（1年）　夏季講習
8月	課題テスト サマーイングリッシュセミナー
9月	文化祭　実力テスト
10月	プラネタリウム学習（2年）
11月	科学館実習　修学旅行（2年） 芸術鑑賞教室　人権教育講演会
12月	博物館実習
1月	
2月	ロードレース大会 海外フィールドワーク（3年） 未来くるワーク体験（1年）
3月	卒業式

校でさらに育てていくことができます。

交換留学も毎年実施しており、内進生で高校入学後に留学する生徒もいます。

大学進学の面で結果がでるのももちろんすばらしいことですが、こういった面でがんばっている子がいるのも、本校の中高一貫教育の成果だと思います。

学校生活全体で中高一貫教育を実践

Q. 学校行事や部活動も中高いっしょに行われていますね。

【吉野先生】 たとえば、体育祭は中高6学年を縦割りにします。別々に行っていた時期もありましたが、現在は例年高校の8クラスと、中学の各学年2クラス80名ずつを、8つに分けるかたちで実施しています。

お互いを応援し、席を隣にすることは、中学生、高校生ともに貴重な経験になっているようです。

部活動も中高いっしょに行う部も多いですし、現在は運動系の部活動を中心に、中3が公式戦がなくなったあとに、早めに高校の活動に参加できるようになっています。

このように勉強の面だけではなく、学校生活全体で中高生がいっしょに活動する場面を増やしています。

Q. 施設も立派で、教育環境が充実していますね。

【吉野先生】 校舎は中学校開校時に新築していて、窓が大きく、明るめの色調できれいです。

高校に図書室、さらに中学にメディアセンターというものもあり、両方とも使えます。高校側にある理科系の実験室も利用できますし、学習環境は整っています。校庭は人工芝です。

Q. 最後に、受検生に向けたメッセージをお願いします。

【吉野先生】 なにごとにも前向きに取り組み、粘り強くがんばる生徒が、本校の学びにマッチし、さまざまな能力を伸ばしています。高い志を持って、努力しつづけられる生徒さんに入学してもらいたいですね。

そして、高校に進学したあとは、高入生と励まし支えあいながら切磋琢磨し、たくましくがんばっている先輩たちにつづいてくれる生徒さんを待っています。

募集区分 一般枠（さいたま市内在住）
入学者選抜方法 【第１次選抜】適性検査Ⅰ（45分）、適性検査Ⅱ（45分）、調査書
【第２次選抜】適性検査Ⅲ（45分）、面接（個人＋集団）

問１　**【太郎さんたちの会話①】**にある空らん［　A　］、［　B　］、［　C　］に入る数字をそれぞれ答えなさい。

問２　**【太郎さんたちの会話①】**から、レンガ４７個を使ってつくる一番大きい花だんの内側の面積は何 m^2 か、答えなさい。

太郎さんたちは花だんの一部に、チューリップの球根を植える計画を考えています。

問３　花だんの中の縦３m、横３m の正方形の場所にチューリップの球根を植える計画を立てました。直径４cm の円の形の穴を堀り、そこにチューリップの球根を１つずつ植えます。穴と穴の間隔を１０cm とするとき、一列目をすべて植え終えるためには、チューリップの球根は何個必要か求めなさい。なお、球根は**図５**のように植えるものとし、三列目以降も同様に植えるものとします。

図５　チューリップの球根の植え方

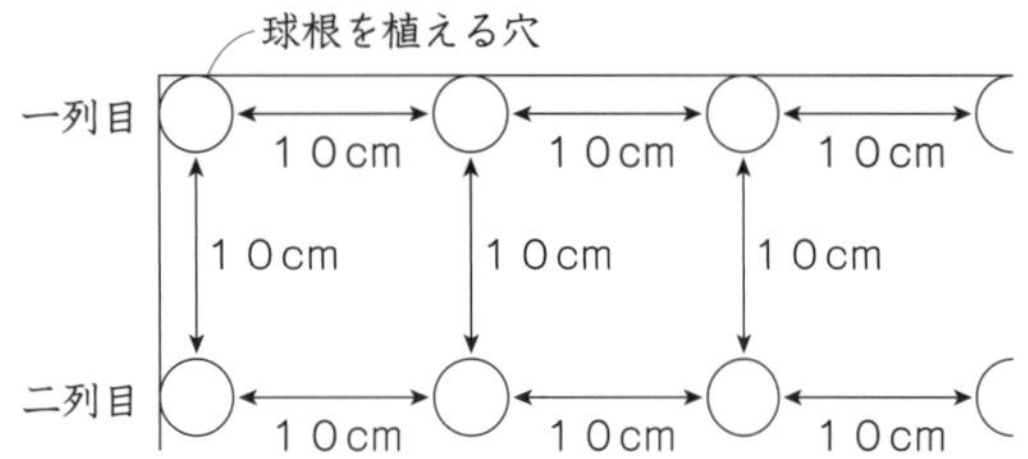

POINT
数理的なものの考え方を試す

問題文から必要な要素を正確に読み取る力が必要です。立体の特徴をとらえ、知識を活用して考察、処理する力をみます。

POINT
条件をふまえ数学的課題を解決

市立浦和では立体の問題は頻出です。与えられた条件をふまえて想像力、推理力を駆使して課題を解決します。

2021年度　さいたま市立浦和中学校　適性検査Ⅱ（独自問題）より

1

太郎さんと花子さんは学校の環境美化委員会に入っています。環境美化委員は１６人います。市をあげて取り組んでいる「花いっぱい運動」に協力するために、校舎のうらにある縦５ｍ、横６ｍの空き地に、花だんをつくることにしました。

次の問１～問５に答えなさい。

【太郎さんたちの会話①】

先　　生：まずは、空き地をレンガで囲んで、水や土が流れ出ないように花だんをつくりましょう。使えるのは４７個のレンガです。たくさんの花を植えたいので、花だんの面積が最大になるように考えましょう。

太郎さん：先生、レンガ１個の大きさを教えてください。

先　　生：大きさは縦２０cm、横４０cm、高さ１５cmです。**図１**のように、縦２０cm、横４０cmの長方形の面を底面にして置くことにしましょう。

太郎さん：わかりました。では、縦と横にレンガを１２個ずつ並べて、上から見たときに、**図２**のように花だんの内側が正方形になるようにしてみてはどうでしょうか。１周の長さが同じ四角形であれば、正方形にしたときの面積が一番大きくなると思います。

花子さん：そうですね。しかし、その並べ方だと、全部でレンガが［　A　］個必要になるので、［　B　］個足りないのではないでしょうか。

先　　生：そうですね。それにその並べ方だと縦５ｍを［　C　］cm、はみ出してしまいますね。**図３**のように、レンガとレンガをすき間なく並べ、**図４**のように花だんの外側と内側が四角形になるように並べることにしましょう。正方形に近いほど、面積が大きくなるという太郎さんの目の付けどころはいいですね。では、レンガ47個を使って、どう囲んだらよいかを考えましょう。

図１　レンガ１個の大きさ

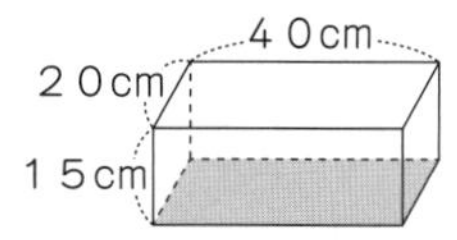

図２　太郎さんの考えたレンガの並べ方

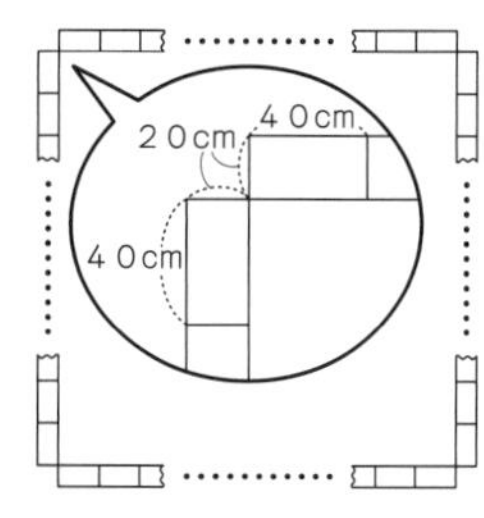

図３　２個のレンガの並べ方の例

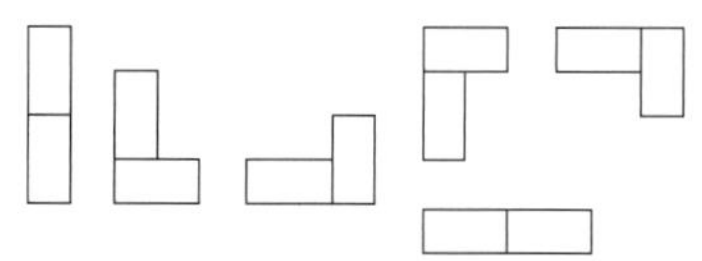

図４　花だんの完成イメージ

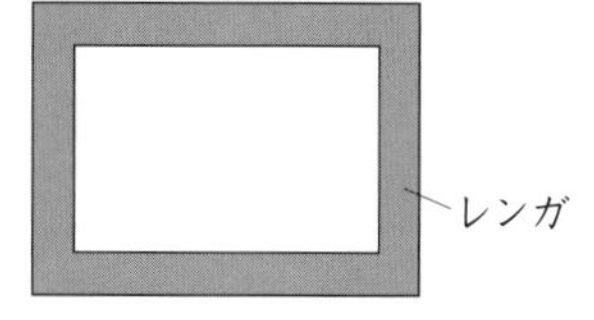

解説

さいたま市立浦和中学校の入学者選抜には第１次と第２次があります。2021年度では、第１次を550名が受検しました。第２次は168名が受検して、募集人員男女各40名の入学候補者を選んでいます。

第１次では、適性検査Ⅰ（45分）と適性検査Ⅱ（45分）、調査書で検査を行います。第２次は約１週間後に適性検査Ⅲ（45分）と個人面接（10分程度）、集団面接（７名程度、約30分）を行います。

適性検査はⅠ、Ⅱ、Ⅲとも課題の問題点を整理し、論理的に筋道を立てて考え解決する過程を試し、さらに多様な方法で表現する力をみます。とくに第２次の適性検査Ⅲでは作文の字数が多く、文章や図表などを読み取り、課題にしたがって250字以内の作文１題と300字以内の文章にまとめる作文が２題でました。作文をとおして適切な表現力をみます。

2021年度の集団面接は、７名程度の児童で構成するグループに、「さいたま市の食育」について課題を与え、自己紹介後、解決に向けて一人ひとりがどのようにリーダー性、協調性を持ち、コミュニケーション能力等を発揮できているかをみました。

さいたま市立 大宮国際中等教育学校

■中等教育学校
■2019年開校

未来社会を生き抜く力を身につける 新しい学びを「大宮国際」で

2019年4月、さいたま市にふたつ目の公立中高一貫校が誕生しました。未来社会で生き抜いていくための力を養う最先端の教育を提供することをめざす学校です。

関田晃（せきた あきら）校長先生

英語を「道具」として使いこなして世界へ

Q 御校ではどのような生徒を育てたいと考えているのでしょうか。

【関田先生】「誰も見たことのない世界で通用する『真の学力』を持った生徒を育てたいと考えています。

いまは未来社会の予測がむずかしくなっています。そうした社会を生きていく子どもたちにつけてあげたい力とは、「なぜだろう」というテーマ設定をして、それをいろいろなかたちで考えて議論し、そこから多くの人が納得できる解をだすことができる力です。「正解」をだすというのはむずかしくても、多くの人から「それがいいね」というコンセンサス（合意）を得られて、新しい価値を生みだすことができる力ですね。

それをさらに具体的に、めざす学習者像として「未来の学力が備わった人」、「国際的な視野を持った人」、「よりよい世界を築くことに貢献する人」と定めました。

Q 校名からも「英語教育」に特

学校プロフィール

開校	2019年4月
所在地	埼玉県さいたま市大宮区三橋4-96
TEL	048-622-8200
URL	https://www.city-saitama.ed.jp/ohmiyakokusai-h/
アクセス	JR各線・東武野田線・埼玉新都市交通伊奈線「大宮」バス
生徒数	男子240名、女子239名
1期生	3年生
高校募集	なし
教育課程	2学期制／週5日制（隔週で土曜授業実施）／100分授業（一部50分授業あり）
入学情報（予定）	・募集人員 （特別選抜）全体の1割程度 （一般選抜）男子80名程度、女子80名程度 計160名
	・選抜方法 （特別選抜）〈第1次選抜〉適性検査D、個人面接 〈第2次選抜〉適性検査E、集団活動 （一般選抜）〈第1次選抜〉適性検査A・B 〈第2次選抜〉適性検査C、集団活動

化するようなイメージも持ちますが、それだけではないということでしょうか。

【関田先生】 そう思われてしまいがちですが、英語はあくまでも「道具」です。たとえば私たちはいま、日本語でコミュニケーションを取っていますが、お互いに日本語がわかるから簡単に意思疎通ができて、考えがまとまるわけです。ですが、少し世界に目を向けると、最も便利なコミュニケーションの手段というと、現時点では英語になります。母語である日本語に加えて、英語でも同じように意思疎通ができるようになると、意見交換が可能になる人は爆発的に増えますよね。そうすると、これまではあるテーマについて意見を求められたのが5人だったのが、10人になって、さらに豊かな考えが展開できるようにもなります。

　ですから、もちろんさまざまなカリキュラムによって英語教育は充実させます。ただ、それはあくまでも道具としての英語を磨くための手段であって、最終的にめざしているのは、ここまでお話ししてきたように、その道具を使ってより多くの人と意見をすりあわせて、新しい価値を生みだせる力をつけるということです。

5年生からの特徴的なコース設定

Q.6年間の教育課程はどのようなかたちになるのでしょうか。

【関田先生】 学習ステージをふたつに分けていきます。ひとつ目は「Empowerment Stage（力をつけるステージ）」として、1年（中1）から4年（高1）までの4年間、IBの教育プログラムであるミドル・イヤーズ・プログラム（MYP）の理念をもとにした授業を行います。5年（高2）、6年（高3）の2年間は「Achievement Stage（力を発揮するステージ）」として、3つのコースに分かれて生徒それぞれの希望進路に沿った学習を展開します。

　3つのコースには「Global Course（グローバル・コース）」、「Liberal Arts Course（リベラルアーツ・コース）」、「STEM Course（ステム・コース）」があります。

　「グローバル・コース」は、IBのディプロマ・プログラム（※）を導入して、授業はかなりの部分

※国際バカロレア機構が提供する、16～19歳の生徒が大学やその他の高等教育機関に備えるための、2年間の国際教育プログラム

Pick up!

1 主体的に学びつづける姿勢を養う「3G Project」と「LDT」

これからの社会で活躍できる人になるためには、主体的に学びつづける姿勢を養うことが欠かせません。そうした姿勢を身につけるための教育プログラムとして用意されているものに「3G Project」と「LDT（Learner Directed Time）」があります。

「3G Project」は「Grit（やり抜く力）」、「Growth（成長し続ける力）」、「Global（世界に視野を広げる力）」という3つの「G」を育てる探究活動で、週に2時間、さまざまな課題について、日本語、または英語でその課題の解決に向けて個人やグループでの話しあいや研究を行い、そのつど発表の機会を設けます。あるものごとについて問題意識を持つことからスタートし、6年間つづけることで、視野が広がり、多種多様なテーマについて問題意識を持つことの大切さを知り、学びの技法などを養うことができます。

「LDT」は、土曜日に隔週で設けられる「自分で自分の学習をプロデュースする時間」です。生徒それぞれが自分で学びたいことを考え、そのテーマについて深く学ぶための時間です。ときには教室の外に飛びだして、あるときは大学、あるときは研究機関、あるときは企業を訪問するということも可能です。

2 英語を使いこなせるようになるためのさまざまな教育プログラム

世界中の人びとと深いコミュニケーションをはかるための手段として、英語を使いこなせるようになることをめざす大宮国際では、中1の段階から積極的に英語を使う機会を設けます。まず、毎朝、始業前の時間帯は生徒、教職員すべての人びとがオールイングリッシュでさまざまな活動に取り組む時間が設定されています。

教育プログラムのなかで特徴的なのは、複数いるネイティブスピーカーの教員が主体となる週2時間のプログラム「English Inquiry（イングリッシュ・インクワィアリー）」です。いわゆるイマージョン教育ですが、いきなり数学を英語で学ぶということではなく、日本語で学んだ教科や単元を、さらに英語で深く学ぶというものです。すでに基礎知識がしっかりと定着していることで、無理なく理解を深め、かつ、英語力も身につく構成になっています。

が英語になるコースです。ＩＢのディプロマが実際に取れるように、着々と準備も進めています。

「リベラルアーツ・コース」はその名のとおり、文系・理系の区別なく、幅広く深い知識を身につけていくコースです。

そして、「ステム・コース」は文系、理系でいうと理系よりで、S（Science、サイエンス）、T（Technology、テクノロジー）、E（Engineering、エンジニアリング）、M（Mathematics、数学）の領域にまたがる、学際的な学びを行っていくコースです。

Q.学校行事や部活動はどのように進められていますか。

【関田先生】 まず、本校の特徴として、グローバルな視点を育むための校外行事を準備しています。1年次に国内異文化体験として福島のブリティッシュヒルズで2泊3日の宿泊を行います。3年次にはオセアニア地域での海外語学研修、4年次は国内でプロジェクトベース型の修学旅行を実施し、5年次にアメリカでの海外フィールドワークを行う予定です。

また、本校はアウトプットする機会を大切にしています。そこで、各教科の学びの特徴を探究し、その成果を発表する探究発表会、英語で学んだことを演劇で発表したり、音楽で学んだ曲を演奏したりする文化表現発表会を行い、学びと表現のサイクルを意識しています。

部活動などの放課後活動は、「After School Activities」として、これまでとはちがったあり方になります。CA（Club Activity）は、シーズン制で行い、さまざまなクラブを経験できるように工夫しています。もちろん強制ではなく、これまで習いごとをつづけてきた生徒や研究活動をしたい生徒はそうできます。このように放課後活動についても、既成概念にとらわれずに未来志向をめざしています。

新しい学校で新しい学びを

Q.4月に入学された3期生のようすをお教えください。

【関田先生】 入学式を4月7日に来賓や保護者の参加を制限し、また式次第を短くするなどの新型コロナウイルス感染拡大防止策を講じ挙行しました。

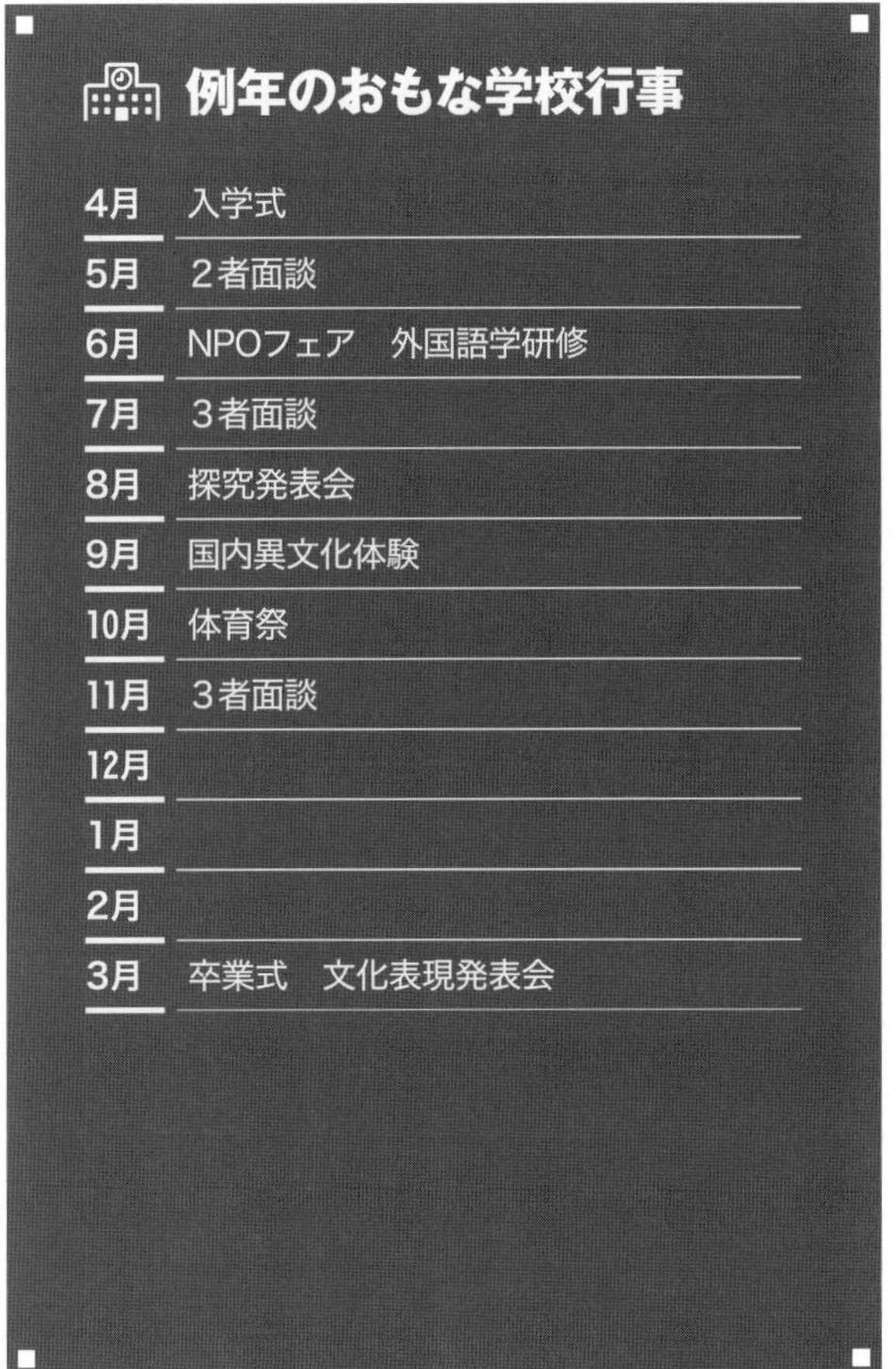

例年のおもな学校行事

4月	入学式
5月	２者面談
6月	NPOフェア　外国語学研修
7月	３者面談
8月	探究発表会
9月	国内異文化体験
10月	体育祭
11月	３者面談
12月	
1月	
2月	
3月	卒業式　文化表現発表会

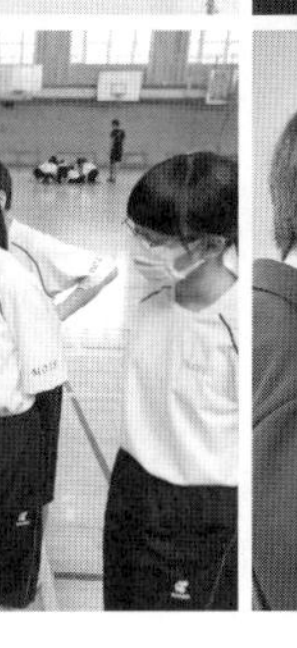

小学校とはちがい、電車やバスでの通学、1教科１００分間の授業、クラスとは別の学習グループで授業を受けるなど、本校ならではの学校生活にも、ゴールデンウィーク明けには多くの生徒が慣れていました。また、すべての教科の授業でひとり1台のタブレットPCを使いこなし、学習を進める姿も多く見られました。

6月過ぎには、授業が進むにつれて各教科の総括的評価課題の取り組みが増えたり、ＣＡが始まったり、ＬＤＴ（Learner Directed Time）で各種ワークショップに参加したりと、活動内容が多岐にわたったことで、なかには生活リズムを崩してしまう生徒が見受けられるようになりました。しかし、生活の課題を解決するためのクラス会議を開いたり、クラスメイトと同じ悩みを共有したり、2、3年生が開催した「先輩相談室」でアドバイスをもらったりして、見事解決していきました。

これからも、生徒には国際的な視野を持ち、世界中の人たちとコミュニケーションをとり、多くの困難な課題を解決しようとする強い信念と、大きな志を持ってもらいたいと思います。

Q. 受検生に向けてのメッセージをお願いします。

【関田先生】 本校の適性検査は、特別な訓練は必要ありません。ふだんからしっかりと小学校で学ぶべきものを学んでもらえれば解けるような問題を出題しています。英語の検査もありますが、英語の能力が高くなければ入学できない、というような学校でもありません。それよりも、本校ではさまざまな人と、さまざまな場面で「コミュニケーションを取ること」が求められます。ですから、人と積極的にコミュニケートする気持ちを持っていることの方が大切かもしれません。

入学すると、新しいプログラムに基づき、新しいスタイルの学習に取り組むことで「真の学力」、「未来の学力」を身につけていくことになります。それは、みなさん自身がよりよく生きるための学力であり、よりよい世界の未来を築くことに貢献できる学力です。

本校で、中高一貫の6年間を過ごし、新しい仲間とともに、高い志を抱き、それを実現するために必要な力を身につけませんか。

オタマジャクシは順調に成長して、前足が出てきました。

【太郎さんと花子さん、先生の会話②】

花子さん：オタマジャクシが育ってきましたね。中には、前足が出てきたオタマジャクシもいます。そろそろ、水の中から出られるようにした方がよいでしょうか。

先　　生：そうですね。オタマジャクシを別の場所に移した後、台を置いて、水を減らし、水から出られるように準備しましょう。

太郎さん：前に家でカメを飼っていたときに、水に浮くプラスチックのものを使っていましたが、水に浮くものでもよいでしょうか。

先　　生：それだと、水槽のかべと台との間にオタマジャクシやカエルがはさまったら危ないので、水に沈むものがよいでしょう。

花子さん：上りやすいように、**図2**の階段のようにしたらどうでしょう。各段の蹴上げの高さと、各段の踏み面の長さは、それぞれ等しくしたいと思います。

図2　花子さんが考えている台
（水槽に置いたときの真横から見た形）

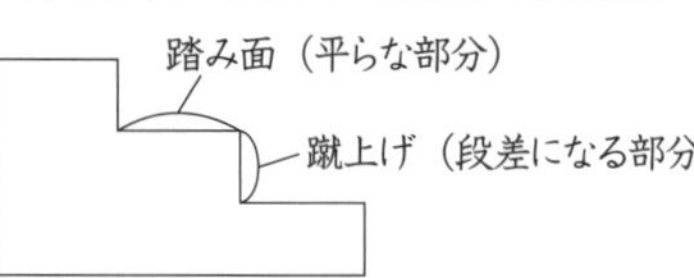

太郎さん：わたしは、段があるより、ななめになっている方が上りやすいと思うので、坂道になるように、三角柱のものがよいと思います。

先　　生：両方とも考えてみてはどうでしょう。

問2　花子さんと太郎さんは、下の**図3**、**図4**の台をそれぞれ考えました。**図3**、**図4**の水槽に置いたときの真横から見た形を比べたとき、高さと面積がそれぞれ等しくなっていることがわかりました。次の（1）、（2）に答えなさい。

（1）　花子さんが考えた台の各段の蹴上げの高さと踏み面の長さは、それぞれ何cmか、答えなさい。

（2）　花子さんが考えた台を、**図3**のAとBが水槽の底につくように置いた後に、この台の下から1段目の高さになるまで、水槽の水を減らしました。花子さんが考えた台の体積が1080cm^{3}であるとき、水槽に残った水の体積は何cm^{3}か、答えなさい。

図3　花子さんが考えた台

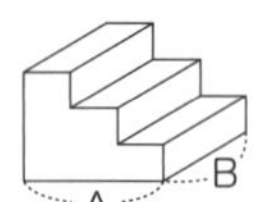

全体の形

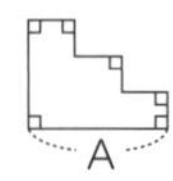

水槽に置いたときの真横から見た形

図4　太郎さんが考えた台

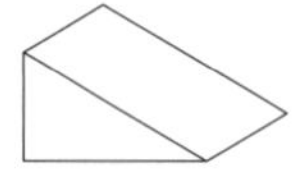

全体の形

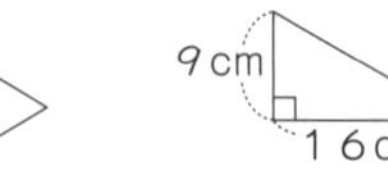

水槽に置いたときの真横から見た形

POINT

英語と算・社・理の力が試される

多角度から小学校での学習知識（算・社・理）が試されます。また、適性検査Aには英語によるリスニング問題があります。

POINT

条件を理解し考える力をみる

数学的、理科的課題に対して基礎的な力で解決できるか、考え方を正しく理解し、科学的に説明する力があるかをみます。

募集区分　一般枠（さいたま市内在住）

入学者選抜方法　【第1次選抜】適性検査A（50分）、適性検査B（40分）、調査書
【第2次選抜】適性検査C（45分）、集団活動（30分）

2021年度　さいたま市立大宮国際中等教育学校 適性検査A（独自問題）より

2

太郎（たろう）さんと花子さんは、近くの池でオタマジャクシを見つけたので、先生と相談して、学校でオタマジャクシを飼うことにしました。

次の問１～問２に答えなさい。

【太郎さんと花子さん、先生の会話①】

先　　生：オタマジャクシを飼うために、水槽（そう）が必要だと思って持ってきました。このすべてガラスだけでできている水槽を使うのはどうでしょう。

花子さん：この水槽の大きさを教えてください。

先　　生：この水槽は直方体の形をしていて内のりは、縦（たて）２５cm、横４０cm、深さ２０cm です。また、水槽のガラスの厚さはどこも０．５cm です。

太郎さん：では、水槽を洗（あら）って水を入れて準備しましょう。

先　　生：水槽に入れる水は、水道水のままでは中に※カルキが入っているので、オタマジャクシの飼育にはよくありません。バケツに水道水を入れて、そこにカルキを抜（ぬ）くための薬を加えて、しばらくおいたものを使いましょう。

太郎さん：そうなのですね。

※カルキ……水道水やプールの水を消毒するのに使われる薬品。

図１　先生が用意した水槽の図

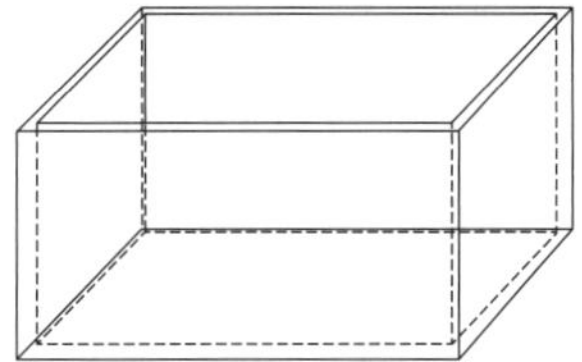

問１　次の（１）～（３）に答えなさい。

（１）　この水槽を水で満たしたとき、水は何 cm^3 になるか、答えなさい。

（２）　水道のじゃ口からは、１秒間に０．２Ｌの水が出ます。水道のじゃ口からバケツに水を入れ、バケツを水で満たすのに、１分１５秒かかりました。このとき、バケツの中の水は何 cm^3 になるか、答えなさい。

（３）　水平な床（ゆか）に置いた水槽に、床から水面までの高さが１５cm になるように、水を入れました。このとき、入れた水の量が、水槽を満たしたときの水の量の何％になるか、答えなさい。

解説

選抜方法は、第１次選抜と第２次選抜の２段階で行います。第１次選抜はすべての志願者に対して「適性検査A」と「適性検査B」を実施、第２次選抜は、第１次選抜合格者に対して「適性検査C」と「集団活動」を実施します。適性検査、集団活動と調査書を総合的に判断して選抜します。今春は男女計160名の募集に617名が受検し（第1次選抜）1.54倍、第２次選抜は327名がのぞみ2.04倍でした。

各適性検査のねらいは以下のように発表されています。<第１次選抜>【適性検査Ａ】小学校で身につけた基礎的・基本的な知識を活用する力をみる。グローバル・スタディ（さいたま市立小学校で行われている英語教育）の授業で身につけた知識を活用し、適切に判断する力をみる。【適性検査Ｂ】発展的な課題に取り組み、自らの知識を活用して考え、課題を解決する力をみる。自然現象などを科学的に理解し、合理的に説明する力や、数理的な事象を分析する力をみる。<第２次選抜>【適性検査Ｃ】文章や資料から課題の意図を読み取り、自分の考えをある程度まとまった文章で表現する力をみる。【集団活動】小学校のグローバル・スタディで得た英語でコミュニケーションをとるために必要な力をみる。

川口市立高等学校附属中学校

■併設型
■2021年開校

なにごとも自分で考え判断し行動できる人材へ

充実した施設、設備がそろう恵まれた教育環境のもとで教育をスタートさせた川口市立高等学校附属中学校。いま、「自分たちの手で学校の歴史をつくる」という熱意を持った生徒が集まっています。

小堀　貴紀　校長先生

「自立」と「自律」を胸によりよい学校をつくっていく

Q.御校は川口市初の公立中高一貫校として開校されました。どのような思いでスタートされたのでしょうか。

【小堀先生】川口市にあるほかの学校を牽引する存在にならなければと考えています。本校は開校したばかりですから、まだ歴史も文化もありません。すべてが白紙の状態です。生徒一人ひとりが「よりよい学校を創る」という思いを持つことが求められます。キーワードは「自立」と「自律」です。主体的に学校生活を送りながらも、自己中心的になるのではなく、つねに自らを律し、まわりの人のことを考えて判断、行動できる人材になってほしいですね。生徒にはなにごとも自分自身で考え、そのうえで生徒同士、ときには教員とも議論し答えを見つけだすことが大事だと伝えています。また、教員にも生徒と議論する時間を大切にしてほしいと話しています。

Q.教育目標についてお話しくだ

学校プロフィール

開　　校	2021年4月
所在地	埼玉県川口市上青木3-1-40
TEL	048-483-5513
URL	https://kawaguchicity-jh.ed.jp/
アクセス	埼玉高速鉄道「鳩ヶ谷」徒歩20分またはバス、JR京浜東北線「西川口」徒歩25分またはバス、JR京浜東北線「川口」「蕨」・JR武蔵野線「東川口」バス
生徒数	男子40名、女子40名
1期生	1年生
高校募集	あり
教育課程	3学期制／週5日制／45分授業
入学情報	・募集人員　80名（男女各40名）
	・選抜方法　適性検査Ⅰ・Ⅱ・Ⅲ、集団面接、調査書

さい。

【小堀先生】教育目標は、川口市立高等学校と共通のもので「未来を創る　しなやかでたくましい人材の育成」を掲げています。時代の激しい変革や多様化・複雑化する社会のニーズに柔軟に対応する「しなやかさ」を持ち、さまざまな人びとと協力しながら困難な問題に「たくましく」立ち向かい解決できる力を養うことで、日本をリードし「未来を創造する」人材を育てていきます。

生徒が主役の「学習者起点の教育」

Q. 日々の教育で意識されているのはどのようなことですか。

【小堀先生】「学習者起点の教育」です。学びの主役は生徒であり、一人ひとりの「知りたい」「わかりたい」「できるようになりたい」という思いが、学校を動かす力の源であると考えています。その思いを、学校、家庭、地域が一体となって応援する学校をめざしています。

そして、生徒には「よき学習者」になるよう伝えています。学びに対する高い志と情熱を持ち、自ら調べ、仲間と意見を交わしながら、課題に対する最善・最適な解決策を見出そうと努力する、そして生涯にわたって学びつづけられる人材が「よき学習者」だと私は考えています。しかし、これが「よき学習者」の最終的な姿ではありません。1期生、そしてこれから入学してくる生徒たちが「よき学習者」の姿をよりよいものにアップデートしつづけてくれることを期待しています。

Q. 入学された1期生のようすを教えてください。

【小堀先生】学習意欲が高く、自主的に予習や復習に取り組んでいます。授業中も積極的に発言していますし、クラスメイトとも活発に議論しています。充実した学校生活を送っていると感じます。

また、1学年80人と人数が少ないこともあり、仲間意識はとても強く「自分たちが学校の歴史をつくるんだ」という熱い思いを持って日々を過ごしています。

少人数クラスを編成　理数・英語教育に注力

Q. カリキュラムやクラス編成についてご説明ください。

Pick up!

1 最先端の施設・設備が整う恵まれた教育環境

川口市立高附属は、2018年に3校が統合して誕生した川口市立高と校舎をともにしており、最先端の施設・設備が整う恵まれた教育環境を有しています。校舎は開放感にあふれ、ときに友人と語らい、ときに自習する場として自由に使えるオープンスペースもあります。

なかでも特徴的なのは「空間UI教室」。UIとは「ユーザーインターフェース」の略で、ICT機器やソフトウェア、システムなどとその利用者の間で情報をやり取りする仕組みのことです。机や壁に情報が映しだされ、瞬時にみなで情報を共有することができる「空間UI教室」を、各教科の授業で活用しています。

運動施設としてはふたつのアリーナ棟が用意されています。バスケットボールコートが3面とれる広さを持ち、480人の観覧席も有する大アリーナ棟には、大浴場を備えた100人収容可能な宿泊研修室も完備。宿泊研修室は、部活動の合宿などで使用されます。中アリーナ棟はトレーニングゾーンや冷暖房完備の柔剣道場を備えています。今秋には、人工芝のフィールドと400mのタータントラックを有するグラウンドも完成し、すべての施設・設備が整います。

加えて、学校近くにある川口市立科学館で理数教育を行ったり、青木町運動公園で運動部が活動したりと、地域の施設を活用しやすい立地にあることも魅力です。

2 本物体験を提供するプログラムを用意

川口市立高附属では今後、土曜日などに、希望者を対象としたさまざまな講座を開く予定です。各分野で活躍するかたがたを講師として招いて話を聞いたり、研究施設などを訪れて最先端の研究について学んだりと、本物に触れることを大切にする点が特徴です。こうした講座は、キャリア教育の一端も担い、生徒が進路や将来について考えるきっかけにもなると考えられています。

本物に触れる経験を重視するのは下記でご紹介した理数教育や英語教育についても同様です。教室を飛びだして実施するフィールドワーク、CIRとともに行うオールイングリッシュの授業などをつうじて本物に触れ、豊かな感性を身につけていきます。

【小堀先生】6年間を3つのPhase（段階）に分け、Phase1の中1・中2は「基礎・基本」、Phase2の中3・高1は「探究・実践」、Phase3の高2・高3を「発展・挑戦」「飛躍・敢為」の期間と位置づけています。授業時数は45分×7時限、週35時間です。国語、数学、英語、社会、理科の授業時間数を多く確保し、各教科で発展・応用的な内容を取り入れています。

クラス編成は、1クラス30人未満の少人数です。なお、高校に進学した際も、高校からの入学生とは3年間別クラスとなります。

Q 御校ならではの授業、プログラムについてご紹介ください。

【小堀先生】ひとり1台キーボードつきのタブレットPCを持ち、各教室には可動式の大型ホワイトボード、プロジェクターが設置されているなどICT環境が整っており、ほぼすべての教科でこれらのICT機器を活用した授業を行っています。

さらに、理数教育や英語教育に力を入れているのも特徴です。前述したようにホームルームクラスも少人数ですが、数学や英語では1クラス2展開にし、さらにきめ細やかに指導しています。

理数教育では、中1は地層観察、中2は気象学習、中3は天体観測をテーマに探究活動を行う「サイエンスフィールドワーク」を実施します。また、学校から5分のところにある川口市立科学館との連携プログラムも用意しています。

英語教育においては、1冊のテキストを5回ほど繰り返し学び知識の定着をうながす「ファイブラウンド方式」を導入するとともに、各自治体に派遣された国際交流を担当する外国青年CIRが参加するオールイングリッシュの授業もあります。中3では、世界の諸問題について英語で学ぶ独自の学校設定科目「Global Issues」にも取り組みます。そのほか、英語漬けの1日を過ごすイングリッシュキャンプなどの行事も実施予定です。

このように、入学後は英語に触れる機会がとても多いので、小学生の間に英語を聞くことに慣れておくといいと思います。

そのほか、STEM教育（※）も取り入れ、筋道を立ててものごとを考える力や、課題を自ら発見し粘り強く答えを探しだす力も育

※科学（Science）・技術（Technology）・工学（Engineering）・数学（Mathematics）の4教科を組みあわせて、さまざまな課題解決にいかす教育

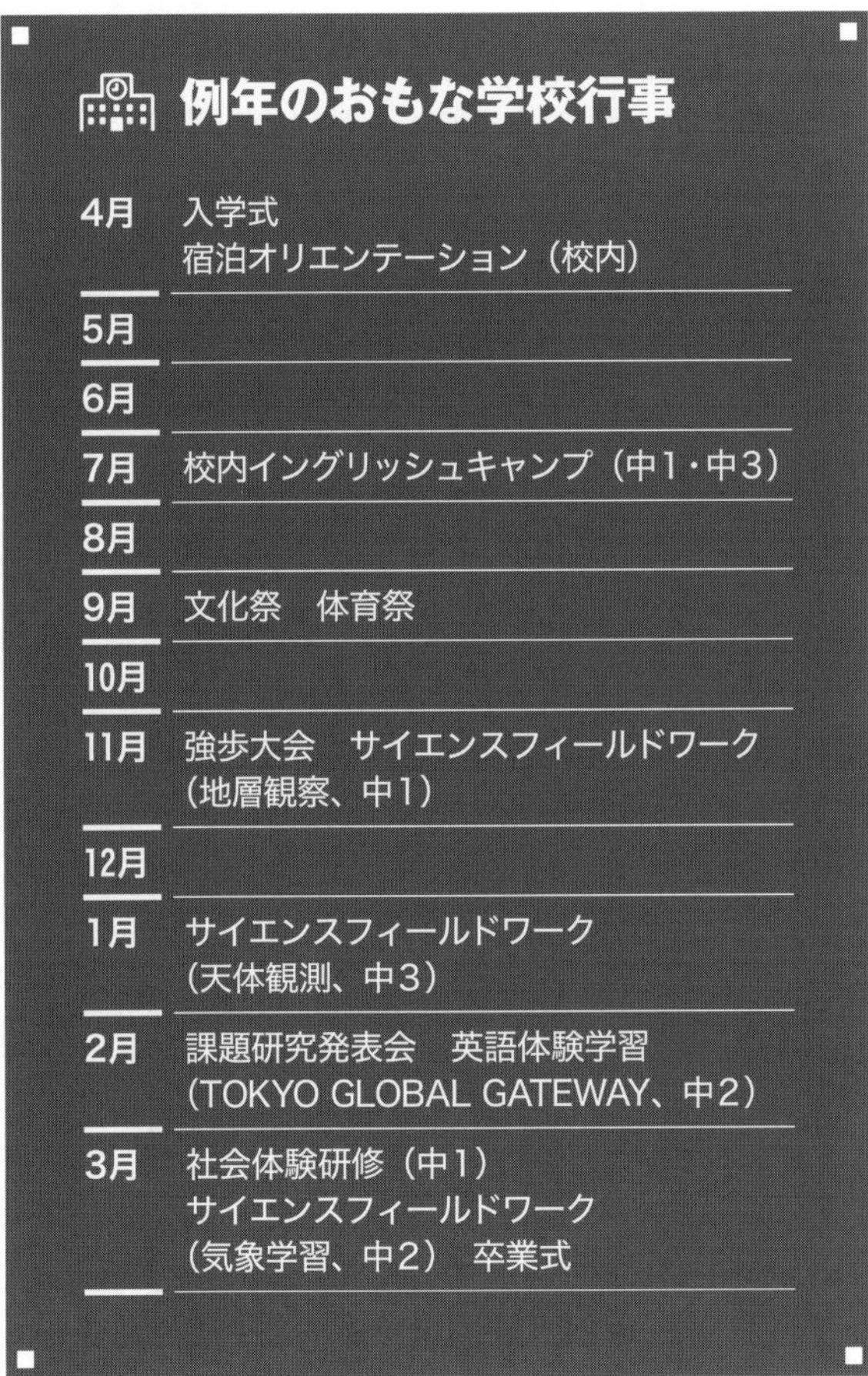

例年のおもな学校行事

4月	入学式 宿泊オリエンテーション（校内）
5月	
6月	
7月	校内イングリッシュキャンプ（中1・中3）
8月	
9月	文化祭　体育祭
10月	
11月	強歩大会　サイエンスフィールドワーク （地層観察、中1）
12月	
1月	サイエンスフィールドワーク （天体観測、中3）
2月	課題研究発表会　英語体験学習 （TOKYO GLOBAL GATEWAY、中2）
3月	社会体験研修（中1） サイエンスフィールドワーク （気象学習、中2）　卒業式

成していきます。

Q. 部活動には取り組めますか。

【小堀先生】 現在6つの部を用意しています。運動部は体格差・体力差などの関係で中高別々ですが、文化部の合唱部は中高合同です。今後も新しい部を含め、高校と連携した部活動も検討していきたいです。

Q. ほかにも高校生と触れあう機会はありますか。

【小堀先生】 体育祭や文化祭は高校生といっしょに行いますし、ふだんから同じ校舎で学校生活を送っているので、高校生の姿を日常的に目にすることができます。登校時にハキハキとあいさつしている姿、定期試験前に校内で遅くまで自習している姿、そうした高校生のようすをみることで、中学生も刺激を受けています。

小学校での授業を大切に自分の強みを見つける

Q. 適性検査についてのアドバイスをお願いします。

【小堀先生】 本校の適性検査は、知識を暗記すれば解けるというものではありません。文章や資料、図形などから見出される問題点について粘り強く考え、その結果を表現する力をみています。

まずは小学校で行われている各教科の授業にしっかりと取り組んでください。そしてニュースで取り上げられている問題、身のまわりのできごとなど、疑問に感じたこと、興味を持ったことについて、これまで学んできたことを活用して自分なりに考える習慣を身につけておくといいと思います。

Q. 読者に向けてメッセージをお願いします。

【小堀先生】 1期生をみていて感じるのは、好きな教科や興味のあることがらに精通していて、それを自分の強みにしているということです。自分の強みを見つけられれば、ほかのことにも自信を持って挑戦できるはずです。ですから、みなさんも好きなことを追求しながら、その一方でさまざまなことにチャレンジしてみてください。

入学後は高い目標を持って学校生活を送り、本校での学びをつうじて豊かで柔軟な発想力や行動力を養いましょう。川口市はもちろん、日本の、世界の未来をつくるリーダーとして活躍したいと考えるみなさんを待っています。

【図5】

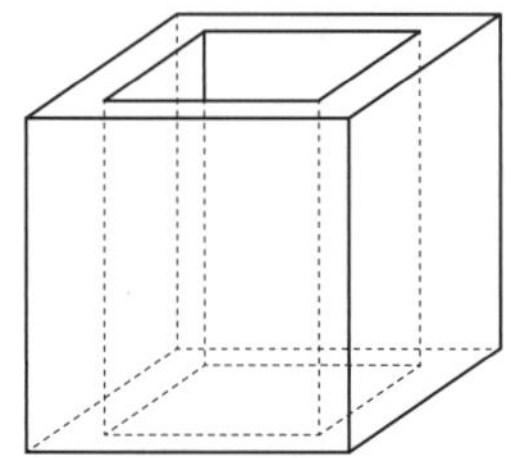

【図6】

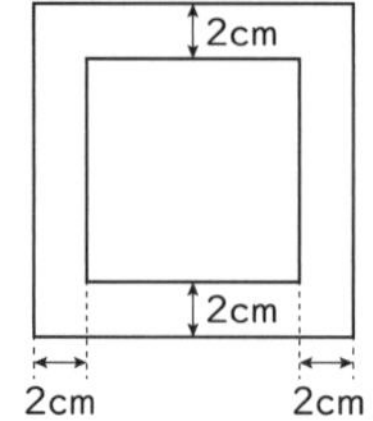

問１　【図３】の立方体を，【図２】の筒を使って，真上，正面，右側の３方向から，立方体の面に対して垂直に，それぞれ反対の面までくりぬいた立体について，次の(1)，(2)に答えましょう。

(1)　この立体の体積を求めましょう。

(2)　この立体の表面全体の面積を求めましょう。なお，表面全体の面積は，くりぬいたことによって表面になった部分の面積もふくみます。

POINT

課題や条件を読み取り理解する

立体の基本的な問題です。「三方からくりぬく」の意味をきちんと読み取り、確実に得点したい問題です。

POINT

想像力と思考力が試される

できあがる立体を推理、想像して、具体的な計算にいかせるかどうか。論理的な思考力が試されます。

2021年度 川口市立高等学校附属中学校　適性検査Ⅱ（独自問題）より

3　やすゆきさんと先生は，立体の問題について考えています。次の会話文を読んで，あとの問い に答えましょう。

先　生：　今日は，立体を切る問題に取り組んでいきましょう。
やすゆき：　はい，どのような問題ですか。
先　生：　立方体の一部を切り取った立体について考えていきます。切り取ったあとの立体がどのような形になるかをしっかりとイメージすることが大切ですよ。
　まず，【図１】のように，縦 12cm，横 32cm の長方形の形をした金属のうすい板を折り曲げて，【図２】のような，上から見たときの形が正方形の筒（つつ）を作ります。
　次に，【図３】のような，１辺の長さが 12cm の立方体を，【図２】の筒を使って，真上，正面，右側の３つの方向から，それぞれ反対の面まで，立方体の面に対して垂直にくりぬきます。【図２】の筒の厚さは考えないものとします。まず，真上の面から真下の面に向かってくりぬくと，【図４】のような立体ができます。

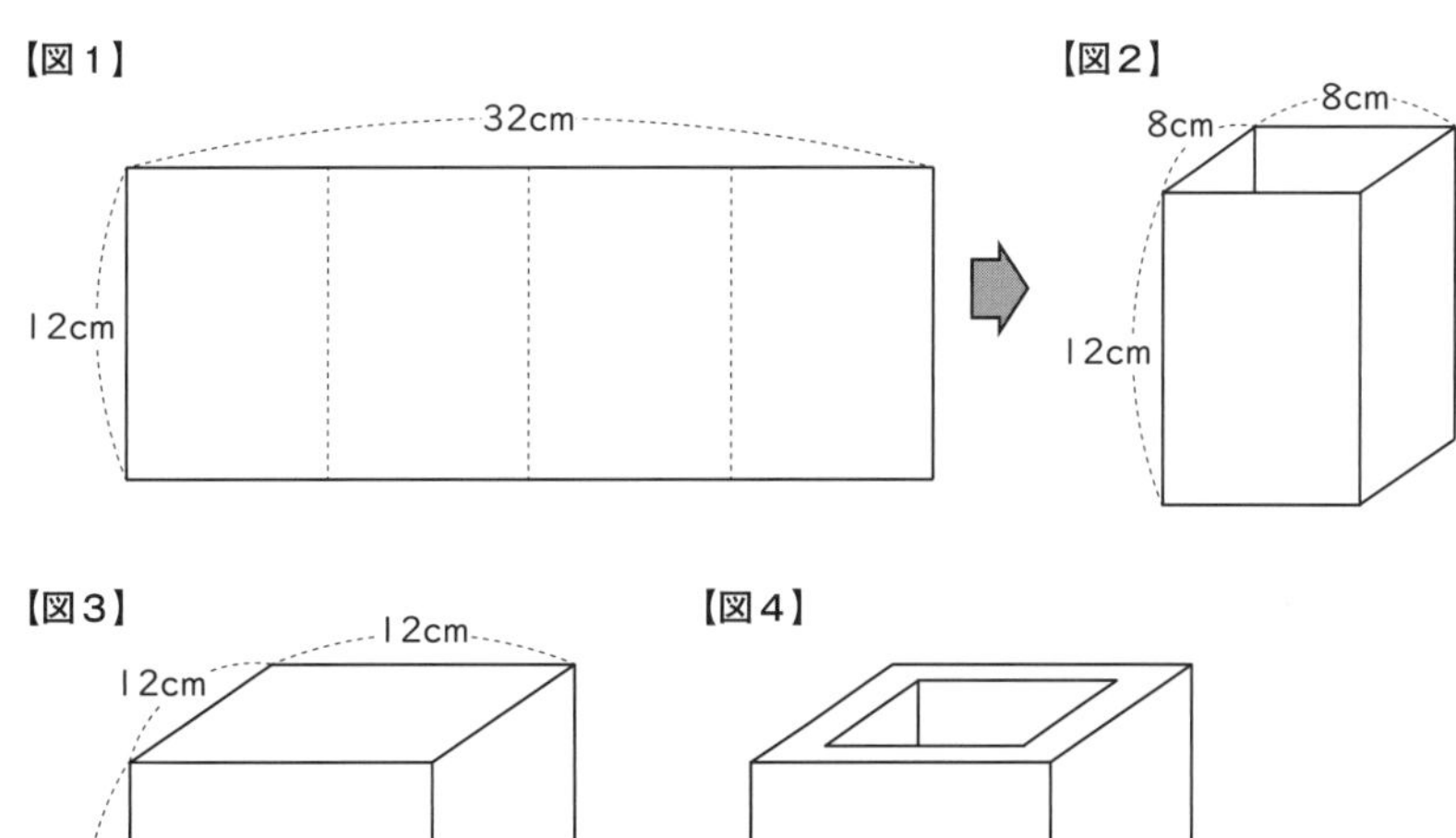

やすゆき：　立方体も筒のようになりましたね。
先　生：　そうですね。もし，立方体がとう明であれば【図５】のようになっている，ということです。続けて，【図２】の筒を使って，正面からと右側からも同様にくりぬいていきます。なお，くりぬいたあとの立体を真上，正面，右側から見たときのようすは，どれも【図６】のようになります。

解説

　川口市立高等学校附属中学校の選抜方法は、「第１次選考」と「第２次選考」の２段階で選抜します。第１次選考は、適性検査Ⅰ（45分）と適性検査Ⅱ（45分）を実施、調査書も選抜の対象とします。第２次選考は、第１次選考合格者に対して適性検査Ⅲ（60分）と集団面接（20分）、調査書も総合的に判断して選抜します。定員は80名（男女各40名）です。

　適性検査の内容ですが、適性検査Ⅰでは、小説や論説文、また年表、地図、グラフなどのデータから読み取ったことについて、自らの考えを20～50字程度で記述する読解問題と、社会科的な問題で自らの体験をまじえて100字程度の記述がありました。適性検査Ⅱは、濃度についての理科の問題と立体図形からの算数問題でした。計算力も問われました。

　第２次選考で問われる適性検査Ⅲは社会科、理科、算数の融合問題で、さすがに60分かけて解かせるだけの難度でした。

　集団面接では入学への意欲や目的意識、めざしている将来の姿や希望を聞き取るものとされています。学校の教育方針に適性がある生徒かどうかを見極めるための面接とされていますので、学校のことを理解しておくことが大切です。（以上／文責・本誌）

あとがき

首都圏には、この10数年、つぎつぎと公立の中高一貫校が誕生しました。現在、首都圏（東京、神奈川、千葉、埼玉）には、今春開校の川口市立高等学校附属中学校を含め、23校の公立一貫校があります。そして来春には、千葉市立稲毛高等学校附属中学校が併設型の中高一貫校から千葉県初の中等教育学校に移行し、千葉市立稲毛国際中等教育学校となります。

10年前、春の大学合格実績で、都立白鷗高等学校附属が初の中高一貫生ですばらしい実績をしめし、以降の大学合格実績でも、都立小石川、神奈川県立相模原、神奈川県立平塚、都立武蔵高等学校附属など、公立中高一貫校は期待どおりの実績をあげています。

いま、中学受験を迎えようとしている受験生と保護者のかたは、私立にしろ、公立にしろ、国立にしろ、これだけ学校の選択肢が増えた、その真っただなかにいるのですから、幸せなことだと言えるでしょう。

ただ、進路や条件が増えるということは、それはそれで悩ましいことでもあります。

お手元にお届けした『2022年度入試用　首都圏　公立中高一貫校ガイド』は、そんなみなさんのために、各学校のホンネ、学校の素顔を校長先生のインタビューをつうじて探りだすことに主眼をおきました。また、公立中高一貫校と併願することで、お子さまとの相性がマッチするであろう私立の中高一貫校もご紹介しています。

学校選択の基本はお子さまに最も合った学校を見つけることです。その学校がご家庭のポリシーとも合っていれば、こんなによいことはありません。

この本をステップボードとして、お子さまとマッチした学校を探しだせることを祈っております。

『合格アプローチ』編集部

営業部よりご案内

『合格アプローチ』は、首都圏有名書店にてお買い求めになることができます。

万が一、書店店頭に見あたらない場合には、書店にてご注文のうえ、お取り寄せいただくか、弊社営業部までご注文ください。

ホームページでも注文できます。

送料は弊社負担にてお送りいたします。代金は、同封いたします振込用紙で郵便局よりご納入ください。

ご投稿・ご注文・お問合せは

株式会社グローバル教育出版

【所在地】〒101-0047
東京都千代田区内神田2-5-2 信交会ビル3F

【電話番号】03-3253-5944（代）（合格しよう）

【FAX番号】03-3253-5945

URL：https://www.g-ap.com
e-mail:gokaku@g-ap.com
郵便振替　00140-8-36677

中学受験　合格アプローチ　2022年度入試用

首都圏　**公立中高一貫校ガイド**

2021年8月10日　初版第一刷発行　**定価 1100 円**（10%税込）

●発行所／株式会社グローバル教育出版
〒101-0047 東京都千代田区内神田2-5-2 信交会ビル3F
電話 03-3253-5944（代）　FAX 03-3253-5945
https://www.g-ap.com　郵便振替00140-8-36677